南京市现代服务业发展研究报告

2016

主编　张为付

南京大学出版社

图书在版编目(CIP)数据

南京市现代服务业发展研究报告.2016 / 张为付主编.—南京：南京大学出版社，2017.4

ISBN 978-7-305-18341-6

Ⅰ.①南… Ⅱ.①张… Ⅲ.①服务业—经济发展—研究报告—南京—2016 Ⅳ.①F726.9

中国版本图书馆 CIP 数据核字(2017)第 055396 号

出版发行 南京大学出版社
社　　址 南京市汉口路 22 号　　邮　编 210093
出 版 人 金鑫荣

书　　名 南京市现代服务业发展研究报告(2016)
主　　编 张为付
责任编辑 王日俊　容弟朔

照　　排 南京紫藤制版印务中心
印　　刷 江苏凤凰数码印务有限公司
开　　本 787×1092 1/16 印张 13.5 字数 305 千
版　　次 2017 年 4 月第 1 版 2017 年 4 月第 1 次印刷
ISBN 978-7-305-18341-6
定　　价 65.00 元

网址：http://www.njupco.com
官方微博：http://weibo.com/njupco
官方微信号：njupress
销售咨询热线：(025)83594756

本书为江苏高校优势学科建设工程(PAPD)、江苏现代服务业协同创新中心(CNISCC)、江苏高校人文社会科学校外研究基地“江苏现代服务业研究院”(JIMSI)、江苏省重点培育智库“现代服务业智库”、国家自然科学基金项目(71540024)“生产性服务业对先进制造业的捕捉与匹配问题研究”和国家社科基金青年项目(项目编号:13CJY033)的研究成果。

本书出版得到江苏省服务业重大课题专项资金、江苏高校优势学科建设工程(PAPD)、江苏现代服务业协同创新中心(CNISCC)、江苏高校人文社会科学校外研究基地“江苏现代服务业研究院”(JIMSI)、江苏省重点培育智库“现代服务业智库”、国家自然科学基金项目(71540024)“生产性服务业对先进制造业的捕捉与匹配问题研究”和国家社科基金青年项目(项目编号:13CJY033)的资助。

书　　名　南京市现代服务业发展研究报告(2016)

主　　编　张为付

出 版 社　南京大学出版社

目 录
Contents

综 合 篇

行 业 篇

集聚区篇

政策篇

数　据　篇

综合篇

第一章　南京现代服务业发展总体情况

一、总量规模持续扩大，服务业发展省内领先

面对错综复杂的宏观形势，2015 年南京经济面临了新旧动力交替的压力和挑战，全市上下始终坚持稳中求进工作总基调，牢固树立五大发展理念，主动适应经济发展新常态，统筹推进稳增长，传统的经济增长主动力工业引擎显著减速。2015 年南京市服务业增加值为 5571.61 亿元，增速继续保持两位数的增长，实现服务业增加值同比增长 11.3%，比全市经济增长水平高出 2 个百分点，比第二产业增长水平高出 4.1 个百分点，高出全省服务业经济增长水平 2 个百分点，已连续九年增加值超过第二产业成为全市第一大支柱产业，对全市经济增长发挥了新引擎作用。2015 年全市规模以上 2540 家服务业企业单位实现营业收入 3852.46 亿元，增长 13%，增幅创今年以来新高，实现营业利润 393.4 亿元，增长 11.8%。从总量看，规模以上服务业实现营业收入绝对额位居省内市首位，全年营业收入占全省比重接超过三成，相当于苏锡常 3 个市总量之和；从增速看，全年增速在省内 13 个市中位居盐城、淮安、南通之后，位列第四位，增幅高出全省平均水平 2 个百分点，分别高出苏州 7.1 个、无锡 4.1 个及常州 0.2 个百分点；从横向看，作为江苏经济的领跑者，南京市服务业"十二五"以来蓬勃发展，表 1 显示了苏南 5 市、苏中 3 市和苏北 5 市的服务业增加值状况，在苏南五市中，苏州规模最大，南京位居第二，但南京服务业的增速要高于苏州；从地区角度来看，苏南地区 2015 年服务业实现增加值 21251.15 亿元，占到江苏比重的 63%，远高于苏中和苏北之和，这和其经济发展水平是一致的。

表 1　苏南、苏中、苏北地区第三产业增加值(亿元)

	2011 年	2012 年	2013 年	2014 年	2015 年
苏南	**13287.61**	**15416.80**	**17243.29**	**19473.43**	**21251.15**
南京	3220.41	3845.73	4356.56	4983.02	5571.61
镇江	938.29	1095.11	1248.88	1499.89	1642.63
常州	1518.37	1742.74	1972.01	2355.30	2610.56
无锡	3029.05	3418.90	3714.22	3971.29	4183.11
苏州	4581.50	5314.32	5951.62	6663.93	7243.24
苏中	**3528.72**	**4074.41**	**4670.3**	**5549.77**	**6236.78**

续 表

	2011 年	2012 年	2013 年	2014 年	2015 年
南通	1571.53	1825.47	2069.98	2500.78	2815.97
扬州	1017.89	1173.55	1333.86	1584.80	1762.88
泰州	939.29	1075.39	1226.95	1464.19	1657.93
苏北	**4209.43**	**4853.59**	**5510.09**	**6455.58**	**7249.03**
徐州	1440.07	1665.60	1885.12	2244.13	2460.07
连云港	552.13	634.88	718.83	814.23	918.95
淮安	672.36	783.73	900.13	1082.44	1260.76
盐城	1048.24	1191.00	1350.34	1563.71	1772.50
宿迁	496.63	578.38	655.67	751.07	836.75

资料来源:《江苏统计年鉴 2016》。

表 2 显示了 2015 年南京、苏南和江苏服务业占比的基本情况,数据显示 2015 年南京市服务业占 GDP 的比重再创历史新高,达到 57.3%,同比提高 1.5 个百分点,在全省 13 个地级市中名列榜首,高出全省服务业占比 8.7 个百分点,高出南京市第二产业占比 17 个百分点,服务业产业主导地位更加突出,成为新常态下新一轮经济增长的"火车头"。

表 2　2014 年和 2015 年江苏、苏南和南京第三产业增加值及占比

区域	2014 年			2015 年		
	绝对值(亿元)	占 GDP 比重(%)	占全省服务业比重(%)	绝对值(亿元)	占 GDP 比重(%)	占全省服务业比重(%)
江苏	31478.78	45.7	—	34747.76	48.6	—
苏南	19473.43	50.0	61.9	21251.15	51.2	61.2
南京	4983.02	56.5	15.8	5571.61	57.3	16

资料来源:《江苏统计年鉴 2016》。

二、发展结构梯度递进,创新动力逐步显现

从发达国家现代服务业发展的规律可以看出,在工业化不同阶段,现代服务业的构成和各行业的比重是不同的,对照工业化阶段规律,服务业结构演变同样具有规律性。一般来讲,在初级产品生产阶段,以发展批发零售、住宿、餐饮等个人和家庭服务等传统生活性服务业为主;在工业化社会,与商品生产有关的生产性服务迅速发展,其中在工业化初期,以发展商业、交通运输、通信业为主,在工业化中期,金融、保险和流通服务业得到发展,在工业化后期,服务业内部结构调整加快,新型服务业态开始出现,广告、咨询等中介服务业、房地产、旅游、娱乐等服务业发展较快,生产和生活服务业互动发展。在后工业化社会,金融、保险、商务服务业等进一步发展,科研、信息、

教育等现代知识型服务业崛起为主流业态，而且发展前景广阔、潜力巨大。按照钱纳里工业化标准阶段的划分方法，从表 3 可以看出，现阶段南京已经处于后工业化阶段，苏南地区五市已经处于后工业化阶段，苏中地区三市处于工业化后期阶段，而苏北地区除了连云港和宿迁处于工业化中期阶段，其余三市都处于工业化后期阶段，这就表明江苏总体上处于工业化后期阶段，而苏南、苏中苏北所处的工业化发展阶段是不同的，经济发展水平存在一定差距①。

表 3　2015 年江苏 13 个地级市工业化发展阶段

地区	人均 GDP(元)	人均 GDP(美元)	工业化发展阶段
南京	118171	18973	后工业化阶段
无锡	130938	21023	后工业化阶段
镇江	92633	14873	后工业化阶段
常州	112221	18018	后工业化阶段
苏州	136702	21948	后工业化阶段
南通	84236	13525	工业化后期阶段
扬州	89647	14393	工业化后期阶段
泰州	79479	12761	工业化后期阶段
连云港	48416	7773	工业化中期阶段
淮安	56460	9065	工业化后期阶段
盐城	58299	9360	工业化后期阶段
徐州	61511	9876	工业化后期阶段
宿迁	43853	7041	工业化中期阶段
按区域分			
苏南	125002	20070	后工业化阶段
苏中	84368	13546	工业化后期阶段
苏北	55127	8851	工业化后期阶段
江苏	**87995**	14128	**工业化后期阶段**

资料来源：《江苏统计年鉴 2016》。

经济发展规律同时显示服务业增加值占国民生产总值比重与人均收入水平之间呈现显著的阶段性特征，每个阶段居于主导地位的服务行业有所不同，并且不同类型服务行业的发展规律和趋势也存在很大差别。当人均国民生产总值达到 11000—22000 美元时，服务业比重快速提升，逐渐成为整个经济的主导产业，而从结构上看，生产性服务业增加值占国民生产总值比重一般在这一阶段超过流通性服务业，开始

① 根据美国 GDP 的缩减指数，计算出 2015 年和 1970 年的换算因子，从而根据钱纳里的工业标准阶段划分得出各地区的工业化所处阶段。

跃居主导地位。南京依托经济发展情况和自身资源禀赋,积极改善服务业结构,瞄准高附加值和高效益目标,大力实施服务业超越工程,抢占服务业"制高点",引领经济转型,坚持先进制造业和现代服务业"双轮驱动",从 2015 年的统计数据看服务业内部结构,南京信息传输、软件和信息技术服务业,租赁和商务服务业等进一步发展,科研、信息、商务等现代知识型服务业崛起为主流业态,重点发展了符合自身实际情况的特色服务产业,并且与南京所处的工业化阶段是紧密联系的。具体表现在:

重点领域服务业发展良好。以生产性服务业为主导发挥对服务经济的支撑带动作用,2015 年南京市信息传输、软件和信息技术服务业,租赁和商务服务业,交通运输、仓储和邮政业等生产性服务业实现营业收入增长 12.8%。以互联网金融为重点推动金融业创新发展,2015 年全市金融业增加值突破 1000 亿元,占地区生产总值的比重达到 11.5%,同比提升 0.4 个百分点。以电子商务为重点推动商贸业创新发展,全年完成社会消费品零售总额 4590.17 亿元,比上年增长 10.2%。以智慧产业为重点推动信息服务业创新发展,2015 年全市 400 家规模以上信息传输、软件和信息技术服务业实现营业收入增长 22.1%。以科技服务为重点推动科技研发产业创新发展,以产业融合为重点推动文化业创新发展,以转型升级为重点推动旅游业创新发展,整体推进了养老、健康、家庭服务、房地产等产业创新发展。

高端服务业迅速崛起。高端服务业是许多大都市未来发展的主要方向,具有高创新性、高带动力、高成长性等特点。从南京部分高端服务业的营业情况看 2015 年信息服务、专业技术服务、研发与设计服务、科技成果转化服务、商务服务、知识产权服务、生态保护和环境治理业等七大行业实现营业收入 2633.98 亿元,比上年同期增长 15.4%,高出全市规模以上服务业增速 2.4 个百分点,可以看出南京市高端服务业不断增长的势头和未来发展的潜力,不仅发展迅速涉及行业广泛,而且可以促进经济发展方式快速转型。

服务业的新业态不断涌现。基于大数据、云计算、物联网的服务应用和创新日益活跃,"互联网+"服务业快速成长,2015 年南京市 49 家规模以上互联网及相关服务业企业共实现营业收入 168.07 亿元,同比增长 93.9%,遥遥领先于服务业总体发展水平。2015 年全年电子商务交易额增长 30%,国际国内快递业务量突破 5 亿件,达 5.03 亿件,较上年同期净增 2.19 亿件,增长 77%,净增量与增幅双双再创历史新高。全市 6 家规模以上快递企业实现营业收入 10.48 亿元,同比增长 50.6%。全年限额以上企业(单位)通过公共网络实现的商品零售额 102.23 亿元,增幅高达 79.1%。此外,健康服务、生态旅游、休闲养老等与人民生活息息相关的服务新模式还拓展了消费新渠道,2015 年南京规模以上生活性服务业法人单位实现营业收入 1341.99 亿元,同比增长 16.7%,高出 2015 年全市规模以上服务业营业收入增速 3.7 个百分点。

三、产业投资内涵提升,载体项目亮点突出

2015 年,南京市服务业完成投资 3310.4 亿元,在全省 13 个地级市中位居第二位

(见图1),仅次于苏州,同比增长3.2%,占比为59.4%,其中房地产开发投资占全市的比重由2014年的20.6%快速提升到26.0%,提升了5.4个百分点;民间投资完成3098.41亿元,增长9.7%,明显高于全市投资平均增速,占比达56.5%;这主要是南京加大了现代服务业和总部经济的招商引资力度,积极筹措资金,策划引进并集中实施了一批带动力大、支撑力强、产业关联度高的服务业重大建设项目,简政放权将促进"投资便利化",一批以往属于市级审批权限的育幼养老、建筑设计、商贸流通、文化会展和租赁快递等行业将下放至基层审批管理,对下一步提升利用外资质量,优化经济结构和产业结构影响重大。

2015年,南京市11区和4个开发区共引进较大服务业项目290个,总投资1802.47亿元,虽然项目个数同比减少14%,但总投资增长143.49亿元,增幅8.6%,单个项目投资量有所增加,平均每个项目投资达到6.2亿元,增幅达到26.3%。新引进项目较多的区有栖霞区、玄武区和雨花台区,分别达到59个、46个和32个;引进项目投资较大的区有江宁区和鼓楼区,总投资分别为564.4亿元和343.5亿元,引进项目总投资超过100亿的区还有玄武区、雨花台区和浦口区。新引进的单体项目较大的有南京世茂梦工厂动漫文化基地(江宁区)、中采江苏投资基金项目(鼓楼区)、华夏幸福基业有限公司产业新城项目(溧水区)、恒大下关滨江总部基地项目(鼓楼区)、江苏沿海产业项目(建邺区)等。

2015年新开工的较大服务业项目达199个,总投资1577.4亿元,2015年计划完成投资326.7亿元,同比项目数减少20.7%,项目总投资增长185.62亿元,增幅达13.3%。开工项目较多的区有玄武区(39个)、栖霞区(37个)、浦口区(23个)和溧水区(20个);开工项目总投资较大的区有鼓楼区和浦口区,总投资达到452.2亿元和334.8亿元,总投资超百亿的区还有栖霞区(146.2亿元)、溧水区(117.3亿元)、玄武区(115.5亿元)和江宁区(100.3亿元),单个项目总投资较大的有中冶滨江3号地块项目(鼓楼区)、万达文化休闲商业综合体(栖霞区)、南京老山生态旅游体验园(浦口区)、南京清华紫光集成电路产业园(浦口区)、深业滨江创新总部基地(鼓楼区)、龙湖长江广场(鼓楼区)和江苏艾科半导体有限公司集成电路移动智能产业园项目(浦口区)等。2015年竣工的较大服务业项目142个,实际完成项目总投资453.7亿元,同比项目数减少7个,项目总投资减少67亿元,降幅12.9%。全年竣工项目较多的区有玄武区(45个)和栖霞区(29个);竣工项目总投资较大的是鼓楼区、江宁区和建邺区,分别达到137.9亿元、91亿元和61.1亿元,总投资超过30亿元的还有溧水区和雨花台区。竣工项目较大的有国家电网客户服务中心南方基地(江宁区)、君泰国际生态总部园(建邺区)、华泰证券广场(建邺区)、南京中海环宇城(鼓楼区)等。

从表4可以看出,13个地级市的固定资产投资水平是有差距的,从绝对值来看,南京固定资产投资额投资额远高于苏中和苏北投资额的城市,这与各区域服务业发展水平是较为一致的;从贡献率来看,2015年南京固定资产投资为3310.4亿元,对服务业增加值的贡献为59.2%,在13个地级市中位于第12位,最高的投资贡献率出现

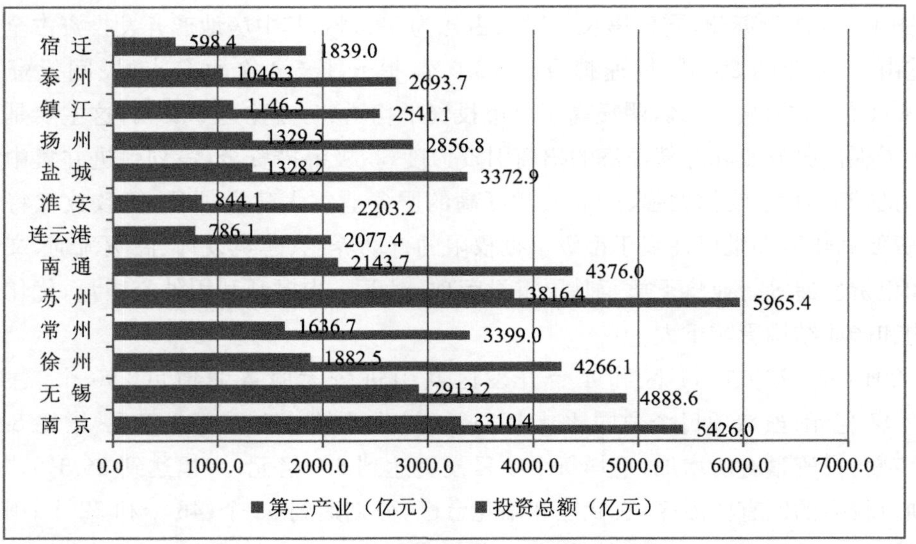

图 1　2015 年 13 个地级市服务业固定资产投资图(亿元)

在连云港,高达 85.5%,这个数据说明苏北拉动服务业的手段主要靠新增资本,而不是存量的优化升级,也说明了南京为代表的苏南服务业发展除了投资拉动外,依靠消费和出口这“两驾马车”为抓手。

表 4　2015 年服务业固定资产投资贡献率表

城市	南京	无锡	徐州	常州	苏州	南通	连云港
固定资产投资贡献率	59.4%	69.6%	76.5%	62.7%	52.7%	76.1%	85.5%
城市	淮安	盐城	扬州	镇江	泰州	宿迁	
固定资产投资贡献率	67.0%	74.9%	75.4%	69.8%	63.1%	71.5%	

资料来源:《江苏统计年鉴 2016》。

四、人力资源集聚明显,就业带动潜力巨大

从服务业就业人数变化的绝对值看(见表 5),南京及全省其他地区服务业就业人员逐步递增变化趋势符合配第克拉克定理:经济发展到一定水平和程度,劳动力应该逐渐向第三产业转移。从 2015 年苏南第三产业就业人数为 853.9 万人,比 2014 年增加 14.4 万人,就业比重增加 0.7 个百分点,苏中第三产业就业人数为 346.8 万人,比 2014 年增加 9.4 万人,就业比重增加 1.2 个百分点,苏北第三产业就业人数为 636.1 万人,比 2014 年增加 18.2 万人,就业比重增加 1 个百分点;从各地区服务业占比来看,苏南服务业就业占比 42.5%,高于苏中 8 个百分点,高于苏北 6 个百分点,说明苏南服务业发展解决了较多的就业问题;从 13 个地级市来看,南京服务业就业人数 259.7 万人,比 2014 年增加 4 万人,服务业就业占比提高 1 个百分点,从绝对值和比例来看都位居第一位,这和南京服务业的发展水平是基本一致的,也间接说明了南京逐渐形成了以服务业为主的产业结构体系。

表 5 2014—2015 年各地区总体从业人数和第三产业从业人数表 （单位：万人）

地区	2014 年			2015 年		
	从业人数	第三产业	三产占比	从业人数	第三产业	三产占比
全省	**4759.5**	1794.8	37.7%	4758.5	1836.8	38.6%
按省辖市						
南京	453.0	255.7	56.4%	455.0	259.7	57.1%
无锡	389.5	151.2	38.8%	390.0	153.0	39.2%
徐州	480.9	167.5	34.8%	482.1	173.7	36.0%
常州	281.0	104.4	37.2%	281.0	106.8	38.0%
苏州	693.4	249.1	35.9%	691.4	253.1	36.6%
南通	462.0	144.3	31.2%	460.0	148.3	32.2%
连云港	251.1	90.8	36.2%	250.3	90.9	36.3%
淮安	281.9	114.1	40.5%	282.5	114.7	40.6%
盐城	445.5	168.1	37.7%	445.7	174.1	39.1%
扬州	265.6	96.6	36.4%	264.5	98.4	37.2%
镇江	192.7	79.1	41.0%	193.1	81.3	42.1%
泰州	285.0	96.5	33.9%	281.3	100.1	35.6%
宿迁	279.2	77.4	27.7%	281.6	82.7	29.4%
按区域分						
苏南	2009.6	839.5	41.8%	2010.5	853.9	42.5%
苏中	1012.6	337.4	33.3%	1005.8	346.8	34.5%
苏北	1738.6	617.9	35.5%	1742.2	636.1	36.5%

五、专业化水平不断提升，集聚程度迈上新台阶

为了进一步测算地区服务业的分工和专业化水平，本书采用区位熵指标来反映地区服务业及内部结构的专业化水平。如果该指标大于1，说明该地区服务业或者服务业内部某行业的专业化水平较高。本书分两步测算，首先测算服务业整体的区位熵指标，然后根据服务业内部构成的分类，测算了服务业内部 14 个行业的区位熵指数①。

① 区位熵计算公式为：$LQ_{ij}=\dfrac{E_{ij}/\sum_{j}E_{ij}}{\sum_{i}E_{ij}/\sum_{i}\sum_{j}E_{ij}}$

其中，E_{ij}为 i 地区 j 行业的增加值，$\sum_{j}E_{ij}$ 为 i 地区所有行业的增加值，$\sum_{i}E_{ij}$ 是江苏 j 行业的增加值，$\sum_{i}\sum_{j}E_{ij}$ 为江苏所有行业的增加值。$LQ_{ij}>1$ 代表 i 地区 j 行业具有较高的专业化水平，产业集聚的程度也越高。

通过对服务业整体水平的测算，发现南京、无锡、苏州、常州 4 个城市的区位熵指标大于 1，说明这 4 个城市的服务业专业化水平和集聚程度较高，徐州、南通、镇江、扬州等 9 个城市的区位熵指数小于 1，说明专业化水平较低。作为商贸中心城市和交通枢纽城市，南京的商贸流通专业化不断提升，2015 年实现社会消费品零售总额 4590 亿元，是 2010 年的 2 倍。物流增加值五年年均增长超过 10%，港口货物吞吐量稳定保持在 2 亿吨以上，集装箱吞吐量达到 280 万标箱，基本实现了五年翻番。旅游目的地城市建设成效显著，年度旅游总收入达到 1690 亿元，2015 年接待旅游总人次首次突破一亿人次，分别达到五年前的 1.8 倍和 1.6 倍。全年举办大中型展览会议 2660 个，展览总面积 259 万平方米，分别达到“十二五”末的 2 倍和 3 倍。枢纽型经济建设加快推进，空港枢纽经济区已获批为国家临空经济示范区，海港枢纽经济区港区和疏港公路建设加快推进，高铁经济区南京南站区域建设不断完善。

表 6　2015 年江苏各区域服务业内部各行业的区位熵指数表

地区	区位商指数	地区	区位商指数
南京	1.1794	盐城	0.8658
无锡	1.0104	扬州	0.9030
徐州	0.9515	镇江	0.9650
常州	1.0187	泰州	0.9250
苏州	1.0276	宿迁	0.8098
南通	0.9424	苏南	1.0532
连云港	0.8751	苏中	0.9264
淮安	0.9450	苏北	0.9005

为了比较服务业地理集聚程度，这里以江苏 13 个地级市为研究对象，构建了空间基尼系数①，如果结果大于 1，说明集聚程度较高，如果结果小于 1，说明集聚程度低于平均水平。从表 7 的具体结果可以看出南京市服务业的集聚程度在全省是位居第一位的，达到了1.4787，截至 2015 年底，南京已有 60 家现代服务业集聚区，其中省级 20 家，市级 40 家，主要集中在金融服务、现代物流、科技服务、软件和信息服务、创意设计、商贸会展、文化教育、节能和环境服务、旅游健康以及传统服务业转型升级等十大重点领域。另外无锡、淮安和盐城的空间基尼系数也大于 1，说明这三个城市在现代服务业的发展过程中，结构逐步优化，集聚程度不断提升。

① 空间基尼系数计算公式为：$G=\sum_i (s_i - x_i)^2$

其中，G 表示空间基尼系数，S_i 是 i 地区某产业就业人数占全省该产业总就业人数的比重，x_i 是该地区就业人数占全省总就业人数的比重。当 $G=0$ 时，说明产业在空间上分布是均匀的；G 越大(最大值为 1)，说明该产业在空间上集聚水平越高。

表 7 2015 年江苏 13 个地级市的基尼系数

地区	空间基尼系数	地区	空间基尼系数
南京	1.4787	盐城	1.0120
无锡	1.0163	扬州	0.9638
徐州	0.9334	镇江	1.0907
常州	0.9846	泰州	0.9219
苏州	0.9484	宿迁	0.7608
南通	0.8352	苏南	1.1003
连云港	0.9408	苏中	0.8933
淮安	1.0519	苏北	0.9459

六、对外开放进一步扩大，国际化程度不断提高

伴随着经济全球化和世界产业结构调整，服务外包产业蓬勃发展，逐渐成为全球经济新的增长点和重要的推动力。助力南京服务外包产业走向国际化是推进服务企业国际化、提升国际化城市功能、促进人才国际化的有效途径。同时也是全球外包业务最新发展趋势的必然要求，是实现外包业务由低端向高端升级的必然选择。2015 年 1—9 月，南京市在商务部“服务外包业务管理和统计系统”中登记的服务外包企业 1941 家，较 2014 年同期增加 164 家。实现服务外包合同额 112.5 亿美元，同比增长 19.3%，占全省总量的 33.0%，其中，离岸外包合同额 63.8 亿美元，增长 16.1%，占江苏总量的 26.0%；服务外包执行额 102.5 亿美元，增长 22.1%，完成市目标进度的 74.6%，占江苏总量的 35.9%；其中，离岸外包执行额 45.2 亿美元，增长 17.1%，完成市目标进度的 74.8%，占江苏总量的 28.5%。四项指标在省内示范城市中分别居第 1、3、1、3 位。

具体来看，第一，美国市场逐步复苏，新兴经济体发包量有所减少。1—9 月，全市离岸外包执行额超千万美元的国家和地区有 38 个，主要为美国、欧洲、港台、东盟和日韩等国家地区。其中，港台市场业务额达 8.86 亿美元，占 19.6%；美国市场业务额 8.36 亿美元，占 18.5%；欧洲市场业务额 8.28 亿美元，占 18.3%；东南亚国家市场业务 5.12 亿美元，占 11.3%；日韩市场业务额 4.49 亿美元，占 9.9%。受全球经济总体复苏缓慢影响，南京市承接离岸服务外包业务同比增速有所下降。伴随美国经济日益走强，美国发包业务逐渐增多，稳居南京市第一大服务外包发包国家，这一趋势将有所延续；受到希腊债务危机持续影响、区域冲突、难民潮等多重因素影响，欧洲经济回暖速度缓慢，外包市场增长趋缓；同时“新兴 11 国”经济增速放缓，俄罗斯、巴西、土耳其、阿根廷等国家经济下滑幅度较大，发包业务骤减。预计今年，南京市服务外包发展增速将低于往年。

第二，承接单笔合同金额大幅增加。1—9 月，南京市外包企业共执行服务外包

合同12430笔,平均每笔合同90.5万美元,单笔合同规模较去年同期提高26.4万美元。执行离岸外包合同4450笔,平均每笔合同金额109.6万美元,单笔合同规模较去年同期提高44.5万美元。全市的外包业务中,企业承接了来自福特汽车、英特尔等40余家世界500强及中国百强企业发包的业务近20亿美元。

第三,知识流程外包加快发展,占比提高。1—9月,南京市信息技术外包(ITO)执行额68.8亿美元,同比增长6.6%,占全市服务外包执行额的67.1%;业务流程外包(BPO)执行额8.8亿美元,增长41.0%,占全市服务外包执行额的8.6%。技术性知识流程外包(KPO)执行额24.9亿美元,增长67.7%,占全市服务外包执行额的24.3%,较去年同期增加7个百分点。

第四,大型外包企业发展较快,支撑效应明显。1—9月,全市服务外包执行额在1000万美元以上的企业有159家,同比企业数增加9家,实现执行额约89.7亿美元,占全市执行额的87.5%。中兴软创、中兴软件等35家企业执行额超过5000万美元,业务额占全市总业务额半壁江山。

第五,服务外包企业带动就业效果显著。截至9月末,全市服务外包企业从业人数32.5万,较去年同期增加1.8万人。其中,新吸纳大学毕业生1.5万人;执行额千万美元以上企业累计吸纳从业突破10万人,占南京市服务外包企业总就业人数的三分之一。

第二章　南京市现代服务业的发展预测与展望

一、南京市现代服务业的发展支撑

（一）经济规模持续增大为现代服务业发展提供坚实基础

"十二五"时期经济发展正处于增长速度换挡期、转型升级关键期、深化改革攻坚期、国际化深水期的"四期"叠加的阶段，南京在经济新常态的背景下实现了经济发展实现跨越，GDP年均增长10.8%，经济总量达到9720.77亿元，在副省级城市中的排名由2010年的第10位跃升到2015年的第6位，在省辖市中的排名由第3位前移到第2位。人均GDP由2010年的9420美元提高到2015年的18973美元，增长了101.4%，按照可比价格技术已经达到了中上等收入国家和地区水平，步入了后工业的发展阶段；产业结构进一步优化，2010年三次产业结构占比分别为2.7∶45.4∶51.9，2015年服务业产占比达到了57.3%，增长了5.4个百分点，第二产业占比为40.3%，下降了5.1个百分点，以服务业为主的现代产业体系逐步形成。经济结构进一步软化，服务业投资占固定资产投资的比重由2010年的50.6%提高到2015年的61.1%，金融业、文化产业、旅游业成为国民经济发展的支柱产业，六类九大战略性新兴产业占全市工业总产值比重已经超过石化、钢铁、建材等三大传统产业之和，软件与信息服务、新型显示、下一代信息网络、智能电网产业规模均达到千亿级以上，"六谷二十一园"为主要载体的产业区域化布局基本形成。市场主体活力增强，民营经济占地区生产总值比重由2010年的39.6%提高到44%。

（二）创新能力明显增强为现代服务业发展提供保障

国家创新型城市建设迈出重要步伐，拥有国家火炬计划特色产业基地10家、国家级孵化器20家、国家级大学科技园5家，南京高新技术产业开发区纳入苏南国家自主创新示范区。先后实施了"科技九条"、"创业七策"、"创业南京"人才计划等政策举措，以科技人才创业特别社区为重点的创业创新载体累计建成710万平方米，集聚"321计划"人才1599名。研发经费支出占地区生产总值比重由2010年的2.9%提高到3%，每万人发明专利拥有量由2010年的11件提高到33.13件，均保持全省第一。科技进步贡献率达到61%以上，年均提升1.2个百分点。加强创业创新地方立法，探索实施《南京市紫金科技人才创业特别社区条例》。

（三）城乡趋于协调发展为现代服务业发展带来新机遇

雨花台、栖霞、江宁、浦口、六合、溧水、高淳七个郊区地区生产总值占全市的比重由2010年的48%提高到55.1%,提升了7.1个百分点。江北新区获批国家级新区,完成新中国成立以来规模最大的一轮行政区划调整,大校场机场顺利搬迁。国家新型城镇化综合试点全面推开,组织实施近期建设九大工程,老城更新有序推进,新城、新市镇和美丽乡村建设取得突破性进展,城乡面貌焕然一新,常住人口城镇化率达到81.4%。城乡发展更趋协调,消费对经济增长拉动作用更加显著,社会消费品零售总额年均增长14.9%。

(四) 综合交通体系日趋完善为现代服务业发展提供便利

目前,京沪高铁、沪宁城际、宁杭城际正式运营,南京南站、南京站北广场、禄口机场二期、小红山汽车客运站建成使用,58公里滨江码头资源顺利整合,长江南京以下12.5米深水航道二期工程全面推进。城市基础设施建设实现跨越式发展,机场高速扩建、江东路快速化改造、江北大道快速化改造、城西干道改造、扬子江隧道建设等相继完成,城市轨道交通运营里程由2010年的85公里提高到2015年的225.4公里,位列全国第四,初步实现网络化运营。推行公交换乘优惠政策,实施分区域分时段停车收费管理,主城区公共交通分担率由2010年的31%提高到2015年的50%,城区拥堵难题得到缓解,南京荣获联合国巴黎气候大会全球城市交通领袖奖。推进历史文化名城保护和建设,打造老城南等一批重点历史文化街区,牛首山文化旅游区、金陵大报恩寺遗址公园开放运行,汤山温泉旅游度假区成功创建国家级旅游度假区。

(五) 社会民生持续改善将刺激现代服务业发展

城乡居民人均可支配收入年均增幅分别达到10.2%和11.9%,收入差距比由2010年的2.54∶1缩小到2.37∶1,人均纯收入低于6500元低收入农户全部脱贫,城镇登记失业率始终控制在3%以内。在全国最早出台学前教育惠民举措,开展大规模教育布局调整,成为第一批国家级义务教育均衡发展省辖市。市公共卫生医疗中心、河西儿童医院、中大医院江北院区启用,15分钟健康服务圈基本形成。城乡低保和城乡居民养老保险基础养老金实现统一标准,被征地农民社会保障实现全覆盖,城乡基本养老、基本医疗、失业保障、医疗救助制度实现全覆盖。公共文化体育设施更加完善,人均拥有公共文化体育设施面积达到2.8平方米。实施南京历史上规模最大的安居工程,累计新增保障性住房面积达到2416.9万平方米。基层民主得到加强,法治建设满意度持续提升,公共安全应急机制、食品药品安全保障机制和社会治安防控体系进一步完善。

(六) 改革开放深入推进提升现代服务业的发展效率

全面实施综合改革工程,基本完成两轮重点改革任务,简政放权、国有企业、公共资源管理、户籍制度等重点领域和关键环节改革取得历史性突破,在全国率先取消部分街镇经济指标考核。深化落实"一带一路"和长江经济带战略,企业、城市、人才国际化水平显著提升,累计实际利用外资183.55亿美元,境外投资58亿美元,对外贸易进出口总额2788.27亿美元,服务外包执行额444.8亿美元,新增外商投资地区总部、投资性公司、结算和物流中心、研发机构80家。口岸功能和通关效率全面提升,南京综合保税区实质性运作，金陵海关开关运行，跨境贸易电子商务试点深入开展。开发园区载体功能增强，省级以上开发区地区生产总值占全市的比重由2010年的19.2%提高到33.2%。区域协同发展体制机制不断完善，成立南京都市圈发展联盟，加速推进宁镇扬同城化，宁淮挂钩、对口帮扶、援藏、援疆工作成效显著。

（七）生态环境逐步优化为现代服务业发展提供环境支撑

成功创建国家森林城市，在全国率先划定生态红线区域，建立区域排污权交易机制，实施城建重大项目绿评制度，生态环境保护机制进一步健全。大厂等四大片区工业布局调整有序推进，长江以南、绕城公路以内主城区工业生产企业基本实现“退城入园”，完成609家“三高两低”企业整治，绕城公路以内全面实现“零化工生产企业”。资源节约利用水平显著提高，单位地区生产总值能源消耗累计降低25.5%，超额完成省下达任务，主要污染物化学需氧量、二氧化硫、氨氮和氮氧化物排放分别累计下降16.55%、18.81%、17.26%和21.2%。主要集中式饮用水源水质达标率持续保持100%，城镇生活污水收集处理实现全覆盖。建成全市首座餐厨垃圾处理厂，江南、江北生活垃圾焚烧发电项目建成运营，生活垃圾分类收集覆盖率达到80%以上，“垃圾围城”难题得到实质性缓解。推进绿道和游园绿地建设，林木覆盖率达到29%。

“十二五”时期以来服务业发展中也存在几方面不足：

一是产业功能与城市定位不适应。作为区域中心城市，服务业总量规模偏低，低于传统上长江流域的其它中心城市，省内也长期低于苏州。开放度仍然偏低，外资及民营资本在科技研发、信息服务等领域相对较少。

二是产业结构与转型升级要求不适应。批发零售等传统行业占比仍然较高，生产性服务业优势行业不多，科技、金融、文化等与其它产业融合发展还需进一步引导。

三是速度效益与经济发展阶段不适应。全市人均GDP已经步入居民服务消费加速提升的阶段，但服务业相关产业功能建设投入的增长不快，同时，服务业人均增加值产出率偏低，产业效益有待提升。

二、南京市现代服务业的发展形势

（一）国际环境

1. 服务业开放标准进一步提升

从1986年开始的“乌拉圭回合”谈判首次将服务贸易列为新议题，目标是为实现服务贸易自由化，制定各缔约方普遍遵守的国际服务贸易规则，即《服务贸易总协定》(GATS)。然而，很多年过去了，在世界贸易组织(WTO)框架下的服务贸易谈判尽管取得了一些进展，但结果并不理想。为了加快服务领域开放的步伐，欧盟27国以及澳大利亚、美国等国家或地区开始着力推动新的诸边《服务贸易协定》(TISA)，以替代目前的GATS。TISA将一改GATS“混合清单”的开放模式，采用“负面清单”的开放模式。随着贸易谈判的深入和服务业开放规则的“升级”，极大地推动了有关经济体服务业的市场化、自由化和国际化，全球服务业开放势在必行。

2. 服务经济在世界经济中的地位将再次上升

当前，现代服务业不仅已经成为各国发展的重点，还是彼此间合作的焦点。无论是发达国家还是发展中国家，都将现代服务业作为本国保持国际竞争力的关键。由世界银行发布的《世界发展指标 2014》最新数据显示，全球服务业增加值占全球 GDP 的比重已经达到 70.2%，近 10 年提高了 3 个百分点左右。其中，美国、欧洲、日本、巴西、南非和俄罗斯的服务业增加值占 GDP 的比重分别达到 79%、72%、72%、67%、66%和 59%。世界产业结构进一步由工业经济向服务经济迈进，价值链由低端向高端攀升，现代服务业已成为经济发展的支柱产业，成为跨国贸易和投资的主体。

3. 制造业服务化、服务产品化趋势明显

现代服务业加速向现代制造业生产前期研发、设计，中期管理、融资和后期物流、销售、售后服务、信息反馈等全过程渗透，现代制造业内部逐渐由以制造为中心转向以服务为中心，优秀的制造企业由“以生产为中心”向“以服务为中心”转型，呈现出“制造业服务化，服务产品化”的发展趋势。

4. 服务业新技术、新产品、新业态和新模式不断涌现

在知识和新技术的带动下，传统服务业不断加快转型升级，具体表现在两个方面：一是在旅游、商贸等传统服务业领域中，涌现出许多新的商业模式；二是信息技术、信息资源和信息设备等在传统部门中的运用不断深入，促进了传统服务业走向专业化和知识化，并提高了管理化程度。同时，科技的快速发展使金融服务、文化创意、科技研发、信息服务和电子商务等产业成为服务业新的支柱，博客、移动游戏、版权交易、远程在线教育和新型网络金融系统等现代服务业的新产品、新业态和新模式层出不穷，引领了消费潮流，并指明了服务业的升级方向。

5. 现代服务业呈现集聚化与集约化趋势

现代服务业呈现了集聚化、集约化的发展趋势，城市集聚区经济正在成为现代服务业的主要集中地。产业集聚的外部性效应对现代服务业的发展显得更加重要。以科学技术为依托的现代服务业集聚化的发展，可以发挥现代服务业集聚区的规模效应、外部效应和创新效应，能够引起城市经济结构的变化、城市空间要素的优化及城市功能的提升，进而推动城市的转型发展。此外，科技、信息和人才等生产要素的充分流动，也可以有效促进现代服务业的发展。

（二）国内环境

1.“把服务业打造成经济社会可持续发展的新引擎”的国家行动不断升级

自中共十八届三中全会以后，有关服务业发展的政策意见频频出台，这意味着加快服务业发展已进入实际操作阶段。继 2012 年 12 月国家发布《服务业发展“十二五”规划》之后，又陆续就物联网、养老服务业、健康服务业、文化创意和设计服务业、旅游业以及现代保险服务业等细分行业颁布了相关政策。其中，《关于加快发展生产性服务业促进产业结构调整升级的指导意见》是国务院首次对生产性服务业发展做

出的全面部署，该意见明确了研发设计、第三方物流、融资租赁、信息技术服务、节能环保服务、检验检测、电子商务、商务咨询、服务外包、售后服务、人才服务和品牌培育等重点领域。

2. 服务业双向开放稳步推进

“中美投资协定”谈判确立了有关服务业的“准入前国民待遇”和“负面清单”，而各地自贸区的先行先试，也使我国扩大了服务领域的对外开放。例如，在金融、航运、教育、医疗和文化等领域逐步实施对外开放，进一步扩大服务业利用外资领域，提高服务业利用外资的质量和水平，鼓励有实力的服务业企业“走出去”。与对外开放相比，我国服务业的对内开放存在明显不足，主要原因在于“所有制垄断”和“地区垄断”。许多高利润服务业企业对民营资本的歧视政策是造成“所有制垄断”的主要原因；而保护主义是造成“地区垄断”的主要原因，这种“垄断”主要是通过各种行政手段来限制非本地服务要素或资源的进入。未来，我国将稳步推进服务业的对内开放，打破“垄断”，取消对非国有资本或非本地要素的不平等做法。

3. “经济新常态”背景下对服务业的倒逼压力

新常态是对当前我国所处的经济增长进入换挡期、结构调整面临阵痛期、前期刺激政策处于消化期三期叠加的经济发展新阶段所做的重大战略判断。“经济新常态”不仅是增长速度意义上的新常态，更是经济结构意义上的新常态。2013 年，我国第三产业的增加值首次超过第二产业，这意味着我国经济总体已逼近后工业时期，正在迈向服务经济时代。“未来经济增长的动力源”将会促进传统的制造业向现代服务业调整。“十三五”时期，步入新常态后，我国产业结构不断深度调整，服务业将成为引领经济增长的最重要引擎。随着生产型制造向服务型制造的转变，生产性服务业的内需潜力进一步释放。而居民消费层次的不断提升，也将促进交通通信、文教娱乐、健康医疗、旅游休闲、批发零售、商贸流通等服务行业迎来更加广泛的市场需求。

4. 生活性服务业蕴含更大的市场潜力和发展空间

生活性服务业在工业化、信息化、新型城镇化和市场化深入推进形成的内生动力下，以及居民收入和生活水平逐步提升形成的消费结构升级下，在未来将具有比生产性服务业更大的市场潜力和发展空间。首先，国民收入的持续提高将打开我国服务消费的发展空间。其次，劳动力供给的紧缺将使国民收入在分配上发生较大转变，劳动报酬占比将呈上升趋势，有利于拉动消费增长。最后，政府大力推动生活性服务业的发展。2014 年的政府工作报告把消费作为扩大内需的主要着力点，特别强调大力发展养老、健康、旅游及文化等行业，并促进信息消费，实施“宽带中国”战略，加快发展第四代移动通信，鼓励发展电子商务。此外，政府逐步放松针对服务业的管制，将改善服务业的供给情况。

（三）区域环境

1. 长江经济带国家战略全面实施，为南京跨越发展提供历史机遇

长江经济带国家战略的实施，加速了长江沿线相关区域产业分工合作和资源整

合,将有力推动沿江产业由要素和投资驱动向创新驱动转变,有助于发展战略性新兴产业、改造提升传统产业、提高服务业层级,引导产业合理布局和有序转移。作为长江经济带上向东、向西开放的重要门户,特别是在苏皖浙赣交汇区域,南京有着无可替代的辐射能力和中心地位,南京将获得与周边地区经济合作的新空间,可有效整合沿江资源,实现产业有序转移,发展高端现代服务业和战略性新兴产业,带动整体经济发展。

2. 长三角一体化加速推进,为南京接轨上海,辐射苏南、苏北提供新机遇

长三角一体化进程的快速推进有利于南京在更大范围内优化配置资源,开辟更加广阔的发展空间。作为长三角区域的中心城市和长三角城市群的特大城市,苏南现代化建设示范区,南京要充分依托长江黄金水道和沿海港口群,利用区域经济发展环境变化的契机,加强与上海的区域分工和紧密合作,带动辐射苏中苏北发展,并推动先进生产要素由南向北梯度扩散,从而实现实现跨江融合,打造改革新高地、争当开放新尖兵、带头发展新经济、构筑生态环境新支撑、创造联动发展新模式。

3. "一带一路"战略稳步推进,拓展了南京经济发展的新空间

"一带一路"战略的实施,有利于南京在更广阔空间实行对外开放和向内开放,强化与沿线经济伙伴的合作和人文交流,加快推动互联互通。作为"一带一路"的门户城市,南京可以充分利用自身的发展优势、功能优势、门户优势,"西挺进"和"东出海"双向拓展,重点整合印度、孟加拉国、沙特、尼日利亚等沿线国家和地区的资源和市场,着力在交通、电力、电信、水泥工业等领域,加大市场开拓力度。努力争取国家对外的援助项目,积极对接央企海外大工程,带动更多企业融入到"一带一路"建设中。

4. 上海自贸区双重效应日益显现,南京开放发展面临机遇与挑战

上海自贸区等国家战略的深入实施,为南京构建现代产业体系、外向型经济发展、城市功能提升等带来了重要的发展机遇。但上海自贸区也会对南京产生一定的虹吸效应,上海自贸区的政策优势将进一步吸引高端制造业和现代服务业向上海转移,企业和集团总部向上海集聚,吸引和转移众多中小企业的进出口业务,吸引民间资本向自贸区政策高地集聚,这一切都将对南京招商引资形成挤压,造成南京的资本、技术、人才等高端要素外流,会在一定程度上弱化南京的竞争优势。

"十三五"时期,我国经济增速换挡、结构调整阵痛以及改革发展攻坚"三期叠加"的特点日臻显著,将使得经济运行中不稳定性、脆弱性等问题将增多,长期积累的潜在风险会逐步释放。在这一背景下,南京经济增长不确定性的风险增加。但同时,更为重要的是,"新常态"也为南京的发展提供了难得的机遇。

一是现代服务业跨越式发展迎来战略机遇。2015 年南京人均 GDP 达到 118171 元,超过 18000 美元,按照国际经验,处于后工业化阶段跨越阶段。在此阶段,城镇化率快速提升,服务业将成为引领经济增长的重要引擎。随着产业转型升级,产业间物资产品中间投入不断增加,促使服务业中间投入增加,实现生产型制造向服务型制造的转变,生产性服务业的内需潜力进一步释放,为"十三五"时期南京生产性服务业加

速扩张提供了广阔的市场空间。此外，伴随着人民收入水平加快提升，社会保障体制不断完善，产城融合程度将不断增强，促使居民消费结构由舒适型向发展型、享受型转变，逐步实现从“物资消费为主”向“服务消费为主”转变。

二是为南京实现服务型经济结构优化、层次提升、贡献增强，提供机遇。借助对接“一带一路”国家战略，区域间互联互通程度不断加深，区域内产业一体化趋势明显，要素流动更加频繁，市场更加开放，要素重组效应更加明显，将进一步凸显南京作为“一带一路”节点城市和长三角经济带门户城市的地位，伴随着服务业供给侧结构改革，服务产品有效供给能力和城市综合服务功能将会有效提升，生产性服务业和生活性服务业加快发展，新兴服务业强化培育，现代服务业产业载体和服务平台全方位打造，从而提高服务业对当前经济发展的支撑和贡献。

三是生产性服务业与制造业深度互动融合的机遇。制造业服务化、服务产品化趋势，要求南京“十三五”时期加大推动生产性服务业与制造业在更高水平上有机融合，利用“大、云、平、移”等现代信息技术，加快提升优势产品和产业的附加值，创新销售模式、增强品牌效应，以此提升优势产品的市场知名度和产业竞争力。

三、南京市现代服务业的发展重点

（一）发展趋势

1. 现代服务业是经济发展的新引擎

现代服务业尤其是现代生产性服务业中，密集地隐含着巨大的技术资本、知识资本和人力资本投入，因而其产出也是一种差异化极强的无形产品，这直接决定了使用这些产出的企业生产的市场竞争力，现阶段高技术服务业如今已融入传统行业的各个环节。其中，信息与制造技术的融合不断推动制造业的智能化、柔性化；创意设计、节能服务、远程诊断、远程技术支持、系统流程服务、设备生命周期管理服务、在线产业带等与制造业发展紧密融合的新业态，也为传统产业转型升级提供了支撑。现代服务业尤其是生产性服务业，是产业价值链中增值最大、最具竞争优势、也是最具战略性的高级环节，大力发展现代服务业有利于推动创新型经济发展，有利于转变经济发展的新动力。现代服务业尤其是现代生产性服务业是把日益专业化的知识技术引入商品和务生产过程中的飞轮，同时也是这些资本进入生产过程的重要通道。在产业组织理论中，人们习惯上把“服务形式的投入占生产总投入的百分比”称为“产业结构软化系数”，这是反映产业结构升级和竞争力水平上升的最重要指标。

2. 扩大内需是现代服务业发展的新支撑

服务业相对于非服务业尤其是制造业，是一种可贸易程度差、内需性强的典型产业，因此，大力发展现代服务业事实上就意味着主要应开拓国内市场，以内需拉动经济增长而不是主要靠外需，实现双向开放。中国经济过高的对外依存度，其实是由国内巨大的、过剩的制成品生产能力构成的。这些供给过度的制成品在巨大的竞争压力下，由于可贸易的程度较高，都通过国际贸易的方式消化到了别国的市场。而如果今后把资源主要投向服务业，不仅有利于缓解第二产业的竞争压力，减少资源、能源和环境的消耗，而且还可以利用其本地化、可贸易型差的特点，就地消化在本国市场，从而实现扩大内需、降低国际贸易摩擦、转换发展方式以及最终提升人民幸福程度的目的。

3. 现代服务业发展是全球价值链攀升的新模式

现代服务业成为技术、知识密集型产业的典型，不仅在广泛运用现代信息技术等成果和充分培育运用人力资源方面占据领先地位，而且事实上也成为现代产业链、价值链和创新链的高端环节。从产业升级的内容看，首先大力发展现代服务业既意味着从宏观上提升产业结构水平和效益，也意味着从微观上加快工艺升级、产品升级、功能升级、产业链升级和产业集群升级。就前者看，过去鲍莫尔和富克斯都认为"服务业生产率增长滞后"由于制造部门(即所谓的进步部门)的生产率相对快速增长，将导致停滞的服务部门出现相对成本的不断上升，因此，服务业容易得"成本病"。而事实是服务业具有更高的生产率，其在各国经济发展中的地位不断上升，是当今世界经济发展的一个显著特征，主要表现为服务业增加值比重与就业比重的不断增加，从宏观上表现为产业结构的不断优化升级。就后者看，微观上所说的"功能升级"，可以形象地比喻为"攀升微笑曲线"，即攀升全球价值链的两端，其实就是发展非实体性的服务经济活动，如研发、设计、品牌、网络、营销、金融物流等。而产业集群升级，则往往是指提升集群中的现代服务水平，如研发设计、公共检测、技术维修、管理咨询和金融法律服务等。

4. 现代服务业是经济体制更新转型的新推力

从现代服务业的特性看它不仅是制度供给的载体，也是对制度依赖性很强和对制度极为敏感的产业，因此，首先大力发展现代服务业有利于推动经济体制和机制的更新和转型。无论是现代企业的产权体系和治理结构，还是现代市场体系的秩序和运作规则，或者是政府公共服务职能的法制化和现代化，其实都是一个现代服务业的发展问题。例如，创新驱动型经济赖以有效运作的知识产权制度，各类人才、技术、知识和产权等中介市场，财富驱动创新的金融制度安排等，无一不是属于现代生产性服务业发展的基本内容，而政府的公共服务职能则属于公共服务业的主要组成部分。因此，制度供给的载体和制度密集的特征，决定了发展现代服务业对经济转型具有直接的决定性作用。另一方面，与制造业对制度不太敏感的特征相反，服务业对制度供给和供给质量的高度依赖的特性，也决定了在推进经济转型升级的过程中，如果首先启动现代服务业的发展，有利于通过制度创新进一步释放中国的经济增长潜能。

5. 互联网强势构建新型现代服务业体系

互联网作为一种服务性工具，与产业相结合，将赋予其一定的现代服务业属性。由于其服务跨越时空，为分工协作创造了良好的条件待时机成熟，一个新的行业就会孕育并分离出来。对于第一、第二产业，农业物联网、工业互联网的深入发展，已导致农业、工业与服务业在部分领域的界限不断模糊；对于第三产业，互联网已催生出大批新兴行业，如网络购物、网络游戏、网络广告、在线租车、在线教育等。在互联网作用下，现代服务业体系变得日益丰富。根据 Internetlivestats 报道，数字世界再次到达另一个重要的里程碑，全球互联网用户数量超过了 30 亿人大关。Internetlivestats 通过来自 ITU、世界银行和联合国的数据推断出它的数字，因此时间不一定特别精确，但是，这一数字对全球互联网的持续增长仍是非常有用的指导。互联网企业凭借其灵活的机制、与众不同的商业模式，实现"过顶传球"，改变了竞争规则，使不少传统服务业企业都产生"狼来了"的危机感。在过去，电信运营商的垄断地位何其巩固，仅以短信和语音两项业务就赚的盆满钵满；然而，"微信"横空出世，立马迫得电信运营商手忙脚乱，昔日优势渐成明日黄花。同样的，伴随着互联网金融的持续升温，传统银行业赖以生存的"存、贷、汇"等核心业务也面临众筹、人人贷、第三方支付等新型业态的有力竞争。互联网企业跨界竞争，发挥鲶鱼效应，正全面重塑行业格局。2014 年新浪微博、京东、阿里巴巴等知名互联网企业赴美上市，使"互联网"成为频频见诸报端的热点词，互联网应用得到广泛宣传，互联网应用与发展模式快速创新，比特币、互联网理财、网络购物、O2O 模式等一度成为社会性事件，这些宣传报道极大地拓宽了非网民认知、了解、接触互联网的渠道，提高非网民的尝试意愿。

（二）产业重点

1. 坚持创新导向，大力发展高技术类服务业

以软件和信息服务业作为服务业发展的第一优先产业，围绕"互联网＋"发展战略，加快新一代软件和信息网络技术开发推广，支持适应物联网、云计算和下一代网络构架的软件信息产品研制应用，提升新型网络设备、智能终端产业和新兴信息服务业创新发展，不断延伸和拓展服务空间，催生新模式、新业态。依托"一谷两园"，进一步加大对软件与信息服务业发展的扶持力度，引导相应的产业资源加快集聚，到 2020 年，全市软件和信息服务业收入年均增幅超过全国水平 2—3 个百分点，产业规模在国内城市中名列前茅，初步建成具有国际竞争力的软件名城。

大力发展科技研发产业，围绕新一代信息技术、智能电网、节能环保、高端装备制造、新能源、新材料、生物、新能源汽车等战略性新兴产业，加快引进科研人才和国内外研究机构，加大研发投入，力争在相关领域确立技术优势。大力发展研究开发、科技金融、科技咨询、技术转移、知识产权、检验检测认证等科技服务业，鼓励科技园区、高校、科研机构等开展知识产权代理、托管、运营等服务，到 2020 年，研发经费支出占 GDP 比重提高到 3.2%，科技服务业总收入达 800 亿元，年均增幅保持 15%以上。

加快全国服务外包示范城市建设，打造通信、电力服务、创意设计、动漫服务、供应链管理、医药研发、金融服务等服务外包产业链，形成具有南京特色的国际服务外包品牌。到 2020 年，力争实现服务外包执行额 300 亿美元。

2. 提升中心地位，大力发展金融商务类服务业

加快推进金融业创新，积极发展互联网金融，提升对中小微型企业金融服务水平，促进融资租赁发展；加快发展多层次资本市场，支持南京银行、南京证券、紫金投

资集团等地方法人机构做大做强,重点打造南京河西金融集聚区、新街口金融商务区以及金融城等特色功能载体。到2020年,金融业增加值突破2000亿元,保持高于服务业2个百分点以上的增幅,占服务业增加值比重达22%,泛长三角区域金融中心地位基本奠定。

坚持引进和重点培育相结合,加快发展总部经济和楼宇经济。在主城和江北新区,依托商务楼宇资源,打造一批总部经济集聚区和商务服务主题楼宇,吸引跨国公司中国总部和国内大企业集团总部及其研发中心、销售中心、采购中心、结算中心落户南京。

大力发展法律服务、会计审计、企管策划、人力资源、咨询评估等各类商务服务业,引进一批高端商务中介机构,并加快提升会展经济的规模、层次和国际化水平,着力建设功能强、服务好、国际化水平高的区域性商务及会展中心城市。

3. 强化枢纽功能,大力发展流通类服务业

强化商贸业优势特色和民生保障水平。引导商贸企业开展线上线下融合经营模式创新,推动商贸业向"互联网+"全面转型升级;积极推进与城市定位相适应的现代化和时尚高端商贸设施建设,强化中心城市在商贸方面的辐射带动能力;加强社区便民网点、流通基础设施、城市共同配送建设,完善商贸服务城市的功能;大力发展电子商务,积极探索和实践"集货、集商、服务"三位一体的跨境电商外贸综合服务模式,支持有条件的企业向平台化转型;合理布局商业及相应仓储网点,依托市场主体,提升对城市供给的调配管理水平,到2020年,全市社会消费品零售总额超过7000亿元,电子商务交易额达到1.4万亿元,网络零售额达到3000亿元。

强化现代物流对产业服务的功能。加快完善以海港、空港、高铁为依托的物流集疏运体系,推进电子口岸和通关一体化。加快建设各类物流园区和基地,培育有骨干支撑作用的综合性物流中心,有区域集散功能的专业物流中心和布局合理的物流配送中心,引导物流设施资源集聚集约发展。完善物流服务标准,大力发展第三方物流和智慧物流,推动流通企业利用信息技术加强供应链管理,提升物流行业的规范化、现代化水平。到2020年,交通运输、仓储及邮政业增加值达到400亿元以上,港口货物吞吐量达到2.6亿吨,港口集装箱吞吐量达到360万标箱。

4. 依托文教资源,大力发展文化创意类服务业

依托城市文化内涵和资源优势,大力推进文化创意与设计服务产业化、专业化、品牌化发展。实施"文化+"发展战略,建设"创意南京"文化产业融合公共服务平台,加快文化与科技、文化与金融、文化与旅游、文化创意和设计服务与相关产业跨界融合。加快打造新兴文化产业载体,培育新型文化业态,拓展文化产业空间,引导文化产业集中集聚集约发展。到2020年,建设示范功能区10个、文化产业园区、集聚区和基地30个,培育全国文化企业30强2家、全省"民营文化企业30强"企业10家,实现文化产业增加值年均增长15%,占GDP比重超过8%。

5. 加强品牌建设,大力发展旅游休闲类服务业

实施旅游精品项目建设工程、服务体系配套工程、服务质量提升工程、市场推广

工程、管理体制优化工程，重点加强以"一核、两带、五街区、十片区"等18个旅游集聚区建设，深入挖掘整理南京丰富而独特的历史文化资源和自然生态资源，推动旅游产品从观光旅游为主向更深层次的观光旅游与休闲旅游并重转型。加快南京智慧旅游服务体系建设，积极支持旅游商业模式创新，支持在线旅游龙头企业做大做强。抓住用好外国人72小时过境免签政策，积极吸引境外游客来宁旅游，不断扩大旅游业对外开放，提升旅游业国际竞争力，把南京建设成为国内一流的文化休闲之都、世界知名的旅游度假胜地。到2020年，全市旅游业总收入达到2900亿元左右，境内外游客总数达到1.5亿人次。

6. 聚焦民生需求，大力发展生活类服务业

加快发展贴近服务群众生活、需求潜力大、带动作用强的生活性服务业，推动生活消费方式由生存型、传统型、物质型向发展型、现代型、服务型转变。积极发展居民和家庭服务业，推进打造公共服务平台，加强技能培训和规范化、标准化、品牌化建设，培育各级各类家庭服务经营机构和企业，形成多层次、多形式共同发展的家庭服务市场。积极发展健康服务业，大力开展群众体育运动，提升全民体育健身水平，促进体育产业加快成长；积极发展健康体检、健康咨询、家庭保健、母婴照料等健康服务，促进健康产业由医疗保健为主向健康管理为主的转变。积极发展养老服务业，加快建设养老设施，大力推动医养融合发展，建成以居家为基础、社区为依托、机构为支撑、信息为辅助、社会为主体、法制为保障，功能完善、服务优良、覆盖城乡的社会养老服务体系。

参考文献：

[1] 闫星宇，张月友.我国现代服务业主导产业选择研究[J].中国工业经济，2010(6).

[2] 夏海力，廖瑛.发展苏州市知识密集型服务业的对策研究[J].科技管理研究，2008(7).

[3] 顾焕章.江苏服务业发展研究[J].江苏社会科学，2006(2).

[4] 李红.知识密集型服务业集群研究述评[J].科学管理研究，2005(6).

[5] 邓志能，洪曲波.我国知识密集型服务业国际竞争力研究[J].经济纵横，2006(8).

[6] 刘靖.服务业发展的国际经验及启示[J].商业时代，2006(17).

[7] 何骏.长三角区域服务业发展与集聚研究[J].上海经济研究，2011(8).

[8] 杜慧，陈伟达.基于三维灰色趋势关联度的江苏省现代服务业区域协调性[J].华东经济管理，2012，26(12).

[9] 侯茂章.基于全球价值链视角的地方产业集群国际化发展研究[M].北京：中国财政经济出版社，2010.

[10] 龚丽敏，江诗松，魏江.产业集群创新平台的治理模式与战略定位[J].南开管理评论，2012，15(2).

[11] 江小涓.服务业增长：真实含义、多重影响和发展趋势[J].经济研究，2011(4).

[12] 朱孔来.国民经济和社会发展综合评价研究[M].济南：山东人民出版社，2004.

[13] 李小胜，陈珍珍.如何正确应用SPSS软件做主成分分析[J].统计研究，2010，27(8).

[14] 潘安娥,杨青.基于主成分分析的武汉市经济社会发展综合评价研究[J].中国软科学,2005(7).

[15] 马社强,邵春福,左忠义,马壮林.基于主成分和聚类分析的区域道路交通安全综合评价[J].武汉理工大学学报(交通科学与工程版),2010,34(6).

[16] 黄繁华,洪银兴.加快江苏现代服务业发展路径研究[J].南京社会科学,2007(7):120—125.

[17] 顾乃华,毕斗斗任旺兵中国转型期生产性服务业发展与制造业竞争力关系研究—基于面板数据的实证分析[J]中国工业经济,2006(6):14—21.

[18] 王玉珍.现代服务业与先进制造业的耦合与发展[J].江苏行政学院学报,2008(5):59—63.

[19] 宣烨,孔群喜,李思慧.加工配套企业升级模式及行动特征—基于企业动态能力的分析视角[J].管理世界,2011(8):102—114.

[20] 戴庆华.江苏生产性服务业的发展现状及对策[J].产业经济研究,2008(4):66—71.

[21] 周晔.先进制造业与现代服务业的融合发展及其启示[J].开发研究,2010(6):118—121.

[22] 郭怀英.韩国生产性服务业促进制造业结构升级研究[J].宏观经济研究,2008(2):23—28.

[23] 叶伟华,黄汝钦.前海深港现代服务业合作区规划体系探索与创新[J].规划师,2014(5):72—77.

第三章 南京市“十三五”服务业发展规划

“十三五”时期是建设“强、富、美、高”新南京的关键时期，也是率先全面建成小康社会和探索开启基本实现现代化建设新征程的重要阶段。这一时期，国家“一带一路”、长江经济带等重大战略将全面实施，国际经济环境、金融秩序将深刻变化，作为区域中心城市，南京市如何更好地确定服务业发展方向、更好地实施发展引导、更好地营造发展环境，对于抢抓发展机遇，完善城市功能、强化民生保障、提升城市影响具有重要意义。

本规划是对《南京市国民经济和社会发展第十三个五年规划》的落实和细化，主要是明确“十三五”期间服务业发展的规划目标、产业重点、发展途径和保障措施，是今后五年全市服务业发展的重要导向，规划期限为2016—2020年。

一、发展基础

（一）服务经济提速发展

2015年全市实现服务业增加值5572.3亿元，同比增长11.3%，占GDP比重达到57.3%，“十二五”期间年均增速达11.6%，总量实现了五年翻番，占比提升了6.6个百分点。五年来，在全市经济中，服务业固定资产投资的占比从50.4%提升到了61.2%，服务业利用外资占比从45.6%提升到了76.6%，服务业在产业税收中占比从39.3%提升到了45.1%，服务业从业人员占比从50.6%提升到了58.7%，服务业对全市经济发展的贡献日益增强，已成为全市经济发展的主要力量。

（二）产业结构持续优化

五年来，高端服务业支撑作用明显强化，金融业以年度平均高于服务业增速4个百分点的高速增长，已成长为服务业中规模最大的产业，占比达到20%；软件和信息服务、科技研发两大技术密集型服务业占服务业比重平均每年提升1个百分点，占比已达15%。新兴产业快速发展，文化产业增加值达到590亿元，占GDP比重达到6.1%；商务服务业增加值年均增速达到12%，经认定的市级总部企业达到104家；创建国家电子商务示范城市成效显著，电子商务交易额持续保持25%以上增速，总量达到8715亿元；完成服务外包执行额达到130亿美元，年度平均增速超过20%，国内城市中处于领先地位。民生类服务业逐步完善，养老服务、家庭服务、健康服务等产业功能建设不断提升，全市养老平台服务规模达到240万人次，建设运行了96515个家庭服务业信息服务平台。生产性服务业发展加快推进，在服务业增加值中比重超过48%。

(三)产业功能全面提升

商贸流通持续繁荣,2015年实现社会消费品零售总额4590亿元,是2010年的2倍,五年来年均增速达14.9%。物流增加值年均增长超过10%,港口货物吞吐量稳定保持在2亿吨以上,集装箱吞吐量达到280万标箱,基本实现了五年翻番。旅游目的地城市建设成效显著,年度旅游总收入达到1688亿元,全年接待旅游总人次首次破亿,分别达到"十二五"末的1.8倍和1.6倍。全年举办大中型展览会议2660个,展览总面积259万平方米,分别达到"十二五"末的2倍和3倍。

(四)载体建设成效显著

创新驱动战略深入实施,全市紫金科技创业创新特别社区新建或改造载体面积680万平方米,孵化器、加速器、中试用房、人才公寓、总部基地等功能结构基本成型。金融城、长江航运物流服务中心等现代服务业项目建设快速推进,新增产业功能不断涌现。省、市服务业集聚区数量达到60家,其中,省级服务业集聚区达到20家,经营收入超100亿元的集聚区达到8家,集聚区投入使用的产业载体达到4190万平方米,集聚区从业人员达到95万人。

(五)市场主体加快培育

全市服务业注册企业数量达到27万户,包括个体工商户,服务业市场主体达到62万户,注册资本13770亿元,分别占全市市场主体的88%和71%。服务业企业发展质量不断提升,省级重点培育的服务业创新企业累计已达104家,占全省总量的22.7 %,省级服务业创新示范企业累计已达26家,占全省总量的21.7 %。全省服务业百强企业中,全市有48家,全省服务业企业前10强中,全市占有7席;省级服务业名牌企业达到72家,市级服务业名牌企业达到了97家。

(六)功能布局日趋协调

主城区作为服务业发展的高地和全市打造区域性服务业中心的核心地位得到凸显,主城区服务业占GDP比重超过80%,鼓楼、玄武、秦淮服务业占比超过90%;近郊区现代服务业与先进制造业融合发展得到深入贯彻,以生产性服务业为重点,江宁、栖霞、浦口服务业已与制造业实现同步增长;郊区服务业特色化发展成效显著,文化旅游、休闲旅游、乡村旅游等特色品牌不断涌现。

(七)综合改革深入推进

全面开展了国家服务业综合改革试点工作,服务业各领域开展了全面和系统的改革创新。产业融合发展深入推进,金融、科技、文化、旅游等产业之间的融合,以及新一代信息技术与服务业各产业的融合得到积极实践,平台经济、科技金融等产业新形态、新模式不断涌现;土地要素调配机制得到完善,科技创业特别社区和省级以上服务业集聚区、城市功能板块等用地得到优先保障;实施了支持加快市场主体培育方面一系列政策措施,企业培育机制得到创新,服务业发展环境进一步改善。

表 8　“十二五”以来我市服务业发展情况表

序号	指　　标	2010 年	2015 年	增长情况
1	服务业增加值	2542.5 亿元	5572.3 亿元	2.2 倍
2	增加值中服务业占比	50.7%	57.3%	6.6 个百分点
3	服务业固定资产投资	1666.4 亿元	3354.5 亿元	2 倍
4	固定资产投资中服务业占比	50.4%	61.2%	10.8 个百分点
5	服务业产业税收	448.1 亿元	960.9 亿元	2.2 倍
6	产业税收中服务业占比	39.3%	45.1%	5.8 个百分点
7	服务业实际利用外资	12.8 亿美元	25.5 亿美元	2 倍
8	实际利用外资中服务业占比	45.6%	76.6%	31 个百分点
9	服务业从业人员	231.7 万人	290 万人	1.3 倍
10	从业人员中服务业占比	50.6%	58.7%	8.1 个百分点
11	金融业增加值	417.3 亿元	1122.2 亿元	2.7 倍
12	金融业增加值占服务业比重	16.4%	20.1%	3.7 个百分点
13	交通运输及仓储增加值	270.1 亿元	308 亿元	1.1 倍
14	交通运输及仓储增加值占服务业比重	10.6%	5.5%	降 5.1 个百分点
15	物流费用占 GDP 比重	15.7%	15.0%	优化减少 0.7 个百分点
16	信息传输计算机服务和软件业增加值	154.8 亿元	590 亿元	3.8 倍
17	信息传输计算机服务和软件占服务业比重	6.1%	10.6%	4.5 个百分点
18	科学研究和技术服务增加值	98.8 亿元	285 亿元	2.9 倍
19	科学研究和技术服务增加值占服务业比重	3.9%	5.1%	1.2 个百分点
六	打造区域商贸流通中心			
20	批发零售增加值	515.9 亿元	1062 亿元	2.1 倍
21	批发零售增加值占服务业比重	20.3%	19.1%	降低 1.2 个百分点
22	社会消费品零售总额	2267.8 亿元	4590.2 亿元	2 倍

二、发展环境

（一）面临的形势

1. 宏观形势深刻变化

欧美主要国家再工业化战略与我国劳动力成本不断上升、东南亚产业竞争力增强等多种矛盾相交织，全球产业布局出现新动态；美元持续走强，欧元区经济复苏乏力,人民币在国际货币体系中的再定位等矛盾相交织,全球金融走势日益复杂;美国主导的跨太平洋战略经济伙伴协定(TPP)不断推进,多面、地区性、双边等贸易协定产生的作用相互冲击,全球国际贸易关系变数增多,"十三五"期间,宏观经济环境将会发生较大变化。

2. 产业结构调整深入推进

供给侧结构性改革不断推进,对扩大有效供给,提高产业适应需求变化的要求越来越高;在新型信息化技术支撑下,制造业、农业与服务业融合,服务业内部金融、商贸、科技、旅游、文化等产业融合发展的趋势日益明显;全市重化工业去产能化,改善环境指标、调轻调优产业结构对加快发展服务型经济提出更高要求;随着现代家庭和人口结构变化,生活服务、公共服务的需求、规模和模式发生重大变化,保障民生对加快发展服务业提出更高要求。优化产业结构,优化供给质量,提升产业规模是"十三五"期间南京市服务业发展的必然取向。

3. 国家战略带来重大机遇

南京作为全国沿江、沿海发展轴线交汇区域重要城市,"一带一路"发展战略全面实施将推动服务业产业功能建设站到新的平台;作为长江经济带重大战略的重点门户城市,将更多承担带动长江中上游和中西部区域发展的任务;作为苏南现代化示范区中唯一优先开发的国家级江北新区所在区域,在产业发展上积累经验和做出示范是下一步发展的重要要求。这些国家级的重大战略为南京市服务经济发展提高了层级、拓展了空间、丰富了功能,必然能带来新的飞跃。

4. 新南京建设提出新要求

为贯彻落实习总书记视察江苏重要讲话精神,加快建设"强富美高"新南京,南京市提出建设"一带一路"节点城市、长江经济带门户城市、长三角区域中心城市和国家创新型城市"四个城市"的城市发展目标,以及加快发展"创新型、服务型、枢纽型、开放型、生态型"五型经济"的经济发展战略,对"十三五"期间服务业发展提出了更高要求。

综合来看,"十三五"期间,服务业发展既面临复杂国际经济环境变化带来的挑战,也有国家宏观战略推进、产业转型升级带来的机遇。这一时期,机遇与挑战并存,加快发展服务经济将是全国产业发展的战略取向。对南京而言,资源禀赋在发展服务经济的大潮中将更加明显,与同等城市的比较优势将得到阶段性凸显,城市功能和综合实力赶超面临全新机遇。

(二)存在的问题

"十二五"时期以来服务业发展中也存在几方面不足:

一是产业功能与城市定位不相适应。作为区域中心城市,服务业总量规模偏低,低于传统上长江流域的其它中心城市,省内也长期低于苏州。开放度仍然偏低,外资及民营资本在科技研发、信息服务等领域相对较少。

二是产业结构与转型升级要求不相适应。批发零售等传统行业占比仍然较高,生产性服务业优势行业不多，科技、金融、文化等与其它产业融合发展还需进一步引导。

三是速度效益与经济发展阶段不相适应。全市人均 GDP 已经步入居民服务消费加速提升的阶段，但服务业相关产业功能建设投入的增长不快，同时，服务业人均增加值产出率偏低，产业效益有待提升。

三、发展目标

（一）指导思想

深入贯彻党的十八大以来重要会议和习近平总书记系列讲话精神，抢抓国家“一带一路”、长江经济带、苏南国家自主创新示范区和现代化建设示范区战略机遇，坚持以改革创新为动力，以现代化、市场化、国际化为方向，加大供给侧结构改革力度，以提升服务产品有效供给能力和完善城市综合服务功能为重点，加快发展生产性服务业和生活性服务业，强化新兴服务业培育，全方位打造现代服务业产业载体和服务平台，大力促进服务型经济规模扩张、结构优化、层次提升、贡献增强，提高服务业对当前经济发展的支撑和贡献。

（二）基本原则

——提升标杆，跨越发展。坚持以更高标准确立发展目标，以更高水准提升服务功能，切实把发展差距转化为发展动力，把资源优势转化为发展优势，有效推动南京服务型经济持续健康发展。

——抢占高端，转型发展。积极顺应新的产业转型和消费升级趋势，大力发展附加值高、辐射带动力强的生产性服务业和生活性服务业，突出特色和优势，有力推动服务型经济发展向中高端水平迈进。

——市场主导，开放发展。充分发挥市场对资源配置的决定性作用，引导市场主体加快资源整合步伐，提升综合竞争实力。奋力抢抓国家战略机遇，扩大服务业对内对外开放，不断提升南京服务型经济的国内国际影响力。

——深化改革，创新发展。坚持以改革促创新，以创新促发展，大力突破体制机制束缚，努力探索走出一条以市场化、信息化为支撑，以创新、开放为方向的服务型经济发展新途径。

（三）总体目标

以供给侧结构改革为基本引领，推进全市服务型经济由注重内部优化调整向促进整个产业结构升级转变、由注重满足城市自身需求向服务更大区域发展转变、由注重大产业大功能提升向兼顾民生和内需转变，进一步发挥服务经济对加快产业转型升级、提升城市综合服务功能、完善民生保障的促进作用，强化对整个经济发展的支撑和引领，建成以服务业为主导的产业结构体系，区域性现代服务业中心地位进一步提升。

到 2020 年：

——产业总量不断提升。服务业增加值力争达到9%左右的年均增长水平,占GDP比重到“十三五”末达到62%以上。服务业固定资产投资增速高于全市总体水平,社会消费品零售总额年均增长10%左右。

——产业结构不断优化。服务业高端化发展水平不断提升,软件和信息服务、科技研发、金融等高端生产性服务业增加值增速高于服务业总体增速2—3个百分点,生产性服务业占服务业增加值比重达到54%以上。软件和信息服务业、科技研发业成长为全市服务业中重要支柱型产业。

——产业功能不断完善。强化枢纽功能,海港、空港、高铁三大枢纽经济区增加值年均增速15%以上;新的消费增长点和消费空间得到较快培育,最终消费在GDP中的比重由53%提高到60%;养老服务、家庭服务、健康服务等民生型产业不断推进,城市建成区便利性商贸设施普及率达到100%。

表9 “十三五”服务业主要规划指标汇总表

序号	指　　标	单位	2015年基础值	“十三五”规划值
1	服务业增加值增速	%	11.3	9
2	服务业占GDP比重	%	57.3	62
3	生产性服务业占服务业增加值比重	%	47.5	54
4	社会消费品零售总额增速	%	10.2	10
5	最终消费在GDP中的比重	%	53.0	60
6	海港、空港、高铁三大枢纽经济区增加值年均增速	%	估算约12%左右	15
7	江北新区服务业增加值增速	%	11.1	高于全市服务业增加值增速2个百分点以上
8	金融业增加值	%	16.1	12
9	科学研究和技术服务增加值增速	%	14.0	12
10	科技服务业总收入	亿元	400	800
11	科技服务业总收入增速	%	17.6	15
12	信息传输、计算机服务和软件业增加值增速	%	15.0	12
13	软件和信息服务总收入增速	%	20.0	超过全国增速水平2—3个百分点
14	电子商务交易额	亿元	8715	14000
15	网络零售额	亿元	1432	3000
16	交通运输、邮政及仓储业增加值	亿元	308.0	400
17	港口货物吞吐量	亿吨	2.1	2.6
18	港口集装箱吞吐量	万标箱	293.0	360

续 表

序号	指　　标	单位	2015年基础值	“十三五”规划值
19	文化产业增加值增速	%	15.0	15
20	文化产业在GDP中比重	%	6.1	8
21	旅游业总收入	亿元	1688	3000
22	旅游业总收入增速	%	11.0	12

四、产业重点

（一）坚持创新导向，大力发展高技术类服务业

以软件和信息服务业作为服务业发展的第一优先产业，围绕“互联网＋”发展战略，加快新一代软件和信息网络技术开发推广，支持适应物联网、云计算和下一代网络构架的软件信息产品研制应用，提升新型网络设备、智能终端产业和新兴信息服务业创新发展，不断延伸和拓展服务空间，催生新模式、新业态。依托“一谷两园”，进一步加大对软件与信息服务业发展的扶持力度，引导相应的产业资源加快集聚，到2020年，全市软件和信息服务业收入年均增幅超过全国水平2—3个百分点，产业规模在国内城市中名列前茅，初步建成具有国际竞争力的软件名城。

大力发展科技研发产业，围绕新一代信息技术、智能电网、节能环保、高端装备制造、新能源、新材料、生物、新能源汽车等战略性新兴产业，加快引进科研人才和国内外研究机构，加大研发投入，力争在相关领域确立技术优势。大力发展研究开发、科技金融、科技咨询、技术转移、知识产权、检验检测认证等科技服务业，鼓励科技园区、高校、科研机构等开展知识产权代理、托管、运营等服务，到2020年，研发经费支出占GDP比重提高到3.2%，科技服务业总收入达800亿元，年均增幅保持15%以上。

加快全国服务外包示范城市建设，打造通信、电力服务、创意设计、动漫服务、供应链管理、医药研发、金融服务等服务外包产业链，形成具有南京特色的国际服务外包品牌。到2020年，力争实现服务外包执行额300亿美元。

（二）提升中心地位，大力发展金融商务类服务业

加快推进金融业创新，积极发展互联网金融，提升对中小微型企业金融服务水平，促进融资租赁发展；加快发展多层次资本市场，支持南京银行、南京证券、紫金投资集团等地方法人机构做大做强，重点打造南京河西金融集聚区、新街口金融商务区以及金融城等特色功能载体。到2020年，金融业增加值突破2000亿元，保持高于服务业2个百分点以上的增幅，占服务业增加值比重达22%，泛长三角区域金融中心地位基本奠定。

坚持引进和重点培育相结合，加快发展总部经济和楼宇经济。在主城和江北新区，依托商务楼宇资源，打造一批总部经济集聚区和商务服务主题楼宇，吸引跨国公司中国总部和国内大企业集团总部及其研发中心、销售中心、采购中心、结算中心落户南京。

大力发展法律服务、会计审计、企管策划、人力资源、咨询评估等各类商务服务业，引进一批高端商务中介机构，并加快提升会展经济的规模、层次和国际化水平，着力建设功能强、服务好、国际化水平高的区域性商务以及会展中心城市。

(三) 强化枢纽功能，大力发展流通类服务业

强化商贸业优势特色和民生保障水平。引导商贸企业开展线上线下融合经营模式创新，推动商贸业向"互联网＋" 全面转型升级；积极推进与城市定位相适应的现代化和时尚高端商贸设施建设，强化中心城市在商贸方面的辐射带动能力；加强社区便民网点、流通基础设施、城市共同配送建设，完善商贸服务城市的功能；大力发展电子商务，积极探索和实践"集货、集商、服务"三位一体的跨境电商外贸综合服务模式，支持有条件的企业向平台化转型；合理布局商业及相应仓储网点，依托市场主体，提升对城市供给的调配管理水平，到2020年，全市社会消费品零售总额超过7000亿元，电子商务交易额达到1.4万亿元，网络零售额达到3000亿元。

强化现代物流对产业服务的功能。加快完善以海港、空港、高铁为依托的物流集疏运体系，推进电子口岸和通关一体化。加快建设各类物流园区和基地，培育有骨干支撑作用的综合性物流中心，有区域集散功能的专业物流中心和布局合理的物流配送中心，引导物流设施资源集聚集约发展。完善物流服务标准，大力发展第三方物流和智慧物流，推动流通企业利用信息技术加强供应链管理，提升物流行业的规范化、现代化水平。到2020年，交通运输、仓储及邮政业增加值达到400亿元以上，港口货物吞吐量达到2.6亿吨，港口集装箱吞吐量达到360万标箱。

(四) 依托文教资源，大力发展文化创意类服务业

依托城市文化内涵和资源优势，大力推进文化创意与设计服务产业化、专业化、品牌化发展。实施"文化＋"发展战略，建设"创意南京"文化产业融合公共服务平台，加快文化与科技、文化与金融、文化与旅游、文化创意和设计服务与相关产业跨界融合。加快打造新兴文化产业载体，培育新型文化业态，拓展文化产业空间，引导文化产业集中集聚集约发展。到2020年，建设示范功能区10个、文化产业园区、集聚区和基地30个，培育全国文化企业30强2家、全省"民营文化企业30强"企业10家，实现文化产业增加值年均增长15%，占GDP比重超过8%。

(五) 加强品牌建设，大力发展旅游休闲类服务业

实施旅游精品项目建设工程、服务体系配套工程、服务质量提升工程、市场推广工程、管理体制优化工程，重点加强以"一核、两带、五街区、十片区"等18个旅游集聚区建设，深入挖掘整理南京丰富而独特的历史文化资源和自然生态资源，推动旅游产品从观光旅游为主向更深层次的观光旅游与休闲旅游并重转型。加快南京智慧旅游服务体系建设，积极支持旅游商业模式创新，支持在线旅游龙头企业做大做强。抓住用好外国人72小时过境免签政策，积极吸引境外游客来宁旅游，不断扩大旅游业对外开放，提升旅游业国际竞争力，把南京建设成为国内一流的文化休闲之都、世界知名的旅游度假胜地。到2020年，全市旅游业总收入达到2900亿元左右，境内外游客总数达到 1.5 亿人次。

（六）聚焦民生需求，大力发展生活类服务业

加快发展贴近服务群众生活、需求潜力大、带动作用强的生活性服务业，推动生活消费方式由生存型、传统型、物质型向发展型、现代型、服务型转变。积极发展居民和家庭服务业，推进打造公共服务平台，加强技能培训和规范化、标准化、品牌化建设，培育各级各类家庭服务经营机构和企业，形成多层次、多形式共同发展的家庭服务市场。积极发展健康服务业，大力开展群众体育运动，提升全民体育健身水平，促进体育产业加快成长；积极发展健康体检、健康咨询、家庭保健、母婴照料等健康服务，促进健康产业由医疗保健为主向健康管理为主的转变。积极发展养老服务业，加快建设养老设施，大力推动医养融合发展，建成以居家为基础、社区为依托、机构为支撑、信息为辅助、社会为主体、法制为保障，功能完善、服务优良、覆盖城乡的社会养老服务体系。

五、主要任务

（一）推进产业结构优化升级

大力开拓产业发展新空间。加快发展科技研发、软件和信息服务、金融三大高端化产业，推动与其它产业发展相融合，引导产业层级向高端化提升；加快发展电子商务、文化创意、服务贸易三大新兴服务业，发挥禀赋优势，促进产业规模快速提升，强化产业的活力和特色；加快发展旅游休闲、养老服务、健康服务三大民生型服务业产业，丰富市民物质和精神生活内容，提升民生保障水平。从高端、新兴、民生三方面打造导向明确、竞争力强、充满活力的“三三三”产业增长新空间。同时，紧密结合“互联网＋”的产业发展趋势，从智慧产品、智慧数据、智慧服务三个层级上推动服务业以“互联网＋”为内在核心，形成纵向有序承接的产业链体系。

加快发展生产性服务业。推进科技服务、软件和信息服务、金融服务、文化创意、现代物流、电子商务、服务外包、商务咨询、检验检测认证、人力资源服务、节能环保服务、售后服务、品牌和标准化等生产性服务业加快发展，积极推广新技术、新模式、新业态，促进规模扩张和质态提升并重，建立健全服务于区域的专业化生产性服务业体系，到 2020 年，生产性服务业增加值占服务业总量的比重达到 54％左右。

（二）优化服务业空间布局

以生产性服务业集聚化、生活性服务业便利化为基本原则，按照“一带、两区、三枢纽”的基本格局，引导服务业空间布局进一步优化。

“一带”即打造东南科技创新示范带。以绕城、绕越高速为基本轴线，连接南京经济技术开发区相关研发区域、南大科学园、江苏生命科技园、徐庄软件园、紫东国际创意园、麒麟科技创新园、白下高新技术产业园、软件谷等服务业集聚区或产业园区，包括栖霞、玄武、江宁、秦淮、雨花台相关区域，大力发展科技研发、软件和信息服务、文化创意产业等知识密集型服务业，依托现有的骨干园区，鼓励园区带动周边区域发展衍生

产业,整体提升示范带的产业密度。

“两区”即打造主城和江北新区两大服务业密集区。主城以新街口区域和河西新城为重点,鼓励建设大型商务楼宇和现代化商贸设施,积极引进各类金融机构、企业总部以及高端的咨询、法律、会展、会计、管理等中介服务企业,推动建设河西会展城,大力发展金融和商务服务业,建设成现代化水平最高、产业密度最大的服务业示范区域,并以此为引导,推动夫子庙、湖南路、中央门等区域商务商贸产业提档升级,并充分利用存量载体资源,通过发展创意设计、科技研发等产业,丰富主城产业内容、营造产业文化,打造若干充满活力的城区服务业发展功能区。

江北新区以城市核心区为重点,积极推动商务商贸业加快发展,提升城市功能,打造辐射苏北和皖江地区的商贸中心;同时,以南京生物医药谷、南京软件园、海峡两岸产业协同发展和创新试验区、化工物流园、七坝物流园等为主要载体,加快发展科技服务、信息服务、现代物流、文化创意、健康养老等新型服务业,打造一批具有自主创新特色的科研中心、创新平台、公共创新中心,着力提升服务业发展质量和规模,将新区打造成为全方位扩大对外开放的重要窗口、创新体制机制的重要平台、辐射带动区域发展的重要增长极、产城融合发展的重要示范区,服务业以高于全市服务业增速2个以上百分点的速度高速增长。

“三枢纽”即打造空港、海港、高铁三大枢纽经济区。加快空港枢纽经济区建设,按照国际性、现代化、生态化、智慧型的基本方向,加快推进现代化、国际化航空新城建设,争取申报设立以临空经济为基本定位的省级经济开发区,加快打造临空产业体系,集中力量推进空港枢纽经济区核心区建设,推动航空运输业、航空制造业、航空物流、临空高科技产业、临空型现代服务业等重点产业集聚,完善综合保税功能,强化和提升空港作为现代城市经济活动引擎的作用,到2020年,空港枢纽经济区增加值在2014年基础上实现翻番以上,产业资源配置能力和发展带动作用显现,初步打造形成国家级航空经济示范区。加快海港枢纽经济区建设,以长江 −12.5 米深水航道疏浚延伸至南京为契机,依托南京江海中转主枢纽港优势,积极争取国家和省的海港政策支持,加快建设龙潭、西坝、七坝、铜井四大公用港区,大力发展航运物流、集散分拨、仓储配送、国际贸易、跨境电子商务等高附加值产业,到2020年,港口货物吞吐量达到2.6亿吨,港口集装箱吞吐量达到360万标箱,初步打造形成南京区域性航运物流中心。加快高铁枢纽经济区建设,依托南站高铁枢纽,以高端商务商贸、文化创意、信息技术咨询、健康服务、旅游服务等为重点,着力引进相关产业集聚发展,同时,大力发展总部经济和楼宇经济,积极引进国内外知名大型企业集团设立区域总部、行政总部,建立技术交流与产品研发中心、产品展示与营销中心、采购中心等,加快构建南站商务商业圈,到2020年,基本完成高铁枢纽经济区基础设施框架构建,部分产业载体投入运营,高端商务商贸集聚区和长三角地区旅游集散中心形成框架。

全面推进郊区服务业特色化发展。主城、新区之外的区域,按照各具特色、充满活力、有一定集聚效应的要求，促进符合环保、利于富民、能够有效提升区域经济水平的商务商贸、现代物流、休闲旅游、科技研发、信息服务、文化创意等行业发展，打造形成一系列服务业发展特色区域。栖霞区重点发展科技研发、商务商贸和现代物流等产业，强化对各类科技园区以及栖霞商务区、南京综合保税区（龙潭）、龙潭物流基地等重大园区和项目的建设推进；江宁区重点发展科技研发、信息服务、现代物流、旅游休闲等产业，强化对中国无线谷、农副产品物流中心、江苏软件园、牛首山佛文化旅游区等重大园区和项目的建设推进；溧水区重点发展休闲旅游、现代物流等产业，强化对傅家边农业观光旅游集聚区、白马文化旅游休闲集聚区、航空物流基地等重大园区和项目的建设推进；高淳区重点发展休闲旅游、文化创意等产业，强化对国际慢城、高陶创意园、固城湖旅游度假区等重大园区和项目的建设推进，形成与制造业协调互动、利于民生的郊区服务业有效发展格局。

（三）积极促进扩大内需

加大改革创新力度，以信息化、网络化、便利化为导向，加快培育新的消费增长点，积极推进全市消费从温饱型消费向发展型消费转型，从物质消费向服务消费转型，从传统消费向新兴消费转型，不断满足市民日益增长的多层次、多元化的生活服务需求，强化消费对经济发展的支撑。

积极扩大消费需求。促进教育培训、文化、体育健身、家政养老、会展、购物餐饮、汽车、绿色节能等消费，拓展内需增长空间；推进社区商业建设，促进社区消费模式创新，方便群众生活；巩固城市居民消费，开拓农村消费市场，结合美丽乡村建设，推进农村休闲旅游业发展，促进农村消费模式创新；推进月光经济集聚区建设，规划打造夜间商贸特色街区；营造良好消费环境，完善消费政策，加强消费执法，促进放心消费、安全消费。

加强消费基础设施建设。加快信息网络、汽车充电设施、旅游休闲及健康养老配套设施等新型消费基础设施建设；加强农产品基础设施建设和市场相关功能完善，积极引导大型农产品批发市场和大型连锁流通企业形成生鲜农产品智能配送体系，加快形成覆盖城乡居民点的农产品零售终端体系；创新基础性流通性设施建设模式，完善菜市场和便民服务网点设施建设，提升微利经营的流通设施建设保障；改善市场化商业设施建设引导方式，合理布局大型购物实体和商品交易市场。

加快商贸流通业转型升级。开展内贸流通体制发展综合改革，推动新兴流通方式创新，以"互联网＋流通"推动传统流通企业转型创新，实行深度联营，实现实体市场与网络市场协同发展，并加快发展专业化、特色化电商平台，深入推进网络零售、电子商务、跨境电商等电子商务细分领域发展。积极发展新型流通业态，推动农村流通网络模式创新和城市共同配送模式创新，在南京市域范围内形成"枢纽引领、环城集配、终端便利"的城市共同配送空间格局。

（四）提升服务业载体建设水平

提升服务业集聚区建设水平。围绕创新驱动战略，以高端化和差异化为方向，进一步明确各集聚区功能定位和发展方向,将集聚区的发展建设与产业结构战略性调整深度融合、与城市空间结构战略性调整深度融合、与培植特色竞争优势深度融合,积极做好集聚区产业定位、空间布局等方面的整体衔接,高水平建设一批定位清晰、功能完备、运转高效的科技企业孵化器和加速器,促进集聚区以科技创新为立足点,走内涵式、高效化发展道路,整体推进优化升级。引导集聚区在载体建设上兼顾企业孵化、加速成长、做大做强几个环节的综合需求,大力营造创业的浓厚氛围,鼓励创新创业,形成创业活力迸发、创业财富涌流的生动局面。积极引导集聚区聚焦重点领域增加有效投入,不断提升项目质量和层次,加快建设一批科技研发、信息服务等科技含量高、关联度强、带动产业升级、促进集约发展的服务业重大项目,通过项目提升产业功能,增强发展后劲。集聚区经营收入、投资、就业人数争取年均增长达到12%以上。

围绕下关滨江、铁北、两桥、麒麟、燕子矶等城市功能优化升级的重要片区,以科技服务、软件和信息服务、文化创意、金融、商贸商务等产业为重点,加快推进服务业发展载体建设,通过大体量的功能置换整合空间资源,改变优势资源低效经营、稀缺资源均质利用的状况,拓展全市服务业发展新空间,将潜在的资源优势转化为产业竞争优势。

(五)培育服务业市场主体

扶持服务业中小企业加快发展。加大对中小企业发展的扶持,开展中小企业信用担保体系建设;鼓励设立各类创业投资引导基金,更好地支持以中小企业为重点的创业创新活动;引导建设面向中小企业的孵化器,争取按年度孵化出区一批服务业优质企业;进一步制定专门的促进服务业中小企业发展的优惠政策,优化投资环境和创业环境。

加快培育服务业龙头企业。鼓励龙头企业开展企业并购和资产重组,强化企业的市场地位;鼓励龙头企业探索建立大企业技术更新和孵化器技术创新互相依存、有机衔接的发展模式;积极支持龙头企业拓展市场空间,将服务网络延伸到南京市以外的区域。

(六)推进建设服务业重点项目

加强对"十三五"期间总投资5400亿元的300余个服务业重点项目推进力度。其中,重点推进金鹰天地广场、汇金中心、栖霞商务区等30项在建项目加快建设进度,尽快建成投入使用,形成产业功能,发挥产业效应;重点推进华侨城、蜂巢城市、栖霞山文化旅游度假区等150项计划新开工项目尽快开工建设,切实按计划进度安排完成各项投资;重点推进河西南部鱼背地块、仁恒大明文化旅游产业园、菜鸟电商物流等68项已开展前期工作的重点项目加快办理各类前期手续,创造条件力促项目进入实质性操作阶段,并尽快开工建设;重点推进推进宏光地块、河西南部城市综合体等55项策划储备类项目完善规划,明确项目建设的各类边界条件,提高项目方案的可行性,加大推介和招商力度,落实项目投资,推动项目实施。

同时，加强重大项目的指导、服务和协调能力，建立市各有关部门的联动机制，提高解决项目建设难点问题的效率，建立首问负责制，对项目在引进和建设过程中碰到的问题服务到底，确实为项目建设创造良好条件。

表10　十三五服务业重大项目分产业汇总表

序号	产业类别	个数	总投资	十三五投资	在建和新开工项目			前期推进项目			策划储备项目	
					个数	总投资	十三五投资	个数	总投资	十三五投资	个数	总投资
一	金融及商贸商务	123	2681.2	1874.9	73	1903.6	1548.8	27	524.8	326.1	23	252.8
二	科技研发	56	560.2	344.5	32	411.5	278.7	11	77.8	65.8	13	71.0
三	软件和信息服务	25	361.5	307.0	13	293.0	278.5	3	28.5	28.5	9	40.0
四	文化创意	17	314.9	59.1	11	277.5	32.0	5	27.4	27.1	1	10.0
五	旅游休闲	50	1094.1	719.3	31	865.9	555.9	13	189.2	163.4	6	39.0
六	现代物流	32	412.8	322.4	20	259.4	224.5	9	101.9	97.9	3	51.5
合计		303	5424.8	3627.2	180	4010.9	2918.4	68	949.6	708.8	55	464.3

（七）推动服务业发展区域合作

按照同城化的指导思想，以南京都市圈八个城市为核心区域，以泛长三角西部区域15个城市为主要范围，加强合作，共同提高服务业发展水平。

推进区域产业合作。以物流、会展、旅游等存在较多共性需求的产业为基础，争取逐步实行共同的物流运营管理调理、共同打造一批区域会展品牌和招商引资重大活动、创新推出一批区域旅游品牌产品等，促进资源整合，形成共同发展的产业优势。以鼓励和引导企业跨区域经营发展为重点，依托行业龙头企业，打造形成区域性的研发、生产和经销服务网络，逐步推进其他产业的区域合作和共同发展。

推动区域市场共建。利用南京商贸资源优势，引进先进商业模式，推动区域内城市商贸企业重组，形成以南京为核心的商贸网络体系；推动南京农副产品物流中心与都市圈城市重点农产品基地、果蔬批发市场建立合作关系，形成布局合理、层次分明、运转高效的农产品生产、销售体系；建立统一的消费者维权体系，实现区域内消费者购物异地维权无障碍。

（八）开展服务业综合改革

充分发挥全市发展服务业联席会议的职能和功效，建立健全工作机制，并进一步统筹全市发展服务业的资源，放大促进服务业发展的行政能效。进一步加大服务业综合改革的实施力度，争取在工作中再推出一系列重要举措，紧抓服务业新兴产业发展和转型升级重点，促进南京市服务业产业层级得到进一步提升，稳步推进区域服务业中心建设。

六、保障措施

(一)强化发展导向

进一步加强对现代服务业的认识,使各级、各部门、各行业更加深刻认识加快发展服务经济,对于落实科学发展观、实现转型、创新、跨越发展,对于发挥南京比较优势、提升城市综合竞争力的重要性和紧迫性;更加深刻领会发展服务经济、形成服务经济为主产业结构是南京市经济发展的必然趋势。加强各行业规划对服务业发展规划的支撑和落实,使规划真正起到空间布局导向和产业发展导向的作用。同时,保证规划的权威性,组织好规划的实施。

(二)强化机制建设

大力促进服务业管理机制创新,按照打造服务经济为主产业结构的要求,强化全市推进服务业发展联席会议的组织领导和统筹协调功能,完善职能设置,提高行政效能;优化和完善服务业考核制度,按照"十三五"期间发展要求和导向,完善全市服务业考核评价体系,建立统一标准、实施分类推进,使目标任务下达和考核更加科学、规范和高效,确保服务业发展各项工作落到实处;加强统计监测和监督检查机制,建立健全生产性服务业、现代服务业集聚区、文化创意等现代服务业重点领域的统计方法和统计制度,全面监控掌握产业发展、重点项目和重点任务情况。

(三)强化政策环境营造

加强对服务业发展配套政策的梳理,并根据发展需要不断调整、完善和创新,努力做到整体政策条件优于同类城市水平。加大对服务业发展的扶持力度,整合目前涉及服务业发展的各类专项资金,统筹调控资金使用,提高资金的整体使用效率。比照省及相关城市服务业扶持资金的扶持情况,进一步加大南京市服务业发展资金扶持力度,同时积极争取国家和省服务业扶持资金。

(四)强化人才支撑

加大人才引进力度,重点引进突破关键技术、具有先进管理理念的领军人才或团队以及各类紧缺急需的高层次创新创业人才。加大人才培养力度,着眼于提高服务业现代经营管理水平和市场竞争力,培养一批精通战略规划、资本运作、人力资源管理、财务、会计等知识的企业经营管理人才。优化人才发展空间,优先推荐引进人才领衔实施的科技项目申报国家、省科技计划,继续完善"南京人才居住证"制度,为来宁创新创业人才提供便利。在资金、财税、经营环境等方面创造条件,大力鼓励服务业人才创业。

行业篇

第四章　南京市生产性服务业重点行业发展研究

一、科技创新类服务业

（一）软件与信息服务业

1. 南京市软件与信息服务业的发展现状

（1）产业结构不断优化，名园建设持续推进

2015 年，全市软件与信息服务业的产业结构不断优化，共计实现软件和信息服务业收入 3094 亿元，比上年降低 7.1%，总体略呈现出略有下降的态势。① 其中，软件产品实现收入 952 亿元，占行业总收入的 30.8%；信息技术服务实现收入 1821 亿元，占行业总收入的 58.9%，软件产业呈现出网络化和服务化发展趋势。嵌入式系统软件实现收入 320 亿元，比上年下降 20.4%。全市新认定软件企业 22 家，累计达 1759 家，软件企业总数占全省软件企业总数的 24.9%。

目前，全市“一谷两园”为核心的软件产业发展格局已基本形成。2015 年，“一谷两园”共新增产业建筑面积 136.26 万平方米，累计达 1598.96 万平方米。“一谷两园”实现软件和信息服务业收入 2953 亿元，占全市软件和信息服务业收入的 72.2%左右，集聚效应进一步提升。拥有多个省经信委列为首批鼓励发展的软件园区特色产业，具体包括中国（南京）软件谷、南京软件园、江苏软件园、徐庄软件园、新城科技园等 5 家软件园区的主导产业，其特色定位分别为移动互联网、基于北斗的信息技术服务、云计算、电子商务服务、游戏动漫产业。其中，江苏软件园和南京软件谷成功入围中国首批智慧软件园试点名单，逐步打开“智慧园区”建设格局。南京软件园孵鹰大厦投入使用，成为江北区域首个全智能科技载体，甲骨文（中国）实训基地、智润华科技等 15 家企业已入驻办公。

（2）名企质量不断提升，名优产品不断增加

2015 年，全市 13 家企业技术中心被认定为省级软件技术中心，占全省总数的 45%；9 家企业入围江苏省 2015 年度互联网风云企业和十大新锐企业，占全省总数的 45%。其中苏宁云商、途牛科技、焦点科技、三六五网、零号线、矽汇信息等 6 家企业入围“江苏省 2015 年度互联网十大风云企业”，51 订货网、千米网、九康网等 3 家企业入围“江苏省 2015 年度互联网十大新锐企业”；三胞集团并购 Brookstone 案例荣获美

① 数据来源：除特殊说明外，软件与信息服务业数据均来自于南京市经济与信息化委员会。

国“年度跨境并购案例”全球大奖;中博信息技术研究院等 8 家企业入选第三批“江苏省信息产业企业联合研发创新中心”名单。2015 年,国电南瑞科技股份有限公司“国电南瑞 NPCS - 8000 配网生产抢修指挥平台系统软件 V2.0”、亚信科技(南京)有限公司“亚信棒网管系统软件 V1.0”等 11 项软件产品入围第十三届江苏省优秀软件产品奖(金慧奖),占全省总数的 41%。

(3) 专业人才不断汇集,重大活动取得良好成效

2015 年,全市新增涉软从业人员 9.8 万人,总数达 64.6 万人。南京途牛科技有限公司 CEO 于敦德被评为第十一届南京市“十大科技之星”,诚迈科技(南京)股份有限公司董事长王继平荣获第十二届南京市科技功臣奖,南京理工大学紫金学院计算机系 Afiliation 代表队开发的“陪你写字的小吉安”APP 获得 2015 届微软创新杯全球学生大赛中国区特等奖。

2015 年,南京市成功举办了第十一届南京软博会,展会以“软件与信息经济”为主题,大力推进“互联网+”和“中国制造 2025”国家战略。展会规模达 10 万平方米,共有 32 个国家和地区、19 个国内省市代表参展,参展企业达 1147 家,比 2014 年增加 16 家,达成签约项目 70 项,总投资超过 300 亿元,为历届软博会之最。成功举办首届“i 创杯”江苏省互联网创业大赛,全市 15 家企业获奖,其中秀美网络获得一等奖,鑫软图获得二等奖,智精灵、微特喜网络获得三等奖,其他 11 家企业获得优秀奖。

2. 南京市软件与信息服务业发展存在的问题

(1) 软件企业素质不均,缺乏市场竞争力

南京已经形成电力自动化及管理软件、电信系统软件、制造业信息化应用、嵌入式软件、教育软件、网络与安全系统等多个特色软件产业集群,但仍有一些企业自主开发能力不够,缺乏核心竞争力。整体而言,南京软件企业的创新能力尚显不足,特别是一些中小型软件企业存在“跟风”现象,较易受到市场冲击。虽然汇集了华为、中兴等软件名企,但与北上广等一线城市相比仍存在较大差距。

(2) 业务缺乏行业标准,工程管理水平不高

软件的研发和生产不同于硬件制造的流水线,创造性的智力活动在其中扮演了重要角色,产出则是无形的智力产品,这使得软件研发的每一个过程和环节都难以准确定义,管理难度也由此加大。美国、印度等软件大国已经通过 ISO、CMMI 等通行的国际标准管理方法,有效解决了软件开发的管理问题。南京的部分中小型企业开发过程较为随意,工程的标准化程度不高,从而使得产品复用性能较差,开发进程难以控制,产品质量难以得到有效保障,给进一步提升软件产品质量、增强企业核心竞争力带来了一定困难。

(3) 软件人才缺口大,素质参差不齐

人才问题是制约软件和信息服务业发展的根本问题。软件与信息服务业所需要的专业人才层次最理想的结构是“金字塔”结构,包括位于“塔尖”的高端人才、位于“中部”的管理人才和位于“底部”的基层程序员。目前,南京的软件人才结构尚不合

理，具有开阔的视野、能够有效把握国际先进发展趋势的高端人才较为缺乏，而位于金字塔“底部”的基层程序员数量比较庞大，他们是直接实现价值和创造利润的主力军，但由于存在工作强度大、自由时间少等一系列问题，导致基层程序员离职问题较为严重。当前，南京市软件和信息服务业的人才缺口制约了该产业的健康快速发展。

3. 南京市软件与信息服务业发展对策建议

（1）加快推进软件名企建设，提升软件名城的支撑能力

鼓励全市软件企业进一步做大做强，鼓励软件服务企业上市融资。对年度销售收入较高或业务能力较强的软件企业可给予适当奖励，用于支持企业的研发投入；鼓励引进国内外骨干软件企业，尤其是鼓励引进全球软件500强企业、国内软件百强企业、国内外上市软件企业在南京办公；优先保障软件服务业重大项目建设土地和产业用房。完善产业用地公开出让办法，积极争取省土地“点供”指标，优先保障软件服务业重大项目和关键性项目土地供应，确保大项目按期落地。继续组织实施“南京市软件服务业企业上市培育专项计划”，建立拟上市软件服务业企业储备库，实行分类指导和动态管理，形成“培育一批、申报一批、发行一批”的拟上市企业梯队。

（2）着力推进软件产品集聚发展，打响南京软件品牌

鼓励企业实施品牌产品战略，加大软件产品名牌扶持与激励力度，继续巩固和扩大南京市电力、通信、智能交通等软件产品集群的国内领先地位，同时着力培育一批具有较强市场竞争力的自主软件产品品牌，形成新的优势产品群；鼓励企业参与国内外行业标准制订，大力实施技术标准战略，促进技术专利化、专利标准化、标准国际化，鼓励企业成为技术标准制订的牵头单位，抢占未来发展的话语权和制高点。对主导制订国际标准和国家标准的牵头软件服务业企业给予奖励，大力发展基础软件和工业软件，实现自主可控基础软件的产业化。

（3）持续推进软件服务发展，拉长产业链和价值链

首先，鼓励软件企业创新服务模式。大力发展物联网支撑软件、三网融合应用软件、新能源管理软件、软件服务化、移动互联网服务等新兴业态，鼓励国内外软件服务企业在南京设立区域运营中心、结算中心、呼叫中心及研发中心，打造一批具有国际竞争力、引领产业发展的创新型骨干企业。其次，引导企业实施信息化业务分离。鼓励有条件的企业剥离并组建独立的软件服务企业，在对原母企业提供信息服务的基础上，面向市场开展定制开发、电子商务、远程控制、IC设计、数据处理等信息服务。再次，打造南京电子商务城。着力发展利用互联网进行产品展示、信息发布、价格指导等商务活动，并推动综合性或专业性B2B、B2C、C2C电子商务平台企业实现在线撮合、网上交易、网上支付等服务功能。大力发展为电子商务平台企业、电子商务应用企业、网商等提供信用信息服务、数字认证、网上支付等服务的电子商务专业服务商。支持全市有基础、有潜力的综合性或专业性电子商务平台企业和电子商务专业服务商发展成为行业领袖和行业龙头，特别是要打造业务收入过千亿、员工过万人的国内领先的电子商务企业。

(4) 着力推进软件人才集聚,夯实软件名城发展基石

努力引进高端软件人才,特别是能把握国际产业发展趋势、带动南京软件服务业取得重大突破的世界顶尖人才,具有先进管理理念的领军软件人才和紧缺急需的高层次创新创业软件人才,优先推荐引进软件人才领衔实施的科技项目申报国家、省科技计划,为高级软件人才提供良好的生活服务环境。积极建设一批国际化社区,为国外软件人才来宁创业发展营造良好的生活条件;实施企业家培育成长计划,与国内外知名高校共同举办"南京软件企业家高级研修班",组织南京市软件企业高管赴美国、日本等软件发达国家培训,拓宽企业家的国际视野,提升其综合素质;加强软件人才培养,鼓励国际知名软件服务业专业培训机构在中国南京软件谷、麒麟科技创新园开办软件服务业培训学院,积极支持高校和社会培训机构开展软件学历教育和"卓越软件工程师"培育。

(二) 科技服务业

1. 南京市科技服务业的发展现状

(1) 科技服务业稳步发展,载体建设成效显著

2015 年,全市科技服务业实现总收入 501.73 亿元,较上年增长 22.5%。全市技术市场认定登记的技术合同成交金额 198.33 亿元,比上年增长 10%。全市纳入备案的众创空间 80 余家,共向科技型中小企业发放 5500 万元科技创新券。市级以上孵化载体总数达 158 家,其中国家级 20 家、省级 50 家。2015 年末全市科技创业特别社区建成载体面积 710 万平方米,先后引进科技型企业 3732 家,成功集聚各类人才 1599 名。全市现有包括 20 个紫金特别社区、16 家大学科技园、142 家科技企业孵化器、3 家软件园和 127 家众创空间等在内的科技创业载体 308 家,形成了门类众多、功能完善的科技创业孵化体系,在促进科技成果转化、培养高新技术企业和高新技术企业家方面表现突出。①

(2) 科技创新成果丰富,专利发明全国领先

2015 年,南京共有 24 项重大科技成果获得国家科学技术奖励,获奖总数及主持项目数均位居全省首位。在宁科研院所表现较为突出,由南京水利科学研究院张建云院士主持完成的"水库大坝安全保障关键技术研究与应用"项目获国家科技进步一等奖,也是江苏省获得一等奖的唯一奖项。南京农业机械化研究所主持的"花生收获机械化关键技术与装备"等多个项目获得国际技术进步和科技发明二等奖。在宁获奖项目中,高校获奖数较多,南京 7 所高校主持的 10 个项目获奖,其中南京大学陈延峰教授团队完成的"声子晶体等人工带隙材料的设计、制备和若干新效应的研究"是全省唯一获得自然科学二等奖的项目。南京企业也积极参与科技研发,中国石化扬子石油化工有限公司参与的"高效环保芳烃成套技术开发及应用"项目荣获国家科学技术进步特等奖。全年签订各类输出技术合同 25351 项,合同成交总额 198.33 亿元,

① 数据来源:除特殊说明外,科技服务业数据均来自于南京市科学技术委员会。

比上年增长10.1%。全年受理专利申请56099件，位居全省第三，其中发明专利申请27825件；专利授权28104件，其中发明专利8244件。2015年南京专利授权量位居全省第二、全国同类城市第三。

(3) 产学研合作效果突出，机制和平台建设不断优化

2015年，全市进一步加强与高校院所对接联系，推动科技成果在宁转移或转化，努力提升企业自主创新能力，产学研合作工作取得了突出的效果，表现在以下四个方面：一是以企业创新为主体，强化与国内外著名高校院所的对接交流。2015年，共组织参与各类产学研活动20多场(次)，签订各类产学研合作协议470多项，推动高校院所为南京企事业单位开展科技咨询1200多次，进行技术开发4000多次，转化科技成果超过2000项，培养企业技术人员1100多人。二是以内涵建设为目标，探索深化产学研合作机制。南京市政府与中关村科技园区管委会、金陵科技学院、南京邮电大学签署了战略合作协议书和备忘录，以促进资源共享、加强优势集成互补，推进产学研合作与发展。三是以平台搭建为支撑，完善产学研合作体系。一方面，南京市政府制定出台《南京市战略性新兴产业创新中心管理办法》，强化产学研联合创新载体的功能建设。另一方面，继续加快战略性新兴产业创新中心和大学科技园建设，积极搭建产学研合作的平台和载体。2015年，批复筹建市级战略性新兴产业创新中心10家和市级大学科技园1家，新认定省级大学科技园1家。培育发展省产研院专业研究所，推进各类省级重大创新载体的建设，努力提升平台和载体的建设层次。2015年，新获批省产研院专业预备所2家、转正成为省产研院正式专业所2家，新获批建设省产学研产业协同创新基地1家、省高校技术转移中心5家。四是以项目实施为依托，拓展产学研合作渠道。通过组织省科技副总选聘工作，遴选科技副总(企业创新岗)特聘专家到南京企业任职，全方位服务企业科技创新。2015年，南京市获批省"科技副总(企业新岗)"计划项目9个。配合省科技厅做好省产学研联合创新资金项目的申报立项，做好项目的管理服务工作。2015年新获批立项省政策引导类计划(产学研合作)项目127项，获得无偿资助3710万元。

(4) 科技服务人才不断汇集，科普工作持续推进

截至2015年底，在宁中国科学院院士共有46人、中国工程院院士共有37人；共有省、市级企业院士工作站62家；各级工程技术研究中心718家，其中国家级17家、省级320家；省市科技公共技术服务平台119家；省级以上重点实验室89家，其中国家级31家、省级58家。全年共引进世界500强和中国500强企业研发机构20家，总数达到100家。全市共有43名科技人才人选2015年度南京科技创业家培养计划。在43名人选中，"321"引进人才39人，占90.7%；国家千人计划8人，占18.6%；省双创计划13人，占30.2%；具有博士学位的26人，占60.5%；具有海外学习工作经历的24人，占55.8%；来自高校院所的教师16名，占37.2%，其中在宁高校教师11人，占25.6%。

2015年，南京市拥有科普专职人员1256人；拥有科技馆9个、科学技术类博物馆5个、青少年科技馆站3个，各类科普基地445个、年参观808万人次；出版科普图书

55 种、180326 册;举办各类科普(技)讲座、展览、竞赛等 1.54 万次、受益民众超过 70 万人次,其中重大科普活动 396 次;科技活动周向社会开放的大学、科研机构超过 70 个,全市各类科普活动受益人数达 112.34 万人次。

2. 南京市科技服务业发展存在的问题

(1) 科技服务业体系尚不健全,支撑服务能力明显不足

全市科技服务业门类分布尚不均衡,有些行业还存在空白地带。在全市现有各类科技服务机构中,研究与试验发展机构、研发设计与服务机构、生产力促进服务机构、科技信息培训服务机构、科技创业孵化服务机构、科技咨询服务机构、技术推广服务机构等门类逐步健全,但是在技术交易与服务机构、科技投融资服务机构、科技测试服务机构、知识产权服务机构等方面尚未形成规范、成熟的框架体系。这些薄弱环节致使全市科技服务业体系不够健全、支撑服务的能力尚存在明显不足。

(2) 集聚效应不够突出,产业链有待完善

中心城区科技服务业产业集聚区规模较小,产业链条发展尚不完善,上下游企业衔接还不紧密,往往形成个别企业以某项技术领头,但尚未形成相互扶持的产业链,难以为客户提供全面、全程、高端的科技服务。中心城区周边的产业园区在规划和企业入驻时又出现行业布局不集中、企业间关联性较弱、缺乏专业化分工协作等问题。此外,科技服务对象和科技服务机构都存在数据和信息公开不够、共享程度不足等问题,导致问题情景难以被感知或有效辨识,科技服务能力和资源也难以做到社会共享,从而出现科技服务业关联带动能力差、服务效率不高、产业集群发展受限等一系列问题。

(3) 科技服务业人才严重不足,高层次科技人才匮乏

由于缺乏统一的资质认证,科技服务业从业人员的素质参差不齐,这已成为制约全市科技服务业快速发展的重要“瓶颈”。一方面,本地培育人才流失严重。虽然南京市的科教资源丰富,也培育了一大批专业人才,但是南京市的综合吸引力仍然较为有限,一批高端人才一毕业往往就涌向北上广等一线城市或回到自己家乡,而且伴随着南京市生活成本的提高,逐步构成阻碍高层次人才留在南京的一大障碍。另一方面,高层次人才引进力度有待加强。目前,科技服务业严重缺乏高层次人才,尤其缺少对行业发展实施整体谋划并起引领带头作用的科技服务人才,导致科技服务业由于缺乏人力资源支撑而难以实现整体规模和效益的健康快速提升。

3. 2015 年南京市科技服务业发展的对策建议

(1) 健全科技服务体系,推动科技服务业实现优质发展

继续依托南京市丰富的科教资源优势,结合科技服务业发展的特点,重点支持强化知识密集型的科技服务业发展,推动研发设计服务产业链向高端环节延伸。发展研发服务业,聚焦战略性新兴产业,鼓励新兴源头技术创新机构、新型企业研发机构等的健康发展,引导各类研发机构开展具有行业领先和颠覆性变革的原创技术实现创新突破,为打造具有技术主导权的战略性新兴产业集群提供技术支撑,并引领带动

战略性新兴产业发展。鼓励骨干科技服务企业通过海外并购、联合运营、独立设置研发机构，整合高端科技服务资源，拓展国际科技服务市场。加强与国内外知名的科技服务机构开展科技服务合作，鼓励国际知名服务机构在南京设立分支机构，引导外资企业在南京建立研发机构，开展产品设计、研发等高附加值创新活动，推动科技服务机构实现优质发展，进而通过科技创新引领产业升级并推动经济向中高端水平迈进。

（2）打造专业特色的集聚区，构建多方融合的科技服务产业链

要加强打造特色科技服务业集聚区，凸显科技创新“三核多点”布局，打造长三角科技创新中心，推进南京高新技术产业开发区、麒麟科技创新园和模范路科技创新园区为重点的三大创新核心载体建设，围绕战略性新兴产业和支柱产业，重点打造科技要素相对聚集、功能设置相对合理、产业定位相对清晰、科技服务企业和机构相对集中的集聚区，形成明显的区域集聚效应。同时，要继续构建技术、市场、资本融合的科技服务产业链，使之适应科技成果转化各环节、多要素的集成需要，推动专业化分工协作，构建产学研主体与科技创新服务机构的利益共享机制，打造具备技术、市场和资本融合功能的科技服务产业链。

（3）加强人才建设，提高专业素养

依托各级人才计划，面向国内外引进懂技术、懂市场、懂法律的复合型科技服务高端人才，鼓励南京行政区域以外的科技服务人员来南京创业或就业。通过培训、引进、建立灵活的用人制度等途径提高科技服务业从业人员的素质，优化科技服务业人才队伍。培育专业团队，加强从业人员的法律、政策、金融、证券、技术创新、资本运作、知识产权、科技管理等方面的知识培训与交流，逐步建立起一支服务意识强、科技素质高、市场意识强、专业知识精、信息渠道宽的科技服务职业化人才队伍。

二、金融商务类服务业

（一）金融服务业

1. 南京市金融服务业的发展现状

（1）金融市场发展态势较好，金融创新继续深化

2015年，金融服务业继续领跑全市服务业，增幅及比重均居全市服务业首位。2015年南京市金融业增加值突破1000亿元，达到1122.23亿元，比上年增长16.1%，占全市地区生产总值的比重达到11.5%。年末金融业总资产突破5万亿元，比上年增长25.2%。全年新增上市企业7家，募集资金53亿元，年末共有境内外上市企业77家。新增备案创投企业2家，累计备案创投企业（含省级在宁企业）59家。全市新增66家企业挂牌或者获准挂牌新“三板”，年末总量已达到96家，全市共有证券营业部133家。[①]

① 数据来源：除特殊说明外，金融业数据均来自于市金融发展办公室、人民银行南京营管部、南京市国民经济和社会发展统计公报。

(2) 存贷款增长较快,保险市场发展稳定

2015年,南京市年末金融机构本外币各项存款余额26471.69亿元,比年初增加3975.60亿元,比上年末增长16.9%。其中,住户存款5651.58亿元,比年初增加183.06亿元;非金融企业存款9975.23亿元,比年初增加1011.36亿元。年末金融机构本外币各项贷款余额18951.70亿元,比年初增加2500.09亿元,比上年末增长15.2%。其中,住户贷款4081.54亿元,比年初增加987.11亿元;非金融企业及机关团体贷款14745.50亿元,比年初增加1509.30亿元。全年实现保费收入310.53亿元,比上年增长25.0%。分类型看,财产险收入103.53亿元,增长4.1%;寿险收入207.00亿元,增长38.8%。全年累计赔付额103.91亿元,比上年增长13.2%。其中,财产险赔付57.80亿元,比上年增长10.9%;寿险赔付46.11亿元,比上年增长16.2%。

(3) 互联网金融发展迅速,地位显著增强

2015年末,全市已初步形成了门类相对齐全、功能完备、具备较强服务实体经济能力的互联网金融体系。在第三方支付方面,南京7家企业获得第三方支付牌照,占全省的54%。P2P网络小贷方面,开鑫贷、365易贷等一批各具特色的P2P网络借贷平台的兴起,为大量无法从传统金融机构获得融资的中小微企业和个人提供了有力的金融支持。互联网金融理财方面,苏宁易购旗下易付宝互联网支付工具于2012年获得中国人民银行颁布的第三方支付资质牌照。易付宝获得证监会关于基金销售支付结算的许可。南京苏宁易付宝网络科技有限公司联合广发、汇添富基金公司推出了余额理财产品"零钱宝"并正式上线运营。

2. 南京市金融服务业发展存在的问题

(1) 金融中心城市地位下降,整体竞争力不强

南京作为江苏省金融中心城市地位正在逐步削弱,其不仅要面对上海国际金融中心的直面冲击,更要面对来自长江三角洲北翼及省内先进城市的挑战。从目前来看,南京市的金融业竞争力表现仍然不佳,能否找到未来金融服务业发展的机遇和突破口,将成为提高南京市金融服务业竞争力的关键因素。

(2) 金融创新相对滞后,内生动力不足

南京金融法人单位偏少,除拥有南京银行、江苏银行等少数法人银行机构外,其余均是分支机构。另外,传统金融机构集聚程度较高,金融工具种类仍然偏少,品种体系尚不完善,竞争过于同质化。金融创新相对滞后,新兴机构仍处于成长初期,体系化、产业化仍需要相对较长的培育过程。

(3) 中小企业融资较难,缺乏专门的金融管理机构

由于中小企业规模小,在信息收集、市场分析等方面投入有限,因此容易受经济景气、金融环境以及行业变化的影响,这对于以稳健经营为宗旨的银行来说意味着还款的不确定性增加。在这种形势下,银行本着稳健性的经营原则,自然会尽量少贷或不贷给中小企业资金以规避风险,这在一定程度上阻断了中小企业的融资渠道,加大

了中小企业的融资难度。另外，部分中小企业信用观念较为淡薄，利用虚置债务主体、假借破产之名、低估资产、逃避监督等各种方式逃、废、赖银行债务。这些行为进一步加大了银行贷款的风险，相应地也降低了银行向中小企业增加贷款投放的信心。从金融管理上来看，中小企业分属于各级政府及各产业主管部门，中小企业的宏观管理权限较为分散。金融体系没有成立专门针对中小企业的政策性金融机构，尚未构建完整的中小企业信用担保体系，从而导致金融机构的资金支持无法满足中小企业的发展需求，这使得中小企业的融资困境无法从根本上得到解决。

3. 南京市金融服务业发展的对策建议

(1) 推进金融要素集聚，打造区域金融中心

进一步聚焦河西新城金融集聚区建设，鼓励金融机构和各类准金融机构进入河西金融集聚区，不断强化河西金融集聚区的集聚和辐射功能，加快构建新的区域金融服务网络。优化金融人才发展环境，完善引进和培养金融人才的激励机制，搭建金融人才服务平台，着重加大对高端金融人才、急需金融人才的吸引和集聚力度。立足南京、服务全省、依托都市圈、着力构建区域内投融资中心、金融运营管理中心、金融中介服务中心、金融服务外包中心，把南京逐步打造为具有较强的聚合力、辐射力和综合服务能力的长三角地区重要区域金融中心城市。

(2) 加强金融市场建设，提高金融服务业对经济的支撑能力

积极推动信贷保持较快增长，发挥银行业金融机构对经济的重要支撑作用，积极引导金融机构改善资金供给，盘活存量资金，实现年均存贷款增幅、增量持续较快增长。推动金融资源配置的结构调整，加强体制创新、机构创新和产品创新，通过信贷投放、保险保障和直接融资等方式筹措资金。基本形成货币市场、资本市场和保险市场协调发展，具有多种融资平台、具备多种金融交易工具的多层次金融市场体系，进一步增强金融服务业对经济的渗透力和支撑力。

(3) 完善财政金融扶持政策，优化中小企业融资环境

进一步完善财政金融扶持政策，一方面可为有融资需求、但缺少抵押、质押、担保的中小微企业提供资金支持，另一方面也可为有续贷需求但缺乏短期流动资金的中小企业提供暂时性周转资金支持，同时可对中小企业的融资性担保业务给予业务补助及风险补助。鼓励融资性担保行业服务中小企业，对开展各类中小企业担保业务的担保公司给予补助，更好地为全市中小企业服务，鼓励企业利用资本市场融资，促进南京市股权投资业发展，鼓励社会创投机构投资南京初创期企业，为中小企业提供成本更低的直接融资。推动全市融资性担保公司等新型地方金融组织发展，在全省范围内首创建立融资性担保机构与银行业务合作的风险共担机制，有效提升融资性担保机构的风险控制水平。积极推动科技银行和文化银行创新担保方式，加大信用贷款的投放力度，推广运用小额贷款保证保险、知识产权质押等增信方式。

(二) 商务服务业

1. 南京市商务服务业的发展现状

(1) 商务服务业总体平稳增长

2015 上半年,全市规模以上商务服务业企业实现营业收入 448.17 亿元,同比增长 11.6%。从行业内部构成看,南京市商务服务业形成了企业管理服务、旅行社及相关服务、广告业、人力资源服务等重点优势行业。2015 年上半年,重点行业经营单位数占商务服务业单位总数的 61%,业务收入占商务服务业总收入的 87%,其中企业管理服务行业是商务服务业的主导行业,企业管理服务机构实现营业收入 295.95 亿元,占全市商务服务业的 66%,主导地位突出。广告、人力资源等其他重点行业发展速度很快,增速均高于全市服务业增速,呈现出良好的增长势头。这些重点行业的收入高、实力强、贡献突出,对商务服务业的整体发展起到了坚实的支撑作用。①

(2) 商务服务业呈现核心区集聚发展态势

2015 年,南京市商务服务业呈现出明显的集聚发展态势,主要集中在新街口现代商务集聚区和河西 CBD。新街口现代商务集聚区以商贸商务、科技信息、文化旅游三大主导产业为引导,突出发展消费性和生产性服务业,推进商贸商务与科技信息、文化旅游产业的紧密结合,形成现代商业、金融服务、科技信息、文化创意、专业中介、现代物流等六大特色产业,已发展成为全市最具现代性、标志性、国际性的商贸商务核心区。河西 CBD 在南京市金融产业布局中占据核心地位,是未来区域内金融机构集聚中心、金融交易中心、资金管理中心、金融研训中心和金融信息服务中心,是南京区域金融中心的核心功能区。

(3) 商务服务业外资拉动作用明显

2015 年,南京市高度重视商务服务业的开放发展,大力吸引商务服务业领域的外资进入,积极利用外资企业成熟的市场化、国际化经营经验和管理技能,带动行业的服务质量和管理水平整体提升。近年来,外资企业在南京市商务服务各领域发展迅猛,2015 年,南京市商务服务业实际利用外资 3.5 亿美元,商务服务业利用外资额占全市利用外资总额的比例不断攀升,其注册资本在全市外资企业注册资本中的比重在"十二五"期间从 15%左右提高到了 20%左右,成为南京市利用外资的新亮点。

2. 南京市商务服务业发展存在的问题

(1) 市场监管存在漏洞,法律法规不够健全

商务服务业目前存在准入门槛较低、行业准入标准不明晰的特点,各个商务服务提供商的品质和规模参差不齐,在市场竞争过程中,容易出现自律性较差的非正规运营。由于法律和制度体系不健全,导致政府行为和企业行为得不到有效约束,竞争环境的有效性和有序性遭到破坏,从而难以建立起有利于商务服务业发展的经营环境。市场监管机制存在的漏洞使得监管主体对相关问题的监督和解决可能流于形式,造成商务服务业发展受到一定程度的负面影响。

(2) 忽视品牌建设,内部管理机制缺乏

目前,南京市商务服务业依然存在忽视品牌建设的问题,尚未形成国际品牌集

① 数据来源:除特殊说明外,商务服务业数据均来自于商务局。

群，竞争力相对较弱。例如，在会展业方面，由于市场竞争与开放不充分，其扩张呈现出明显的粗放特征，在此情况下，会展业亟待提升内在质量，努力向集约型发展方式转变。近年来，在南京市举办的会展数量不断增加，但上规模、上档次的会展却占比很小，仍未形成具有较强影响力与知名度的品牌。与此同时，会展主体重复现象较为严重，影响了会展服务业整体水平的提升。

（3）市场化程度较低，本土企业竞争力不足

虽然内资企业在数量上占有明显优势，但是相比外资企业而言，在企业收益、人员管理、服务水平上却存在明显差距。外资企业积极执行本土策略，从多方面满足客户的需求，已基本垄断了区域内的高端市场。而本土企业大多规模较小、注册资金较少、应变能力较弱，无法与外资企业相抗衡，造成其高度依赖大企业创新知识溢出，同时本土商务服务业提供商在传统业务领域高度集聚，服务性质趋同，进一步削弱了自身的竞争力。

3. 南京市商务服务业发展的对策建议

（1）规范行业服务标准，完善市场机制和相关法律法规

应积极借鉴国内外发达地区商务服务业发展的成功经验，健全和完善行业服务标准，尽快实现与国际接轨，维护从业人员合法权益；加快建设由政府推动与市场运作相结合的个人信用征信系统，建立公开、透明的信用数据库；通过建立高标准的市场运行机制、健全的法律法规来规范商务服务企业的行为，维护高效、有序的市场环境；在行业主管部门的有效指导下，完善行业发展规划，充分发挥行业协会的规范作用，努力解决市场无序和恶性竞争等问题，形成公平的市场环境，促进商务服务业的健康发展。

（2）大力发展咨询会展业，创建品牌效应

要大力发展咨询会展业，提高多功能的会展场馆利用率，充分利用各种媒介进行宣传，把南京会展业办成集展示、交易、项目招商、信息发布于一体的国际化、品牌化和标准化行业。对于经营业绩好、专业实力强、市场基础雄厚的商务服务机构，给予一定的资金和政策扶持，鼓励这些机构做大做强，培育一批支撑商务服务业快速发展的梯队企业，加快形成独具特色的南京商务服务业品牌。

（3）发展国际商务服务业，提高国际竞争力

南京位于长三角地区，毗邻上海，地理位置优越，应充分利用自身在经济发展和交通区位等方面的优势，大力发展国际商务服务业，促进商务服务业发展质量的提升。鼓励国内发展较快、运营状况较好、发展前景广阔的商务服务企业积极开展服务出口贸易。主动借鉴、学习国内外先进发展理念，适时修改完善促进商务服务业市场化、国际化和专业化发展的政策，为企业开拓国际市场，提高国际竞争力创造环境和条件。

三、商贸流通类服务业

(一)现代物流业

1. 南京市现代物流业的发展现状

2015年,全市物流业运行总体平稳,物流需求稳中有增,运行效率有所提高。2015年全市社会物流总额27787.52亿元,同比增长7.96%。其中工业品物流总额15600.05亿元,同比增长7.19%,占社会物流总额的56.14%;进口货物物流总额1355.36亿元,同比下降10.28%,占社会物流总额的4.88%;农产品物流总额199.33亿元,同比增长8.29%,占社会物流总额的0.72%;外省市商品购进额10476.99亿元,同比增长11.68%,占社会物流总额的37.70%;其他为155.79亿元,占社会物流总额的0.56%。2015年全市物流业增加值达到655.72亿元,比上年增长8.41%,物流业增加值占全市服务业增加值的比重为11.77%。①

2015年全市社会物流总费用1433.03亿元,比上年增长7.59%。社会物流总费用与GDP的比率为14.74%,比2014年下降0.4个百分点。物流总费用的构成为:运输费用702.49亿元,比上年增长6.95%,占社会物流总费用的49.02%;保管费用544.13亿元,比上年增长8.43%,占社会物流总费用的37.97%;管理费用186.41亿元,比上年增长7.60%,占社会物流总费用的13.01%。

2. 南京市现代物流业发展存在的问题

(1) 物流业法律法规不健全,政策扶持不到位

目前,我国还没有一部真正意义上的物流管理法律来规范物流业的运行秩序,现有法律法规在某些术语方面还存在着冲突或定义不清的地方,当发生纠纷时,难以找到适用的法律依据。虽然市政府制定了关于物流业的发展规划和发展战略,但一些具体行业发展措施还难以有效实施。此外,物流业同时受到公安、交通、工商等多个部门的监管,"政出多门"的管理模式直接影响到物流企业的运行效率。在政府扶持方面,物流企业多属于民营企业和中小型企业,甚至是小微企业,其获取政府资源的能力相对较弱,很多扶持政策难以实施到位。

(2) 现代物流信息平台建设不健全,数据监管尚存不足

现代物流公共信息平台是信息技术和电子商务技术在物流企业中的应用,可以促进信息流与物流的有效结合,通过它来整合物流资源,支撑物流市场的规范化管理,进而提供多样化的物流信息服务。当前,南京市的物流公共信息平台仍然还不健全,企业级物流信息平台处于"孤岛"阶段,平台体系尚不规范,严重制约了现代物流业的健康发展。同时,南京市的物流成本信息虽已开始分析和发布,但统计核算的基础工作与核算能力还较为薄弱,统计口径、数据来源和解释评估能力还比较笼统,物流研究和信息数据处理的准确性还有待加强,这阻碍了发展现代物流业的过程中提

① 数据来源:除特殊说明外,现代物流业数据均来自于南京市商务局。

高效能和降低成本的总进程。

(3) 物流业人员流动性较大,物流人才较为匮乏

从内部来看,南京市物流企业一半以上属于家族企业,物流企业在快速成长的同时,公司内部的重要管理岗位大多由家族内部人员来担任,由于缺乏有效的竞争机制,从公司外部选拔的高级管理人才较为有限。另外,家族内部管理人员的管理水平参差不齐,整体管理效率较低,而基层物流人员的进入门槛较低,人员流动性较大,在其熟悉业务流程之后存在大量离职的现象,而且一线的物流工作人员难以透彻把握和理解现代物流发展理念,缺乏物流创新能力和市场开拓能力。当前,南京较为缺乏熟悉现代物流业运作、具有一定管理能力的中层管理人才,亟需通过这样一批人才的加盟为物流业注入活力和创新力。

3. 南京市现代物流业发展的对策建议

(1) 加强物流法律建设,推动监督政策实施到位

物流企业的迅速发展离不开政府的支持以及宏观环境的完善。因此,要继续加强和完善物流法律法规建设,建立健全政策法规体系并规范行业标准,做到有法可依、有规可循。加大对中小企业的扶持力度,加强对中小物流企业在贷款、税收等方面的优惠政策,解决中小企业融资难、融资贵的问题。整合现有物流资源,积极培育具有较强业务能力和服务水平的大型现代物流企业。政府要积极发挥组织、协调和规划职能,避免重复建设和资源浪费等问题,引导企业资金流向,合理利用现有资源,进一步强化现代物流业的集聚效应。

(2) 加强物流信息平台建设,强化物流数据监管

加强南京市物流公共信息平台建设,整合企业内部物流体系、第三方物流体系并推动政府相关部门的信息共享,促进各层级相互提供信息和数据交换服务,使不同平台之间通过统一、规范的接口进行数据交换。数据是决策之本,可靠且完整有效的数据是现代物流业发展的重要基础。为了加强物流数据的管理,可从如下四个方面入手:一是理顺物流统计监测机构,对数据信息发布建立问责制,改变"数出多门、估计推测、随意发布、依据缺失"的状况;二是尽快统一企业物流成本核算规则和方法,充分发挥行业协会和相关中介组织的作用,确定物流成本指标,统一核算方法,强化物流信息管理;三是为企业物流成本的分类评价建立行业标准,定期监测物流运作效率的变化,以领先企业为基础确立行业标杆,开展对物流成本分行业、分地区、分类别的分析;四是在具备科学可比性的前提下,加强物流成本实际状况的跨区域比较,强化本地物流成本状况的实时跟踪监测,并从中挖掘进一步降低物流成本的政策措施。

(3) 加强物流人才培养,提高人才专业技能

要提高现代物流业的管理水平,必须以专业素质较高的物流管理和经营人才为基础。为此,一方面要继续加强对物流专业人才的培养,发挥高校物流管理等相关专业的人才培养优势,积极引导高校毕业生进入物流行业,为物流业的发展注入新鲜血液;另一方面要加强对物流企业内部员工的培训,重视物流知识普及和提升员工业务

水平,重视从内部选拔人才,为员工提供发展和成长的机会,促使优秀人才更有信心去争取更大的发展空间。同时,加强对基层物流人员的监管,规范基层人员的业务操作,提高运行效率,改善员工福利待遇,吸引更多人才进入现代物流业。

(二)商贸流通业

1. 南京市商贸流通业的发展现状

(1) 消费品市场快速发展,社会消费品零售额稳定增长

2015年,南京市实现社会消费品零售总额4590.17亿元,比上年增长10.2%。分行业看,批发和零售业零售额4193.01亿元,增长10.8%;住宿和餐饮业零售额397.16亿元,增长4.1%。在限额以上企业(单位)商品零售额中,文化办公用品类增长33.4%,家用电器和音像器材类增长20.0%,通讯器材类增长19.7%,建筑及装潢材料类增长18.2%,金银珠宝类增长17.2%,日用品类增长15.9%,中西药品类增长14.8%,粮油、食品类增长12.5%,服装、鞋帽、针纺织品类增长9.7%。①

(2) 交通运输业平稳有序发展,服务能力明显增强

2015年,全市货物运输总量略有下降,为29823.87万吨,比2014年下降6.2%。货物运输周转量2940.07亿吨公里,比2014年下降46.9%。全年港口货物吞吐量21455万吨,比2014年增长2.2%,其中,外贸货物吞吐量2251万吨,增长14.0%。港口货物吞吐量中,集装箱吞吐量293万标箱,比2014年增长6.0%。全年旅客运输总量小幅上涨,为15929.11万人次,比2014年增长4.3%。旅客运输周转量403.42亿人公里,比2014年增长6.9%。年末机动车保有量224.06万辆,比2014年末增加17.83万辆,增长8.6%。民用汽车197.93万辆,比2014年末增加25.73万辆,增长14.9%,其中2015年新注册28.85万辆。公共交通运营能力增强,2015年新增、更新公交车1243辆,新辟公交线路20条、优化调整线路54条。年末公交运营线路共计592条;城市公共汽车运营线路网长度达9654公里;公共汽车运营车辆8359辆10281标台,其中纯电动和燃气公交车4335辆,使用清洁能源的公交车占比达51.8%。轨道交通实现网络化运营,有轨交通运营车辆数1090辆2746标台,运营里程达225.4公里。出租车总数14239辆。2015年城市公共交通完成客运总量20.57亿人次,比2014年增长9.5%,其中地铁承担客运人数占比达到34.8%。

(3) 邮政电信业快速发展,业务规模增长明显

2015年,南京市完成邮电业务总量(按2010年价格计算)250.92亿元,比2014年增长18.8%。其中,邮政业务总量102.54亿元,增长57.9%;电信业务总量148.38亿元,增长11.7%。2015年完成邮电业务收入(按现价计算)185.68亿元,比2014年增长6.1%。其中,邮政业务收入77.14亿元,增长40.6%;电信业务收入108.54亿元,增长0.8%。2015年完成国际国内快递业务量50251.90万件,比上年增长77.0%。截至2015年末,南京市拥有移动电话用户1034.80万户,拥有固定电话用户248.25

① 数据来源:除特殊说明外,商贸流通业数据均来自于南京市商务局。

万户，拥有宽带用户 308.30 万户。

2. 南京市商贸流通业发展存在的问题

（1）行业发展不均衡，新兴业态发展相对缓慢

南京市的批发零售业、邮电通讯业以及交通运输业经过多年发展，正逐步走向成熟与完善，特别是南京的连锁超市发展迅猛，逐步成为全市商贸流通业发展的主力军，其中苏果连锁超市遍布南京大街小巷，目前已形成比较健全的商贸流通体系。整体而言，百货系统的商贸流通企业虽然起步较早，政府扶持力度也较大，但其运营成本较高、企业盈利较低，百货业的运营弊端正逐渐凸显。同时，代表商贸流通业发展方向的电子商务等行业虽然发展迅猛，也具有较好的物质基础和设施条件，但其在促进商贸流通业发展方面有很大空间，仍有巨大潜力等待挖掘。

（2）传统商贸流通业成本较高，发展"瓶颈"显现

传统商贸流通业是商贸流通业的重要组成部分，但随着经济发展和技术进步，其运营的"瓶颈"逐步显现出来。一方面，传统商贸流通业受时间和空间的影响较大，生产者、经营者与消费者在时间和空间上的矛盾较多，库存成本和交易成本较高，致使行业处于市场低迷、利润下降的局面；另一方面，受电子商务快速发展的冲击，互联网、移动互联网以低成本甚至零成本突破了传统的时空局限，极大地改变了人们的生活方式，各种交易可以更为高效地完成，大量削减了商贸流通中原有的中间环节，这导致传统商贸流通业亟需转型升级。

（3）流通市场尚不规范，管理体制还不健全

虽然南京市流通市场基础设施建设在不断加强，但与国外流通企业相比，南京市的流通市场仍然不够规范，主要表现为：农产品基础设施建设较为薄弱，特别是农产品商务会展业效果不明显；大型连锁超市的直供直销优势未充分发挥，仍然高度依赖传统商贸流通方式；以社区为单位的便民基础设施网点建设尚不健全，社区等新型商贸流通主体建设有待加强。此外，南京市商贸流通业的管理体制还不健全，商贸流通企业同时受多个部门监管，存在着权力交叉、监管不力等一系列问题，体制性成本偏高，在一定程度上阻碍了商贸流通业的健康发展。

3. 南京市商贸流通业发展的对策建议

（1）紧跟世界商贸发展潮流，大力发展新型商贸业态

随着大型连锁超市、专卖店、特许专营店以及电子商务等业态的不断涌现和发展，百货业较高的经营管理成本已使之进入微利时代，而新型商业业态由于其经营的灵活性和人才管理上的优势使其发展更具潜力，但其发展也离不开与之配套商业设施的支持。当前，南京市的物流条件和服务水平仍不足以满足现代商贸流通业发展的需要，应继续整合现有资源，大力发展电子商务和第三方物流，不断创新商业发展模式，以支撑现代商贸流通业的健康发展。

（2）大力发展"互联网＋商贸流通业"，创新行业发展模式

全面深化经济体制改革，贯彻实施"互联网＋"战略，是商贸流通业创新发展的关

键。互联网正在改变着商贸流通业的传统格局,其中最大、最直接的改变就是人们的购物和消费方式,网络购物充分利用了碎片化的时间,随时随地做到货比三家,打破了传统的时空限制。可以从如下四个方面推动商贸流通业的模式创新:一是推动流通业 O2O 模式创新。以技术创新带动商业模式创新,鼓励龙头企业开放融合、优势互补,支持传统商贸企业发展线上业务,网络零售企业拓展线下业务。二是推动农村流通网络模式创新,支持大型电子商务、物流企业在农村地区渠道下沉,与村镇进行对接,在中心镇和行政村建立服务站和服务点,实现代购代销、生活消费等服务功能,逐步构建新型的农村消费网络。三是推动跨境电子商务模式创新,扩大跨境电子商务进出口业务的规模,吸引规范化运作的跨境电商企业及其产业链上、下游企业落户跨境产业园区。四是推动城市共同配送模式创新,不断推进城市共同配送试点工作,在南京市域范围内形成"枢纽引领、环城集配、终端便利"的城市共同配送空间格局。

(3) 加强基础设施建设,完善体制监管

首先,要进一步加强商贸流通业的基础设施建设,规范商贸流通市场。一方面要加强农产品流通基础设施建设,推进大型公益性农副产品批发市场商务会展等方面的配套基础设施和市场相关功能完善,充分发挥大型连锁超市直营直销的经营经验和网点优势,积极引导大型农副产品批发市场和大型连锁流通企业开展鲜活农副产品直供直销体系建设。另一方面继续完善社区便民服务网点设施建设。结合城市改造和新区建设进程,优化和完善社区商业网点配置,合理配置超市、菜场等必备的消费服务设施,积极拓展定制服务、O2O 一体化等新兴社区服务模式。

其次,要加强流通管理体制的建设,可以从如下四个方面入手:一是向社会组织让渡相关社会管理职能,指导各行业协会建设运营网站平台,委托行业协会开展商贸流通行业统计和调查分析,参与商贸流通业重大课题研究、行业发展规划制定;二是搭建多层面的政社合作平台,构建政府与社会组织互动的咨询、听证机制,吸纳社会组织参与市场专项治理整顿;三是建立商务信用信息综合评价机制,全面梳理商务企业信用信息,制定信用信息目录清单,建立健全信用信息归集和报送办法,探索信用信息分析及应用机制,开发信用信息组合查询、披露发布等功能,逐步面向社会开放查询服务。

四、服务外包业

1. 南京市服务外包业的发展现状

(1) 外包业务规模逐步扩大,增速放缓

2015 年,全市服务外包各项指标继续保持稳定增长,全市在商务部"服务外包业务管理和统计系统"中注册服务外包企业 1978 家。全市共签订服务外包合同额 141.1 亿美元,比上年增长 12.9%,其中离岸外包合同额 63.6 亿美元,比上年增长 20.1%;服务外包执行额 130 亿美元,比上年增长 13.6%,其中离岸外包执行额 60.6 亿美元,比上年增长 25.1%。南京作为首批服务外包示范城市,经过数年快速发展,各项指标已位居全国前列，2015 年在商务部组织的服务外包示范城市评比中荣获中国服务外包示范城市综合评价第一名。① 随着产业发展不断深化，全市服务外包正逐渐从数量增长型向质量效益型转变，从主要依靠新增企业带来增幅向通过企业自身发展带来增幅转变。

(2) 美国、港台市场快速回暖，欧洲市场业务量持续下滑

2015 年，南京市离岸外包执行额超千万美元的国家和地区有 41 个，主要来源地为港台、欧美、东盟、日韩等经济体。其中，香港和台湾地区市场执行额 13.1 亿美元，比上年增长 98.5%，占离岸执行额的 21.5%；美国市场执行额 10.4 亿美元，比上年增长 109.3%，占离岸执行额的 17.2%；欧洲市场执行额 9.5 亿美元，比上年减少25.6%，占离岸执行额的 15.7%；东盟国家市场执行额 6.6 亿美元，比上年增长 58.7%，占离岸执行额的 10.8%；日韩市场执行额 6.0 亿美元，比上年增长 15.4%，占离岸执行额的 9.9%。而受中东区域冲突、国际石油价格持续走低等多重因素影响，西欧、中东、俄罗斯等国家和地区的发包业务量大幅减少。

(3) 产业集聚效应明显，国家级示范区引领全市外包发展

2015 年，南京市 5 个国家级服务外包示范区内服务外包企业有近千家，占全市外包企业总数的一半以上，25 家服务外包执行额超亿美元的企业有 19 家在国家级示范区内。其中，江宁开发区 8 家，雨花台区 5 家，玄武区 3 家，鼓楼区 1 家，高新技术开发区 2 家。国家级示范区实现服务外包执行额 105.2 亿美元，占全市总执行额的 80.8%，国家级示范区离岸服务外包执行额 45.8 亿美元，占全市离岸总执行额的 75.5%。

2. 南京市服务外包业发展存在的问题

(1) 发展同质化，竞争日趋激烈

虽然南京市服务外包水平处于全国领先水平，但是服务外包行业的国内外竞争仍较为激烈。从国际上看，面临着印度、爱尔兰、菲律宾和越南等强劲的对手，尤其是印度的服务外包业较为成熟，拥有“世界办公室”的称号，在服务外包领域已经形成了较为成熟的操作模式，越南等东南亚国家则拥有更明显的劳动力成本优势。随着这些国家承接服务外包的能力越来越强，加之发包业务日益扩散，也将对南京承接服务外包产生一定的挤出效应。从国内形势来看，21 个服务外包示范城市之间存在着激烈的竞争，特别是长三角地区集聚了上海、苏州、无锡等城市，在目标定位、模式选择等方面与南京大同小异，对国外发包商来说，存在较大的选择空间，南京要获得更大的市场份额并不容易。

(2) 优惠政策门槛较高，扶持力度有待加强

虽然国家出台了一系列关于服务外包的财政税收等优惠政策，且力度不小，但大多数服务外包企业并没有真正享受到这些优惠政策。究其原因，一是服务外包示范

① 数据来源：除特殊说明外，现代物流业数据均来自于商务局和南京服务外包网。

城市中经认定的企业可享受企业所得税优惠政策,但在企业认定标准中对离岸服务外包收入比例要求太高,会限制一些企业;二是经科技部门认定后的先进型服务企业,税务部门每年还要重新核定服务外包合同,导致有些已经认定的先进型服务企业仍享受不到政策优惠;三是技术先进型服务企业的优惠政策与高新技术企业、软件企业政策存在交叉重叠,服务外包合同与技术贸易合同政策存在交叉重叠,导致企业享受了其他优惠政策之后就不能再享受服务外包方面的优惠政策。

(3) 人才结构不合理,高端人才缺乏

一是高端人才严重匮乏,缺少懂经营管理、熟悉客户语言和文化背景、精通国际外包行业规则、具有国际外包市场开拓能力的高层次人才。二是虽然针对高端人才引进和初级员工培训的鼓励和扶持政策较多,但对实际需求日益增长的中端人才,尚缺乏适当的鼓励措施。三是虽然南京的高校和科研机构相对较多,人才储备和科研技术的支撑作用较好,但人才流失现象较为严重,特别是大批高校毕业生一毕业就前往市场规模更大、薪酬待遇更高的上海等一线城市。

3. 南京市服务外包业发展的对策建议

(1) 打造"南京服务"特色,增强服务外包的竞争力

首先,提升外包产业层次,注重外包业务的高端化。加大对知识流程外包(KPO)和业务流程外包(BPO)的承接,尤其是要注意服务外包业本身的"结构提升",要培育信息服务、金融、文化创意等成长性产业的综合外包业务,追求服务外包从量到质的提升,发挥南京服务外包业的辐射和带动作用,推动南京在国内外服务外包示范城市竞争中处于优势地位。其次,打造本地外包龙头企业,鼓励本地企业进行跨国并购和战略性重组,不断扩大经营规模,实现业务和人才资源集聚,培育一批具有国际影响力的大型骨干企业,带动上、下游企业的发展。最后,加大品牌宣传力度。财政资金应支持服务外包企业在各种会议、广告和会展活动中开展宣传活动,加大宣传力度,继续维护好南京服务外包形象,努力打造"南京服务"品牌。

(2) 加大政策扶持力度,促进企业做大做强

进一步完善《南京市促进服务外包产业发展资金实施细则》,加强南京市对服务外包发展的扶持政策。鼓励商业银行开发订单贷款、知识产权质押贷款等适合服务外包企业融资的创新金融产品;协调金融机构和企业,充分利用互联互保的方式,以增加企业融资机会;通过专业担保机构,为企业融资提供担保。鼓励国际知名培训机构、高等院校、科研院所及相关社会培训机构建立国际服务外包人才培训机构,支持南京国际服务外包企业选送技术或管理骨干赴境外进修培训。研究拟订南京市服务外包人才需求导向目录和人才认定标准,对于高层次人才、领军人才,在落户、办公场所提供和创业等方面给予优惠和支持。

(3) 创新人才培养模式,加强人才政策支持

南京市应继续加强整合产业和国家的各方资源,努力形成服务外包人才供应链,保障人才供应的可持续发展,实现人才与企业之间的有效对接。推动高校与服务外

包企业开展双向交流，提高教学和人才培养质量；推动有条件的服务外包企业、社会培训机构和高校建设服务外包大学生实训实习基地；鼓励服务外包企业支持高校学生的实习和社会实践活动，实现人才供求有效对接和资源共享；鼓励校企双方根据服务外包企业的岗位和数量要求进行定制培养。同时，政府应发挥引导和扶持作用，通过政策支持服务外包人才的培育、引进和成长，推动教育制度全面改革。根据产业发展和企业需求，推动人才培养和引进工作，鼓励从海外引进市场开拓、流程管理、技术创新等各类国际服务外包产业高端人才，支持海外人才回国创办服务外包企业，尤其要重点引进海外行业领军人才、高级项目经理、高级技术和管理人才。

第五章　南京市生活性服务业重点行业发展研究

一、文化创意产业

1. 南京市文化创意产业的发展现状

(1) 文化创意产业实力不断增强，影响力逐步扩大

2015 年，全年文化及相关产业增加值为 590 亿元，占地区生产总值的比重达到 6%。新命名南京市文化产业基地 7 个，共创建江苏省文化产业示范基地(园区)19 个，创建国家文化产业示范基地 12 个。规模以上文化企业达到 1034 家。① 秦淮特色文化产业园被评为"第五届国家级文化产业试验园区"，"创意南京"文化产业融合公共服务平台荣获文化部"文化科技创新奖"。

(2) 公共文化服务成效显著，服务质量明显提升

2015 年，南京市文化惠民活动取得显著成效，年末全市共有文化馆 14 个，公共图书馆 15 个(不含教育系统、企事业组织的图书馆，下同)，文化站 100 个，博物馆 56 个，市级以上文物保护单位 516 处，拥有国家级历史文化街区 2 个，省级历史文化街区 7 个，国家级历史文化名镇(村)3 个。全年共创建市级"示范文化站"9 个、文化活动室标准化建设点 81 个、星级示范农家书屋 61 家、数字农家书屋 100 家，完成 160 家农家书屋的出版物更新。包括市馆和 13 家区馆在内，绝大多数都已经完成系统平台架构和联通工作，各成员馆之间的读者实现了资源共享，全市公共图书馆一卡通建设的初级目标基本完成，各馆持证读者在上述成员馆均可通借通还图书。而在各区馆服务地域内，通过区馆与街(镇)、社区(村)图书馆(室)的总分馆体系建设，也实现了区域内图书资源的通借通还。

(3) 非物质文化遗产保护稳步推进，取得了明显成效

截至 2015 年末，南京拥有四级非物质文化遗产共 145 项，市级以上非物质文化遗产代表性传承人 228 位，重点项目传承保护基地、生态保护区共 29 个，而非物质文化遗产项目资源更是多达 2004 项。全市现有国家级生产性保护基地 1 个(南京云锦)、省级生产性保护基地 3 个，市级传承保护基地 24 个，省级非遗生态保护区 1 个(高淳非物质文化遗产生态保护区)。南京云锦研究所作为人类非遗项目南京云锦的保护单位和国家级生产性保护基地，不仅通过开展生产性保护促进了南京云锦织造

① 数据来源：文化创意产业数据均来自于市委宣传部和 2015 年南京市国民经济与社会发展统计公报。

技艺的保护、传承与发展，也在产业发展、市场运作方面迈出了坚实的步伐，取得了一定的经济效益，又反哺了南京云锦的保护传承与创新发展，为南京非遗的活态化保护提供了丰富的经验。

2. 南京市文化创意业发展存在的问题

（1）文化创意产业规模较小，园区建设缺乏特色

整体而言，南京文化创意产业发展尚处于起步培养阶段，产业规模较小，在文化产业园区建设过程中，一些不具有文化创意产业特色的企业为获得政策上的优惠，存在“搭便车”现象。此外，当前尚未形成规范的文化创意产业准入机制，导致园区内企业业态相似或雷同，缺少特色品牌。

（2）产业园定位不明确，缺乏对产业链的拓展

一些园区由于前期缺乏深入细致的市场研究和论证，对产业园区的战略定位等方面还处于初级认知和实践阶段，大多数园区公共服务平台只是简单的物业配套服务，对一些专业性较强的产业只是进行简单的招商活动，靠收取租金盈利，没有考虑建立文化产业的信息平台、公共技术平台、投融资平台等配套环境，使得文化创意产业园区只能位于低层次运作，产业集聚区类型较为单一。

（3）“科技”与“文化”融合仍不足，产业融合效果不明显

一是文化科技融合的体制政策尚不健全，落实还不到位。文化与科技融合的扶持政策不足，尤其是针对二者融合的专项政策和专项资金较为欠缺。已有的产业政策恰恰较为重视中长期规划，缺少产业的实际操作和落实。二是文化科技融合的复合人才较为欠缺，发展后劲不足。文化与科技的融合，需要一支既通晓高科技、又熟谙文化发展的高素质、复合型的人才队伍，但目前南京的这类人才较为缺乏。三是科技投入不足，产品衍生能力弱。文化与科技的融合，最重要的就是科技的支撑作用，科技经费投入不足，将直接导致文化领域的科技应用水平受限。四是文化和科技资源分布较为分散。文化群体和科技群体对于文化创意产业发展中“文化”和“科技”的理解存在厚此薄彼，文化部门更注重创意产业中的文化创意，而科技部门更加注重创意产业中的科技创新，致使资源分配缺乏有效整合和集聚功能。

3. 南京市文化创意业发展的对策建议

（1）学习国外先进经验，加强产业研究与规划

加强对文化创意产业的基础理论研究，尤其是对国内外文化创意产业的理论基础、政策制定、产业布局、人才战略等方面展开深入研究，通过借鉴国外发达地区文化创意产业的发展经验，在此基础上大力发展文化创意产业，规范文化创意产业市场，打造有序的市场环境，引导各类文化创意产业园区形成清晰的产业定位，科学规划园区内的项目布局，实现错位发展，避免同质化竞争和过度竞争。

（2）发挥集聚效应，缔造文化创意产业链

文化创意产业可以借助地域集中形成的集聚效应，根据不同企业的产品特色，设置合理的产业结构，激励园区内不同企业之间形成互补合作的发展局面，形成一些集

上游、中游和下游一体化的区域性文化创意产业链。在纵向上,形成由创意产品价值的生产链和顾客价值的需求链共同构成的产业链;在横向上,形成由不同产业和部门相互融合的价值链;在产业选择上,紧紧抓住具有先进性和时尚潮流的新型业态,大力发展平面设计、动漫设计、影视制作、网络游戏、工业设计等多媒体文化产业。

(3) 加强文化与科技的融合,规范文化产业管理

一是推动文化与科技融合发展,在政策中明确文化与科技可融合发展的产业和方向,以政策支持文化与科技"双轮驱动"的产业发展模式。二是加速文化与科技融合产业的集聚发展。积极扶持文化企业科技创新并培育文化科技融合新业态,改善企业发展环境,加速产业转型与集聚发展。三是建立健全人才引进和培育机制,积极落实"1+8"、"321"人才计划等文化创意产业的人才计划。四是建立产学研结合创新网络方面,加强省市校联动,推进科技改革试点,构建产学研结合的创新网络。五是构建协调完善的管理体制,协调文化创意产业各部门管理,完善文化创意产业的认定标准,重点支持具有竞争优势的文化创意产业和拥有自主知识产权的文化创意产业持续健康发展。

二、旅游业

1. 南京市旅游业的发展现状

(1) 旅游产业稳定增长,旅游规模平稳增加

2015 年,南京市旅游业发展稳定,全年实现旅游收入 1688.12 亿元,较上年增长 11.0%,其中,旅游外汇收入 6.39 亿美元,国内旅游收入 1631.7 亿元,分别占总旅游收入的 3.34%和 96.66%。南京市旅游规模不断扩大,全年接待旅游人数达 10234 万人次,比上年增长8.0%,其中国内旅游人数达 10175.19 万人次,比上年增长 8.0%,入境旅游人数达 58.81 万人次,比上年增长 3.9%。2005—2015 年间,旅游人数由 3307.6 万人次增加到 10234 万人次,增长了 3.09 倍,其中,国内旅游人数从 3220 万人次增加到 10175.19 万人次,增长了 3.16 倍;入境旅游逐渐回暖,2015 年入境旅游人数达到 58.81 万人次。[①]

表 1　南京市 2005—2015 年旅游业基本情况

年份 指标	2005	2006	2007	2008	2009	2010	2011	2012	2013	2014	2015
旅行社数(家)	395	425	436	435	450	476	502	535	557	576	567
星级饭店数(家)	123	127	143	131	131	121	113	115	107	102	95

① 数据来源:除特殊说明外,旅游业数据均来自商务局、市旅游委员会和 2015 年南京市国民经济与社会发展统计公报。

续 表

年份 指标	2005	2006	2007	2008	2009	2010	2011	2012	2013	2014	2015
旅游总人数(万人次)	3307.6	3900.92	4605	5089.52	5633.36	6496.88	7331.66	8113.16	8725.91	9475.93	10234
入境旅游人数(万人次)	87.6	100.92	116	119.52	113.45	130.9	150.66	162.71	51.9	56.62	58.81
外国人	51.4	64.66	76.3	77.85	74.4	86.8	99.92	107.73	38.2	41.56	43.23
香港同胞	15.1	15.97	16.7	17.23	15.55	17.1	19.74	21.36	4.04	4.5	4.13
澳门同胞	0.4	0.6	0.77	0.86	1.07	1.1	1.26	1.36	0.19	0.18	0.27
台湾同胞	20.7	19.69	22.3	23.58	22.44	25.88	29.74	32.26	9.47	10.37	11.18
国内旅游人数(亿人次)	3220	3800	4489	4970	5519.9	6366	7181	7950.45	8674.01	9419.31	10175.19
旅游收入(亿元)	379	462.8	614.9	714.3	822.16	951.6	1106	1272.5	1360.67	1520.83	1688.12
旅游外汇收入(亿美元元)	5.76	6.77	8.08	8.73	8.37	9.81	12	13.62	4.01	5.53	6.39
国内旅游收入(元)	333	408.8	553	654	765	886	1028	1169	1317.48	1470	1631.7

数据来源:历年《南京市旅游经济发展统计公报》。

(2) 旅游企业平稳发展,接待能力不断加强

随着旅游需求的不断增大,全市各项旅游供给也在不断增加,旅游企业接待规模日益扩大,经营状况总体保持平稳。2015 年,全市旅游星级饭店实现营业收入 33.3 亿元,较上年增长 2.46%,其中客房收入 15.04 亿元,餐饮收入 14.43 亿元,其它收入 3.17 亿元。全市旅游星级饭店平均客房出租率为 65.46%,较上年增长 2.03% 全市旅行社实现营业收入 135.4 亿元,较上年增长 20.56%。全市旅行社组团国内人数 124.2 万人次,较上年下降 15.63%;接团国内人数 227.66 万人次,较上年增长 15.65%;全市旅行社外联入境人数 18.86 万人次,较上年下降 4.51%;接待入境人数 18.03 万人次,较上年下降 11.43%。

2015 年,全市共有旅行社 567 家,其中经营出境旅游业务的旅行社 39 家;旅游星级饭店 95 家,其中五星级饭店 20 家,四星级饭店 23 家,三星级饭店 40 家,二星级饭店 12 家;国家级旅游景区 55 家,其中 5A 级景区 2 家,4A 级景区 17 家,3A 级景区 19 家,2A 级景区 17 家,全市 A 级旅游景区共接待游客 10847 万人次,较上年增长 2.85%,实现营业收入 19.91 亿元,较上年增长 17.65%;全国工农业旅游示范点 17 家,其中农业旅游示范点 12 家,工业旅游示范点 5 家;国家、省、市级旅游度假区 7 家;省自驾游基地 3 家;省星级乡村旅游点 42 家,其中四星级以上乡村旅游点达到 25 家。

(3) 假日旅游需求旺盛,新兴旅游方式正在兴起

2015 年,春节黄金周全市接待旅游者 486 万人次,比上年增长 12.2%,实现旅游总收入 48.5 亿元,比上年增长 15.5%。国庆黄金周全市接待旅游者 808 万人次,比上年增长 9.2%,实现旅游总收入 75.7 亿元,较上年增长 11.3%。节日期间,南京市散客出游、自驾旅游等新兴旅游方式的兴起,推动旅游市场日趋多样化,休闲度假、探亲访友与旅游观光相结合的旅游方式的规模逐步扩大。

2. 南京市旅游业发展存在的问题

(1) 旅游定位不明确,旅游形象不突出

随着中国旅游业的快速发展,旅游地之间的竞争越来越激烈,各城市为了提升自身的竞争力,纷纷花大力气塑造其旅游业形象。南京市各旅游景区虽在国内外享有一定的知名度,但缺少一个在旅游市场上叫得响的品牌。实际上,南京作为六朝古都,拥有着丰厚的历史文化底蕴,如南京的明城墙是中国少有的保存良好的古代城墙,雨花石是独具金陵特色的旅游纪念品,中山陵是伟大革命家孙中山的陵墓。南京作为历史文化名城,应进一步明确自己的旅游业形象和定位。

(2) 旅游产品开发欠深度,缺乏对旅游资源的深度挖掘

旅游产品开发欠深度,新兴旅游产品发展不足,旅游信息宣传力度不大,旅游纪念品市场不规范,存在旅游纪念品雷同严重,假冒伪劣产品泛滥,缺乏地方特色等问题。南京旅游产品制造企业规模较小、集中度较低、服务项目有限、市场占有率偏低,缺乏明星企业和知名企业家。此外,旅游资源开发不足,投入不够,新景点开发起点低,存在重复建设等问题,尚未充分彰显南京旅游资源特色,还有很多极具旅游价值的自然景观和人文景观没有得到有效开发。

(3) 旅游人才缺乏,管理制度不健全

南京旅游业从业人员中持有高级职称的人员较少,专业素质不均,缺乏系统的教育或培训。旅游资源开发与规划管理、景观设计、市场营销等方面的高素质人才严重缺乏,这在较大程度上制约了南京旅游业转型升级。对现有旅游资源的整合尚缺乏力度,不少景区条块分割严重,管理体制不顺,各类旅游资源分属十多个部门和区县,不仅影响了全市旅游资源的整合开发和综合利用,造成旅游资源的极大浪费,而且削弱了旅游资源的整体竞争力,影响了旅游资源的提档升级,进而影响全市旅游业的全面、协调和健康发展。

3. 南京市旅游业发展的对策建议

(1) 加强旅游精品项目建设,打造复合旅游城市

进一步优化全市旅游集聚区发展布局,依托“一核、两带、五街区、十片区”共 18 个旅游集聚区,精心开发重点旅游项目,把南京打造为国际知名的复合型旅游目的地城市。坚持旅游与文化融合发展,综合保护和利用南京丰厚的历史文化资源,重点打造文化遗迹、文博场馆、宗教文化等文化旅游项目;发挥自然禀赋优势,主推温泉度假、城市休闲、水体游览及生态体验等休闲度假项目,积极打造南京休闲度假的拳头

产品;加大旅游与科技融合发展力度,打造历史文化、科幻动漫、生态体验、儿童游乐等各类主题游乐项目;培育南京旅游演艺和娱乐市场,繁荣南京夜间旅游经济,重点打造太阳宫、金陵大报恩寺、白鹭洲公园水上实景演出等演艺项目,促进旅游消费;推进旅游与农业融合发展,结合南京美丽乡村建设,打造一批国内一流的乡村旅游精品项目;推进旅游与体育、教育、养生等行业融合发展,重点推出浦口若航等低空飞行旅游项目,改造提升红山森林动物园等青少年研学旅游项目,发展琥珀泉康体养生等养生保健旅游项目,以满足不同群体的旅游需求。

(2) 加强旅游服务体系配套建设,提高旅游服务质量

要继续加强南京市的旅游服务体系配套建设,进一步完善南京市的旅游服务质量,可以加强以下五个方面的建设:一是完善旅游商品销售网络。加快特色旅游商品购物区建设,各区建设1—2个有一定规模和档次的特色旅游商品购物区,积极争取在南京市设立进境口岸免税店,促进入境旅游购物消费。二是加强智慧旅游服务体系的建设。具体包括南京智慧旅游中央管理平台的建设、全域化智慧旅游试点工作、智慧景区建设等项目。三是加强旅游交通服务体系的建设。继续完善旅游交通,使南京成为长三角入境旅游的重要口岸城市。继续构建南京旅游集散体系,不断优化景区内部交通组织。四是加强旅游配套服务体系的建设。进一步健全旅游咨询服务体系,完善旅游指引标志,继续加快推动城郊区域功能的旅游化改造。五是加强旅游安全保障体系的建设,落实旅游安全管理责任,加强旅游应急管理。

(3) 加强旅游人才培养,优化旅游管理体制

继续推进南京旅游人才的培育机制,提升从业人员素质,积极开展行业技能培训,完善旅游人才管理服务机制,建立南京旅游人才库及"金牌导游"队伍,形成动态管理机制;加强对兼职导游的管理,完善"兼职导游管理服务平台",建立健全导游员社会保障体系;继续规范旅游市场秩序,加强机制建设、制度推广以及文明诚信体系建设;继续优化全市景区、公园管理体制,推进管理重心下移,下放管理权,加强管理权下放后的指导;加快旅游系统事业单位改制,严控事业编制,充分运用市场机制推进旅游业的创新和发展;盘活旅游资源,激发企业活力,加快涉旅国有资产整合的同时,着力推动旅游市场向社会资本全面开放。

三、社会生活类服务业

(一) 养老服务业

1. 南京市养老服务业的发展现状

(1) 养老服务需求人数不断增加,养老消费不断增强

南京市的老龄人口基数和比重不断增加,对养老服务业有着较强的刚性需求。截至2015年底,南京市60周岁以上的老年人达到130.94万,占户籍人口总数的20.08%;65周岁以上的老年人达到88.55万,占户籍人口总数的13.58%。70岁以上的有58.14万人,占老年人口的44.40%;80岁以上人口20.5万人,占老年人口的

15.66%;百岁老人298人。逐渐增多的老年人口数量以及由此产生的对老年产品和服务的需求,必将成为养老服务业发展的有力支撑。南京作为江苏省的省会城市,经济发展水平较高,老年人的收入水平、消费需求和消费能力相对较高,老年人的消费观念不断更新,在满足基本生活需要的基础上,越来越多的老年人对医疗保健、旅游、异地养老等养老服务业需求越来越大。

(2) 养老能力不断提高,养老服务初见成效

近年来,南京市养老服务能力不断提高,具体表现为如下三个方面:第一,全市养老收养能力逐渐增强。截至2015年末,拥有养老机构307家,各类养老床位数6.98万张(其中2015年新增养老机构床位4771张),全市福利收养单位拥有床位5.20万张,收养人员2.33万人,其中社会福利院拥有床位6892张,收养人员2492人。第二,社区养老服务设施不断增加。截至2015年底,全市建立城镇各类社区服务设施6148个,区、街镇社区服务中心118个。第三,社会化养老服务工作初见成效,全市拥有城乡社区居家养老服务设施1372个,并在全国首次提出"社区40%服务用房用于养老"理念,目前社区养老用房总面积达45.4万平方米,已建成社区康复点811个,城乡居家养老服务中心覆盖率达到100%。①

(3) 政府鼓励政策不断优化,民间资本投资热情不断提高

无论是国家层面还是省市层面,陆续出台了一系列关于促进养老服务业健康发展的政策建议,南京市出台的《关于加快发展养老服务业的实施意见》(宁政发〔2014〕216号)明确提出将养老服务业作为扩大内需、拉动消费的新增长点。在政府政策引导下,包括江苏省人民医院、南京市国资委等单位在内不断发挥资金、技术和资源优势,兴建了一批康复养老中心。另一方面,民间资本开始进入养老服务业,随着民营企业投资主体的多元化,金融、保险、地产等行业的民营资本跨界进入养老服务市场,在政府政策的支持和引导下,民营资本对养老服务业的发展保持着较高热情,总体上持乐观态度。

2. 南京市养老服务业发展存在的问题

(1) 优惠政策难落实,民营资本难进入

在落实国务院发展养老服务的政策措施时,在土地供应、规划建设、税费减免等方面的优惠政策难以落实。特别是民营资本投资养老服务业,遭遇不少体制性和政策性障碍,如税收优惠政策没有实施细则、操作性不强或门槛设置过高。民办养老福利机构和老年活动设施在用地、用电、用水、取暖等方面负担较重,新增床位补贴标准偏低。养老服务机构建设补助、养老服务机构营运补贴、居家养老服务补贴的金额与老龄事业发展的新要求相比,还存在着较大差距。社会资本发展养老服务仍存在成本高、定价机制不健全等问题,在市场竞争中处于不利地位,致使社会资金进入养老领域的积极性受到影响。

① 数据来源:养老服务业数据来自2015年南京市国民经济与社会发展统计公报。

(2) 养老服务供需矛盾突出，优惠便利难两全

由于我国的养老服务设施、服务网络建设相对滞后，有许多养老服务项目无法实施。老年人买菜、购物、洗澡、看病有许多困难，尚不能完全满足老年人的社会需求。同时，养老服务市场发展不平衡，公办养老机构一床难求和民办机构床位闲置现象并存。公办养老服务机构由国家投资，管理较为规范，老年人排队等床位现象突出；而民办养老院开办前期投入较大、运行风险较高，只能将成本转移到价格上，很多新建的民办养老院都在郊区，价格偏高、位置偏远、路途较长，住在郊区的民办养老院，老年人往往感到孤独寂寞，其入住意愿并不强。

(3) 养老服务体系建设不合理，管理机制尚不健全

养老服务产品档次较低，养老产业发展相对滞后，居家养老服务存在缺乏资金、人员不足、场地不够、设施不齐全等一系列问题。许多养老设施不符合无障碍建设标准，包括老年人家庭的适老化改造和老旧小区安装电梯，都应尽快研究实施办法。特别是医护结合、护养结合的康复护理机构较为短缺，养老服务管理还需进一步规范和完善，使之能逐步形成系统全面的行业标准和规范可行的监管机制。

3. 南京市养老服务业发展的对策建议

(1) 加大政策支持，引导社会力量进入

要继续重视采取行政措施或法律形式逐步完善养老保障、医疗保障等社会福利制度，统筹规划安排，通过相关政策的协调配合，将政府的公共资源在养老保障、养老服务、养老医疗之间进行合理配置。支持社会力量兴办养老机构，开展公办养老机构改制试点，要走出政府包揽思维，集聚民间资本，推动民办养老院成为养老服务的主力军。对社会力量投资建设的高档化、个性化养老服务机构，要加强监管。重点解决民营养老机构在规划、土地、金融等方面的问题，对企事业单位、社会团体和个人向非营利性养老机构的捐赠，若符合相关规定，可准予在计算其应纳税额时按税法规定比例扣除。政府的重点应该是建立管理和服务标准，通过规范化管理，将养老事业的发展情况纳入地方政府政绩考核，加强督促检查。

(2) 依靠政府及市场作用，建立多元主体参与机制

逐渐加大对养老服务体系建设的投入，通过投融资、土地供应、税费优惠、补贴支持、人才培养等途径参与养老服务。政府通过简政放权、创新体制机制以激发社会活力，确立“政策引导、政府扶持社会兴办、市场推动”的原则，探索公建民营、民办公助、政府补贴、购买服务等多种途径，形成社会资金以独资、合资、合作、联营、参股兴办养老服务业的灵活机制。同时，通过改扩建等形式，对废旧厂房、闲置校舍和办公用房等资源进行改造，使之成为养老服务设施，以缓解土地供应不足的压力。对服务设施建设与运营和老年人进行适度补贴，让老年人有钱买服务，满足自身需求，同时引导老年人合理消费，推动形成老年人消费体系，从而促进养老服务业的健康发展。

(3) 发展“医养结合”服务，提高专业化服务水平

随着老年人平均寿命的延长，由于自理能力下降，越来越多的老年人进入失能、

失智期,这些老年人需要更多的生活照料,而他们的医疗费用支出也在不断加大。高龄、空巢以及病残、孤独抑郁为养老护理带来了较大风险。因此,建立具有养老和医疗服务功能的医养院,是今后养老服务业发展的重点方向。医养结合有利于做好老年人慢性病管理和康复护理,增强医疗机构为老年人提供便捷、快速的救护通道;增强优惠医疗服务的能力,有利于统筹医疗服务与养老服务资源,便于统筹养老机构与老年病医院、老年护理院、康复疗养机构等的合理布局,并最终形成规模适宜、功能互补、安全便捷的健康养老服务网络;通过建立培训基地以及与院校合作等方式,让养老护理走社会化、职业化、专业化的道路。

(二)健康服务业

1. 南京市健康服务业的发展现状

(1) 医疗服务能力大幅提升

2015 年,全市健康服务业医疗服务能力进一步提升,医疗卫生服务体系更加健全,形成了以非营利性医疗机构为主体、营利性医疗机构为补充、公立医疗机构为主导、非公立医疗机构共同发展的多元办医格局。健康服务以及药品、医疗器械、康复辅助器具、保健用品、健康产品等研发制造技术水平明显提高,具有自主知识产权产品的市场占有率大幅提高。

(2) 健康服务水平大幅提升

2015 年,中医医疗保健、健康养老以及健康体检、咨询管理、体质测定、体育健身、医疗保健旅游等多样化健康服务快速发展,商业健康保险服务体系进一步完善,2015 年南京市五险支出共 453.19 亿元,其中企业职工基本养老保险 274.8 亿元、城镇职工基本医疗保险 138.34 亿元、失业保险 21.79 亿元、工伤保险 7.08 亿元、生育保险 11.18 亿元。2015 年,基本医疗卫生保障水平稳步提高,医疗卫生与计划生育支出 11186.18 万元,"医养一体化"养老机构医疗卫生服务、居家养老医疗卫生服务覆盖率达到 100%。①

(3) 健康服务业环境不断优化

2015 年,健康服务业的政策法规体系初步建立,行业规范和标准体系也在不断完善,行业管理和监督更加有效,人民群众健康意识明显增强,健康素质明显提高。全市城乡居民电子健康档案规范化建档率、健康知识知晓率不断提高。2015 年,南京市居民平均寿命达到 82.19 岁,其中,男性为 80.11 岁,女性为 84.45 岁。

2. 南京市健康服务业发展存在的问题

(1) 健康服务业结构单一,供给相对不足

在健康服务供给中,公立机构供给比重较大,供给主体相对单一,市场活力不足。全市虽已初步形成以非营利性医疗机构为主体、营利性医疗机构为补充的社会办医体系,但仍存在诸多问题,主要表现为:一是社会办医规模小、层次不高,缺少高水平、

① 数据来源:健康服务业数据来自于南京市统计局。

规模化的大型民营医疗机构或医院集团；二是社会办医领域窄，社会紧缺型医疗机构（如康复医院、老年病医院、护理院等）投资尚显不足；三是对社会办医的监督管理不到位，在依法执业、规范收费、诚信经营等方面存在一系列问题，影响了社会办医的持续和健康发展；四是约束社会办医的政策性、体制性问题仍然较多，在市场准入、经营性质、土地保障、税收及价格政策方面还有很多未理顺或未落实的地方，影响了社会资本办医的积极性。

（2）资源配置不合理，供需矛盾突出

南京市的健康服务资源配置还不合理，主要表现为：一是城乡资源配置失衡，健康服务机构过度集中在城市，而在农村相对较为缺乏，城乡差距明显；二是区域分布不合理，高水平、优质的医疗资源主要集中在城区，郊区（尤其是江北）的医疗资源相对不足；三是资源浪费与资源短缺现象并存。健康服务业的主要资源集中于中心城区和中心医院，健康服务资源供大于求，使用过程中存在浪费现象，而农村和基层卫生机构的健康服务资源供不应求。

（3）缺乏具体的产业发展方案或计划

虽然国家和省市层面相继出台了制定促进健康服务业发展的意见，明确了具体的目标任务，各区面对前景广阔、发展潜力巨大的健康服务业，多处于观望或调研阶段，就如何结合自身实际，走出一条具有自身特色的健康服务业发展之路，并没有形成明确的方案或规划。而且健康服务业内容广泛、产业链较长、涉及多个部门，不少部门对健康服务业的内涵和外延了解不深，部门的政策调整不及时或落实不到位，部门间缺乏沟通与协作，从整体上影响了健康服务业的顺利发展。

（4）健康服务业专业人才缺乏

医疗服务各领域普遍存在人才缺乏的困境，其中儿科、急诊、康复、精神、病理、护理、营养指导等领域人才缺乏现象尤为明显。部分专业从业人员老龄化严重，新生力量不足，已严重影响南京市健康服务业的持续健康发展。受福利待遇、工作强度、工作环境等不利因素影响，医疗服务从业人员流失现象突出，不少护理人员产生辞职或转岗的念头。医药产业领域缺乏经验丰富的产品设计、药品研发人才以及专业的体系认定和产品报批方面的人才，高层次人才匮乏已成为制约健康服务业发展的“短板”和“瓶颈”。

3. 南京市健康服务业发展的对策建议

（1）制定产业发展规划，促进产业发展

在市政府成立健康服务业领导小组的基础上，各区也应成立相应的领导小组，明确主管部门职能，建立部门之间的沟通协调机制，明晰部门职责。各区在深入调研基础上，应从实际出发，编制本区健康服务产业发展规划，确立近期、中期和长期发展目标，明确重点发展产业，以此指导健康服务业的发展。此外，还应建立健全工作责任体系，将健康服务业发展目标和各项指标纳入各区、各部门的考核指标体系。

（2）出台扶持政策，破除发展壁垒

全市健康服务业尚处于起步成长期，部分健康服务业市场还不成熟，市场主体力量偏小，抗风险能力较差，健康产业聚集程度较低。大力发展健康服务业，一方面要出台优惠扶持政策，设立专项发展基金，同时在税收、土地、投融资方面给予优惠，集中力量扶持科技含量高、市场前景好的重点行业发展，促进优势行业提档升级；另一方面，抓紧清理与健康服务业发展不相适应的政策措施，大胆试点，破除市场准入、经营性质、审批程序等方面影响发展的体制机制壁垒，为健康服务业发展创造良好的外部环境。

(3) 整合医疗资源，创新健康服务体系

加强资本与医疗机构的融合，构建多层次、多元化的健康服务体系，打破目前公有制医院一统天下的局面，大力推进社会资本兴办健康服务业。积极发展健康养老服务，大力发展中医药医疗保健，丰富商业健康保险，培育发展健康服务支撑产业。把更多的健康服务资源带到农村及落后地区去，政府应加大对农村和落后地区健康服务业的资金投入力度，鼓励各类创业投资机构和融资担保机构对农村健康服务机构和小微企业开展业务，解决资金短缺的问题。

(4) 重视人才引领，不断加大科技创新力度

坚持依靠人才发展健康服务业，建立高校、企业、医疗机构、研究机构之间协调发展的体系，深入实施“科教兴卫、人才强卫”战略，努力营造尊重知识、尊重人才、尊重创造的良好氛围，让健康服务业人才实现自我价值。建立完善以企业创新为主题、市场导向、产学研结合、国内外联合的健康服务与生命科技创新体系，进一步培育健康服务与生命科技产业和战略性新兴产业，以科技创新带动健康服务业整体发展。

集聚区篇

第六章　南京现代服务业集聚区研究

一、南京现代服务业集聚区发展现状

近年来南京现代服务业发展迅速，集群式发展成为现代服务业发展的主要方式，从而形成了特色鲜明、形式丰富、层次多样、效率较高的多个现代服务业集聚区。与制造业集聚区类似，现代服务业集聚区最大的优势是降低成本和资源共享。按照南京市发改委 2007 年 3 月拟定的《南京市现代服务业集聚区发展意见》(宁政办发(2007)37 号)，现代服务业集聚区被界定为“以某一服务产业为核心，以信息化为基础，在一定地理区域内集聚而成的服务企业集群。具有产业集中、发展集约、资源共享、科技含量高、运行成本低、环境污染少的特征。现代服务业集聚区是服务业发展的新形态，是现代服务业发展的重要载体。”

从现代服务业集聚区层次来看，目前主要有省级和市级两个层级。江苏省级服务业集聚区和市级集聚区分别有明确的认定标准。按照江苏省发改委《关于加快建设现代服务业集聚区的意见》(苏发改服务发〔2007〕52 号)，省级现代服务业集聚区需要具备以下条件：① 有园区发展规划和产业布局规划，边界清晰，形态突出，目标明确；② 有一定的公共服务支撑体系，能够为入区企业提供投融资、合作交流、人才培训、信息管理、技术创新、知识产权保护、检验检测等公共服务；③ 有专门的管理机构，专职管理人员不少于 3 人，实行统一管理，一站式服务；④ 建筑面积 10000 平方米以上，对通过中心城市主城区改造、工业企业“退二进三”、老建筑保护性开发等利用城市存量资产开发的园区，可适当降低标准；⑤ 经省级以上有关部门批准或经省发展改革委批复园区发展规划，并已列入市级现代服务业集聚区。

与省级标准对应的市级现代服务业集聚区标准略有降低。按照《南京市现代服务业集聚区发展意见》(宁政办发(2007)37 号)第二条规定，并具备下列条件的现代服务业产业园区，可以提出申请认定市级集聚区：① 有园区规划，园区功能定位合理，主导产业突出、边界清晰、目标明确；② 有较完善的公共服务支撑体系，能够为入区企业提供投融资、合作交流、人才培训、信息管理、技术创新、知识产权保护、检验检测等公共服务；③ 有专门的管理机构，有明确的管理章程，有稳定的管理团队，实行统一管理、一站式服务；④ 园区建筑面积 10000 平方米以上，对通过主城区改造、工业企业“退二进三”、老建筑保护性开发等利用城市存量资产开发的园区，可适当降低标准；⑤ 经批准的园区规划。

江苏的现代服务业集聚区按照这两种标准进行认定,数量增长较快,2007 年,江苏省第一批 47 家省级现代服务业集聚区诞生,截止到 2015 年达到 122 家,与此同时市级现代服务业集聚区也达到 142 家。南京作为江苏的经济中心,服务业集聚区位优势明显,南京的现代服务业集聚区主要呈现以下特点。

(一) 数量多且层次较高

截至 2015 年江苏拥有省级服务业集聚区共 122 个,其中苏南 74 个,苏中 23 个,苏北 25 个。在江苏 13 个城市中,拥有省级服务业集聚区最多的城市依次为南京(20 个)、苏州(19 个)和无锡(16 个)。其中,南京以 20 个省级服务业集聚区居全省首位。江苏省认定的 142 家市级服务业集聚区主要集中分布在南京、苏州和南通,数量上南京排在南通和苏州之后(见表 1)。总体来看,南京和苏州、无锡位列江苏第一方阵。

表 1　江苏省现代服务业集聚区地区分布

地区	省级数量	市级数量	地区	省级比重	市级比重
南京市	**20**	**41**	**南京市**	**16.39%**	**28.87%**
苏州市	19	46	苏州市	15.57%	32.39%
无锡市	16	0	无锡市	13.11%	0.00%
常州市	13	0	常州市	10.66%	0.00%
盐城市	8	0	盐城市	6.56%	0.00%
扬州市	8	0	扬州市	6.56%	0.00%
泰州市	8	0	泰州市	6.56%	0.00%
南通市	7	55	南通市	5.74%	38.73%
淮安市	6	0	淮安市	4.92%	0.00%
镇江市	6	0	镇江市	4.92%	0.00%
徐州市	5	0	徐州市	4.10%	0.00%
宿迁市	3	0	宿迁市	2.46%	0.00%
连云港市	3	0	连云港市	2.46%	0.00%
江苏省	122	142	江苏省	100.00%	100.00%

数据来源:根据江苏省服务业集聚区公共服务平台 http://www.jsfwy100.org/整理

(二) 重点行业较为突出

现代服务业类型多样,同类型服务业更容易形成产业集聚,相应地造就了多个专门性的现代服务业集聚区。省级集聚区中,按集聚区的类别来看,整个江苏以现代物流、科技服务和产品交易市场这三类集聚区为主,三类省级集聚区分别达到 36 个、23 个和 19 个,占江苏 122 个省级服务业集聚区比重超过 63.9%。从南京的省级现代服务业集聚区类型来看,20 个集聚区中的科技服务、软件信息服务和现代物流达到 14 个,如中国(南京)软件谷集聚区、南京国际服务外包产业园集聚区、南京市徐庄软件产业基地集聚区和南京软件园集聚区都属于软件信息服务类的集聚区。产品交易市场、商务服务、创意产业和综合性生产服务在南京的分布较为均衡但数量不多。

表 2　江苏省级现代服务业集聚区类型分布

省级	产品交易市场	商务服务	创意产业	现代物流	科技服务	综合性生产服务	软件和信息服务
常州市	3	0	4	1	2	1	2
淮安市	1	1	1	1	1	0	1
连云港市	1	1	0	1	0	0	0
南京市	**1**	**2**	**2**	**5**	**5**	**1**	**4**
南通市	3	1	0	2	1	0	0
苏州市	4	2	2	6	2	2	2
泰州市	0	0	1	5	1	1	0
无锡市	2	1	0	7	4	0	1
宿迁市	2	0	0	0	0	0	1
徐州市	1	0	0	1	2	0	1
盐城市	0	1	0	4	1	1	1
扬州市	0	2	1	2	2	0	1
镇江市	1	0	1	1	2	0	1
江苏省	19	11	12	36	23	6	15

数据来源：根据江苏省服务业集聚区公共服务平台 http://www.jsfwy100.org/整理

市级集聚区的区域分布集中在南京、南通和苏州三地。在市级集聚区产业类型上，南京具有最大优势的是创意产业，三地创意产业的市级集聚区分别是 9 家、6 家和 5 家。南京文化创意产业集聚发展势头良好，规模、数量、等级均较为突出。2015 年南京市委市政府重点出台了《推动文化建设迈上新台阶实施意见》，制订了《文化创意和设计服务与相关产业融合三年行动计划》，加快建设全国重要的现代服务业中心和文化创意中心。江苏可一等 9 家文化企业获评江苏民营文化企业 30 强，数量居全省第一。2014 年度全市“策划一批、签约一批、开工一批、竣工一批、落地一批、产出一批、做优一批”等“七个一批”项目，完成率达 90.9%。2015 年继续滚动排出 2015 年度“七个一批”项目 92 个，总投资额 1525 亿元。2016 年 1 月，文化部正式公布秦淮特色文化产业园获评“第五批国家级文化产业试验园区”，实现江苏省和南京市在国家级文化园区“零的突破”。平台型文创企业发展迅速。全国首个“创意南京”文化产业融合公共服务平台功能不断发挥，建成了第一个文创服务港。数字文化产业公共技术服务平台正式对外运营，南京文化艺术产权交易所成为国内规模最大的互联网文化产品线上交易平台。社会资本加速进入文化产业领域。苏宁集团成立创意设计众包服务平台，苏宁环球注资 5 个亿成立文化产业公司，利源集团全面进军艺术品投资产业，同曦集团全面布局艺术网等五大体系产业链。2014 年初，科技部、中宣部、文化部、国家新闻出版广电总局等四部门日前认定南京国家级文化和科技融合示范基地等18家为第二批国家级文化和科技融合示范基地。文化创意产业成为南京产业发展的新亮点。

(三) 经济贡献与人才集聚成效显著

南京20个省级现代服务业集聚区和41个市级现代服务业集聚区对南京服务业发展贡献突出。2015年南京11个区的三产增加值增长率均达到11%以上,与此形成鲜明对比的是一产和二产增加值的个位数增长甚至负增长,第三产业增加值达到5572.27亿元,占比达到57.32%,成为南京经济发展的最大亮点。各集聚区发展尤为迅速,以中国(南京)软件谷为例,"十二五"期间,软件谷的软件和信息服务业收入、地区生产总值、一般公共预算收入年均增幅分别达到33.3%、28.2%和30.7%。2015年,实现软件和信息服务业收入1650亿元,同比增长24.06%,占全市比重达到40%,占全省的比重近20%[①]。服务业集聚区的发展使得高端人才迅速向南京集聚,人才作为企业转型创新的关键要素成为南京可持续发展的重要支撑和产业竞争力的源泉与核心。以徐庄软件园为例,徐庄软件园通过持续引进人才,使约5万的从业人员中高层次人才的比例超过了10%。此外,在园区"梧桐引才计划"的助推下,园区累计已引进、培育国家千人计划19人,江苏省双创计划30人,江苏省科技创新团队3个,南京市领军型科技创业人才117人、科技创业家12人、江苏省企业博士12人、江苏省333高层次人才21人、市级以上人才项目总量近300人次。中国(南京)软件谷同样集聚了更多高端人才,同时也集聚了相关人才机构。辖区内南京玻纤院是国家无机非金属新材料领域的重点企业,建有企业博士后科研工作站和国家重点实验室。江苏信息研究院、江苏软件人才交流中心和软件人才培训联盟也都挂牌落户。高端人才的集聚使得南京现代服务业集聚区如虎添翼,科技创新加快,产业更具竞争力。

(四) 产业转型升级速度加快

近年来南京现代服务业集聚区以要素集聚和产业集聚有效地促进了产业转型与升级。以农副产品物流业为例,传统农副产品市场和物流一般分开运营,规模偏小,运输方式单一,信息化程度不高,主要是几辆货车跑运输的方式经营。而类似南京农副产品物流园区(南京众彩)等现代化物流园的建设为提高现代农业产业化水平,建立农业综合服务体系,完善农产品流通,促进农产品附加值提升和农业产业链延伸发挥了重要的作用。南京农副产品物流园区以建设现代市场为引领,同步配套投资6000多万元建成了农产品会展中心、信息发布、电子结算、农残检测、物流配送、客户服务等市场服务平台。随着项目一期先期建成的占地1300亩、投资26亿元、50万m^2的农产品展示中心,蔬菜、果品、水产、肉品、粮油、副食、百货七大专业市场,配套建设10万吨冷库投产运营;随着同步整合,搬迁主城八大农批市场进场入驻。2012年市

① 超常规服务 引领软件谷超常规崛起[EB/OL]. http://www.nanjing.gov.cn/xxzx/gqdt/201603/t20160309_3812028.html

场交易量达 470 万吨，实现交易额 240 亿元，交易规模居全国综合农产品批发市场第五位。现已成为覆盖南京、辐射周边的农副产品唯一源头集散市场，各类中小超市、宾馆酒店、社会团体的配货配载中心①。这意味着原先单一零散低档的农副产品市场和传统运输方式经过信息化改造和规模化发展后有效地融为一体。

（五）创新创业服务凸显亮点

除了省级和市级服务业集聚区外，南京还有各类未认定的服务业集聚区也已经成功运作多年，比如模范马路科技创新街区。在众多集聚区中，专门服务于创新创业的服务提供商也日益集中。2015 年以来，南京共有众创空间 85 家，其中大部分位于绕城公路以外或城郊结合部的园区。2016 年南京将在城市中心发展众创空间，满足众多创客的创业需求。具体做法是深化模范马路科技创新街区、珠江路创业大街与在宁高校、科研院所的对接合作，试点建设创业资源集中、创业机构集聚、创业服务完善的众创集聚区②。这些众创空间集合了大量创业服务商，目前多以嵌入科技园的方式进行集聚，为其他现代服务业提供专业的创业服务。比如在东南大学科技园中入驻的优客工场作为国内比较成熟的众创空间，已经集聚了 180 多家的众创服务商，涵盖投资、融资、财务、法律、品牌服务等各类企业，不仅服务于现有企业，更多地服务于尚未创业但极具创新创业能力的人群，孵化能力和服务能力首屈一指。未来的发展更会整合创业导师等专业人才的加入，从而极大提高创业的成功率。优客工场创始人毛大庆指出，“未来的创业生态肯定是三方共同组成的，专业的优秀投资人和专业的职能化空间的群体，以及附着在空间上面最好的创业加速的服务机构，这三方构成中国的创业服务生态。”Amaker 创客孵化器等 11 家众创载体被纳入省级科技企业孵化器的管理服务体系。新型科技服务载体日渐成为南京推动科技人才和企业孵化成长、科技成果转化、新兴产业培育的重要力量。

二、南京现代服务业集聚区发展环境

现代服务业集聚区的发展依赖于服务业本身的发展以及经济结构的调整和优化。南京现代服务业发展的环境离不开目前经济新常态的背景和江苏经济发展的现状。具体来说，整个江苏的经济结构发展态势、经济结构面临的挑战和机遇对南京现代服务业的发展具有重要意义。

改革开放以来，江苏经济取得了巨大的成就，从 1978 年到 2004 年，江苏的 GDP 由 249.24 增加到 15512.35 亿元，年平均增长速度为 12.85%，2005 年到 2010 年增速分别超过 12%，尽管高速增长速度不再，2015 年江苏各市除扬州外 GDP 增幅均有下浮，总体上看，13 个市增幅均在 10%这道“平均线”上下浮动。与 7.0%的全国增长水

① 南京农副产品物流中心集聚区简介[EB/OL].http://www.jsfwy100.org/jjqjj.aspx? jjqid=299

② 南京市中心打造众创集聚区[EB/OL]. http://www.njdpc.gov.cn/zwxx/fwy/201601/t20160128_3770764.html

平相比,江苏没有一个市"拖后腿"。但是这种高速度的经济增长与产业结构的变动相伴而行。20 世纪 90 年代后,江苏始终把产业结构调整及优化升级作为经济发展的一项重要战略措施。实践表明,江苏经济发展是在经济结构的不断调整中实现的,经济结构的不断调整是经济发展的永恒主题。

早在 2008 年国际金融危机前后,江苏就致力于推进经济发展方式转型,并取得实质性成效,尤其是在转型升级中带来的增长新动能,不断蓄积并逐渐率先形成增长新引擎。"十三五"时期,受要素成本上升、人口红利消失等因素影响,江苏经济潜在增长率将有所下滑,由此会进一步压缩经济增长空间,但由于包括江苏在内的长三角核心区预计"十三五"期间,江苏以加工贸易为典型代表的传统增长动力逐步衰减,同时以战略性新兴经济和现代服务业为代表的经济新动能将从力量积蓄期进入动能全面释放期,江苏经济有望在小幅波动中进入新稳态增长区间。同时,由于经济体量加大,未来江苏经济增速虽可能有所放缓,但实际增量可观,发展质量也将迈向新台阶。

江苏是经济发达省份之一,江苏区域经济发展犹如江苏经济的一个缩影,研究江苏经济结构,对长三角乃至江苏经济结构调整和优化升级具有借鉴和促进作用。鉴于此,对江苏省经济结构调整进行研究,包括经济结构的新态势、存在的挑战、面临的机遇,将对于预测现代服务业集聚区发展趋势具有重要意义。

(一) 新常态下江苏经济结构新态势

"主动适应经济发展新常态",是江苏 13 个市 2015 年"两会"政府工作报告的一致表述,为了适应经济发展的新常态,推动经济社会的健康可持续发展,经济结构优化调整被确立为经济活动的主线,江苏围绕经济结构调整进行了积极探索和不懈努力。改革开放以来,江苏经济规模不断扩大,先后实现了三次经济结构的跃迁。2015 年,江苏省第三产业增加值首超第二产业增加值,三次经济结构实现从"二三一"向"三二一"的标志性转变。2015 年上半年全省服务业增加值首次超过第二产业,占 GDP 比重达 48.3%,超过第二产业比重 0.6 个百分点。服务业增长加快、比重提升,总量超过第二产业,凸显出江苏结构转型的大趋势和积极信号。随着供给侧结构性改革不断推进和稳增长政策效应持续释放,经济结构呈现高度化、合理化、协调化等特征。

1. 经济层级高度化

经济结构高度化是经济结构演进规律的内在要求,实质上是对经济结构高级状态的理性追求,也正是这种永无止境的追求为江苏经济结构调整注入了持久的牵引动力。2014 年,从第三经济的高端组成部分—现代服务业来看,无论是产值规模还是产值比重均有显著提升,现代服务业占第三产业的比重超过 60% ,其中生产性服务业占服务业比重达 52.4%。

高新技术经济是现代经济结构中的高端组成部分,其不仅本身能够创造巨大的经济产值,而且具有显著的正向外溢效应。江苏高新技术经济主要集中于电子及通讯设备制造业、智能装备制造业和新材料制造业,2015 年这三大经济的产值比重分别为 22.74%,29.63%,28.17%,合计占比高达 80.54%。2016 年上半年,全省高新技术产业产值同比增长 7.2%,增速比一季度加快 0.7 个百分点,占规模以上工业总产值比重高达 40.5%。

战略性新兴经济逆势上行,渐成拉动经济增长的新引擎。2013 年末,江苏有战略性新兴经济法人企业 6.7 万个,占全省二、三经济法人企业的 7.4%,占全国战略性新兴经济法人企业的 40%。节能环保经济和新材料经济,构成当前战略性新兴经济的主体。江苏上述两个经济的法人企业数量分别为 3.1 万个、2.2 万个,合计 5.3 万个,占全部战略性新兴经济法人企业总数的 79%,全国这两个经济的占比为 71%。从战略性新兴经济从业人员看,江苏有 828 万人,全国有 2362 万人,江苏占全国的 35%。

截至 2015 年,江苏省十大战略性新兴产业销售总量实现四年倍增,增速继续高于面上工业 4 个百分点以上。实现销售收入超过 4.5 万亿元,同比增长 11%左右,占比达到 30%以上。其中物联网和云计算、新能源汽车产业增速超过 35%。2016 年上半年,全省战略性新兴产业实现销售收入 2.4 万亿元,同比增长 10.6%。以网络购物为代表,新业态增势强劲,全省网上零售额同比增长 37.7%,增速比全国快 9.5 个百分点。高附加值、高技术含量的工业产品显示出良好的市场成长性,全省统计的 11 种新产品中有 10 种产品产量实现两位数增长,其中,智能手机增长 1.5 倍,工业机器人增长 69%。

2. 产业结构合理化

三次经济结构实现从“二三一”向“三二一”标志性转变。2015 年,三次产业增加值比例调整为 5.7∶45.7∶48.6,第一经济比重持续下降,从 1990 年的 25.1%下降到 2015 年的 5.7%;较 2014 年的 5.6:47.7:46.7,实现产业结构“三二一”标志性转变,第三产业比重首超第二产业。作为经济总量居全国第二、工业总产值居全国第一的江苏省,近二三十年,第三产业增长并不慢,但是由于第二产业总量太大而且增速也很快,所以三次产业结构从“二三一”调整为“三二一”,更是一种不同寻常的结构优化。

投资结构持续调优。一是工业投资结构持续优化。全省完成高新技术产业投资 7965.1 亿元,同比增长 11.1%,比全部投资增速高 0.6 个百分点,其中软件业投资同比增长 40.7%、仪器仪表制造业投资同比增长 22.7%、新能源制造业和智能装备制造业同比分别增长 16.8%和 13.3%。全省高耗能行业投资同比增长 4.8%,低于全部投资增速 5.7 个百分点,占全部投资比重仅 9.3%,比上年回落 0.5 个百分点。

二是工业技术改造投资持续快增。全省完成工业技术改造投资 12345.6 亿元,同比增长 25.6%,增速比工业投资增速快 13.2 个百分点,占工业投资总量的比重达 54.2%,同比提升 5.7 个百分点。三是服务业项目投资继续加快。全省服务业项目投资完成 14628.3 亿元,同比增长 14.2%,高于全部投资增速 3.7 个百分点,服务业项目投资占全部投资比重达 31.9%,占全部服务业投资比重达 64.2%,比上年分别提高了 1.1 个和 3.3 个百分点,民生相关行业投资中卫生和社会工作投资增长 63%,批发和零售业投资增长46.9%。

四是基础设施投资保持较快增长。2015年,全省完成基础设施投资7468.5亿元,同比增长14.2%,增速高于全部投资3.7个百分点,占全部投资比重达16.3%,比上年提升0.6个百分点。2016年上半年,全省工业技改投资占工业投资比重达54.7%,同比提升4.8个百分点;服务业投资同比增长8.4%,比一季度加快1.9个百分点。值得特别关注的是,在同期全国民间投资创出2.8%的增速新低的背景下,江苏民间投资却逆势飞扬,同比增长11.1%,比全部投资快1.4个百分点,占全部投资的比重达70.4%。

消费作为经济第一拉动力的地位进一步得到巩固。2016年上半年全省消费需求对经济增长的贡献率达52.2%,同比提升1个百分点,比投资的贡献率高5.4个百分点,消费作为经济第一拉动力的地位进一步得到巩固。

现代农业加快推进。2016年高标准农田比重超过50%,农业科技进步贡献率提高到65%,家庭农场、农民合作社分别达到2.8万家和7.2万个,农村产权交易市场建设进展顺利。

江苏以劳均产值(增加值/从业人数)衡量的平均劳动生产率不断提高。2015年第一、二、三次经济的劳均产值分别为4.55万元/人、15.66万元/人、18.56万元/人,分别是全国平均水平的1.64、1.30、1.78。

3. 区域发展协调化

全省城镇化率达到66.5%,比上年提高1.3个百分点。苏南转型升级步伐加快,苏中整体发展水平提升,苏北全面小康社会建设取得新成效。2015年,苏南、苏中、苏北地区分别实现一般公共预算收入4179.9亿元、1278.9亿元、1885.9亿元,同比增长9.2%、13.9%、12.9%,苏北增幅比全省平均高1.9个百分点。分别实现规模以上工业增加值16904.4亿元、7618亿元、8404亿元,同比增长6.3%、10.6%、11%,苏北增幅比全省平均高2.7个百分点。沿海开发有力推进,沿海地区实现生产总值12521.5亿元,比上年增长10.1%,对全省经济增长贡献率达19.4%。

2014年,苏北五市地区生产总值突破1.5万亿元,公共财政预算收入达1671亿元,分别是2010年的1.7倍和2.1倍,人均GDP由2010年的2.9万元提升至2014年的5.1万元。2011—2014年,苏南、苏中、苏北GDP年均分别增长10.5%、11.7%和12.2%。在苏南经济发展质量和效益不断提升的同时,苏中、苏北对全省经济增长的贡献率由39%提高到44.6%。2015年,苏北大部分经济指标高于全省平均水平,苏中、苏北经济总量对全省的贡献率达46.2%,比上年提高1.4个百分点。

2015年,按常住地来分,江苏城镇居民人均可支配收入37173元,增长8.2%;农村居民人均可支配收入16257元,增长8.7%。从这个角度来看,江苏城乡居民收入差距进一步缩小。

由上可见,苏中、苏北的发展态势仍明显好于苏南,江苏区域发展更趋协调。

4. 投入产出低碳化

经济结构低碳化是以低碳可持续发展理念为指导,创新低碳发展技术,优化资本、技术、劳动、土地特别是化石能源的配置效率，调整经济结构布局，重点发展低能耗、低污染、低排放的经济，限制发展高能耗、高污染、高排放的经济，从而不断降低整个经济体系的碳排放量的经济结构调整过程。

2015年，江苏在节能减排方面取得了一定的成就，单位GDP能耗、单位GDP电耗、单位工业增加值能耗持续降低，完成了既定的目标任务，有力地推动了江苏经济结构的低碳化。与2010年相比，全省单位GDP能耗下降22%，单位GDP建设用地规模下降33%。2016年上半年，全省节能降耗成效明显，单位工业增加值能耗同比下降5.27%。全省原煤、水泥、平板玻璃、民用钢质船舶产量同比分别下降24.6%、2.8%、15.3%、24.3%。2015年全省化学需氧量、氨氮、二氧化硫、氮氧化物排放总量分别为105.46万吨、13.77万吨、83.51万吨、106.76万吨，较2014年分别削减4.13%、3.43%、7.70%、13.38%，均超额完成年度目标。

为了切实保障经济结构向低碳化方向迈进，江苏持续加大环境保护投资，加强对工业三废的治理力度。2013年，江苏工业污染防治施工项目完成投资74.48亿元，同比增长24.97%，分别为2000年和2010年的4.26倍和4倍；当年完成环保验收项目环保投资311.72亿元；一般工业固体废物综合利用率和工业废水排放达标率分别为95.73%和98.07%，江苏在环境保护和污染治理方面的努力，既促成了环保相关经济的繁荣发展，为经济结构注入了低碳内容，又大大降低了高能耗经济的碳排放量，减轻了整个经济结构的碳压力。

积极推进生态环境保护制度综合改革。出台《江苏省排污许可证发放管理办法（试行）》，进一步扩大排污权交易试点的污染物种类、地域及行业范围。完善水环境资源上下游“双向补偿”政策，全年区域补偿资金近4亿元。制定《江苏省环保信用体系建设规划纲要（2015—2020）》，组织全省2万多家企业开展环保信用评价，落实环保“黑名单”联合惩戒制度。

（二）新常态下江苏经济结构调整面临的重大挑战

经过30多年的发展，江苏经济已站在一个较高的平台上，但发展中积累的结构性矛盾也逐渐显现，经济发展方式转变尚未取得实质性突破，面临的新挑战依然突出。

1. 产业转型升级“任重道远”

尽管2015年，三次产业增加值比例实现了从“二三一”向“三二一”的标志性转变，但江苏省农业基础依然薄弱、工业大而不强、服务业发展滞后。

从农业看，江苏人多地少、耕地后备资源紧缺。伴随工业化、城市化的进程，耕地资源不断趋紧，现有耕地人均不足0.9亩，耕地质量也呈下降趋势，可以说，耕地资源已成为江苏农业发展最大的制约因素。农村劳动力转移率超过了70%，种地老龄化、兼业化的问题就更明显；农村土地经营权流转比重超过了50%，维护农民权益问题就更突出。

从农田基础设施看，农田水利设施标准不高、配套不全、老化失修，抗灾标准低，与现代农业发展不相适应。现有的农田沟、渠、路、桥、闸、涵等配套设施以及供排水机械、收割机械拥有量与高产稳产的田块要求仍有很大差距。亟待重新修建水利设施和配套完善。从农业生产经营方式看,一方面,江苏农业务农人员老龄化、兼业化,而目前基层从事农技推广的人员较少,影响了农业技术的指导和推广,用种量过大、田间管理粗放、关键措施不能迅速落实到位等情况在普通农户中仍然广泛存在,一旦遭遇不利气候就会造成粮食产量下降,粮食种植方式科学化仍需推进;另一方面,种粮大户、粮食生产合作社逐渐兴起,但由于资金、技术、土地租用等因素制约,土地集中经营在粮食生产中优势及生产潜力尚未完全发挥,经营方式仍需优化,技术水平仍需提高。

农业投入品过量使用,农业资源综合利用水平不高,农业生态环境依然脆弱。据调查,目前江苏单位面积化肥、农药使用量分别是世界平均水平的5倍和3倍,每年使用的65万吨农膜回收率只有60%左右,农业投入品使用量超过合理水平,造成面源污染,加上工业、生活污染,农村环境问题较为突出,对农产品质量安全和农业长远发展造成的影响不容忽视。

从工业看,产业总体处在全球分工体系和价值链的中低端,处于加工组装环节,其产品多以中间环节的零部件和材料为主,高端产品和技术较少、中低端产品和技术较多。企业生产服务需求中对批发零售、运输仓储等低端服务需求比重较大,而对研发设计、知识产权、品牌经营等高端服务需求比重较小,制造业与服务业之间的内在关联性较弱。这导致了制造业对高端的生产性服务需求不足,限制了服务业的发展空间。

从服务业情况看,首先,生产性服务业比重偏低,对制造业发展的推动力不足。目前全球服务业占比平均超过60%,2015年江苏服务业增加值占GDP比重仅48.6%。欧美发达国家生产性服务业占服务业比重普遍在70%左右,占GDP比重大多在43%左右,较为发达的生产性服务业为发达国家制造业的发展提供了强有力的支持。2011—2015年,江苏省生产性服务业增加值占服务业增加值和GDP的比重,分别由2011年的51.2%和21.8%,提高至2015年的56.5%和27.5%,但与欧美发达国家相比,差距仍较大。对经济转型升级起重要作用的研发、营销、金融、商务、保险、物流等现代生产性服务业发展仍显滞后,生产性服务业的滞后使得服务业难以满足制造业企业的专业化需求,在一定程度上制约了江苏省制造业的转型升级。

2. 创新驱动增长原力不强

发展创新型经济,是江苏经济进行“第三次转型”的核心内容。近年来,江苏实施创新驱动战略成效显著,江苏区域创新能力连续七年保持全国第一,其中企业创新能力、创新环境两个单项排名第一。但在基础创新力、知识创新能力、知识获取能力创新绩效等领域仍存在诸多薄弱环节,比如知识创新能力低于北京,知识获取能力低于上海,创新绩效低于广东。

自主创新能力不足。2013年江苏基础研究和应用研究的经费支出占总研发经费的比重分别在3%和10%以下,低于先进省份水平。原创性基础研究投人不足导致江苏核心技术的开发能力较弱,自主创新能力不足,专利总量的70%集中在传统产业和外围技术,关键部件、器件和材料主要依靠进口。江苏对外技术依存度约为60%,而大部分发达国家都在30%以下,其中美国和日本低于10%。客观而论,以往江苏经济发展也是创新驱动,只不过其创新驱动的意义更多在于切入发达国家跨国公司主导的全球价值链,实现跟随和模仿,具有高强度投资的重要特征。此种意义上的创新与真正意义上的自主创新并非同一概念。总体而言,江苏自主创新特别是原创力还不够强,对外技术依存度比较高。

整合全球创新要素能力较为欠缺。从本质以及微观角度看,当前以全球要素分工为主导的国际分工,实质就是跨国公司在全球范围内整合和利用全球优势要素和资源。过去江苏发展开放型经济,受到江苏自身的要素禀赋结构限制,或者说主要依托以初级要素参与国际分工的事实特征,决定了我们在全球要素分工中主要处于"被整合"的地位。虽然多年的开放型经济发展使得江苏集聚或者说吸引全球生产要素的能力不断提高,但是"集聚"能力并非等同于"整合"能力。实际上,江苏整合全球生产要素能力亟待提高,本土企业"走出去"整合全球生产要素包括创新要素的能力还比较弱,具备"走出去"整合全球生产要素和创新要素能力的本土跨国公司数量还极为有限。

(二)新常态下江苏经济结构调整的新机遇

新常态下江苏发展的外部环境和内在条件正在发生深刻变化,但仍处于大有可为的重要战略机遇期。新常态将给未来江苏经济发展再上新台阶带来"五大机遇"。

1. 机遇之一

新常态下经济增速虽然放缓但实际增量依然可观,人均发展水平潜藏着进一步提升的巨大空间。2013年全省GDP增速降至个位数,为9.6%,比金融危机前的2007年(14.9%)低5.3个百分点。但由于基数提高,GDP增量仍在扩大。2013年,全省GDP增量按现价计算为5104亿元,约相当于1995年全年的总量。

过去30年间,江苏人均发展水平实现了大幅跃升,2015年江苏人均GDP突破1.4万美元。2013年全省人均GDP达12047美元,相当于20世纪70年代后期的美国、80年代初的日本、80年代中后期的德国和英国、90年代中后期的韩国。这表明,一方面江苏发展追赶的任务仍相当艰巨,另一方面也预示着经济仍有巨大的发展空间,经济增长仍存在着巨大的韧性、潜力和回旋余地,完全可以再创一个较长的"黄金发展期"。

2. 机遇之二

新常态下经济结构从增量扩能为主转向调整存量与做优增量并存的深度调整,结构调整孕育新突破。一是产业结构将深度调整优化,新产业、新业态、新产品大量涌现,促进产业层次向中高端迈进。近年来,江苏大力发展战略性新兴产业和现代服务业,产业结构已悄然变化。2015年全省服务业增加值占GDP比重达

48.6%;高新技术产业实现产值61373.61亿元,占规模以上工业产值的比重达41.4%。二是需求结构将进一步改善,内需增长特别是消费的支撑作用增强。2016年上半年全省消费对经济增长的贡献率达52.2%,比投资贡献率高5.4个百分点,经济增长主要依靠投资、出口拉动的局面初步有所改观。三是创新体系逐步完善正释放出越来越多推动经济发展的"正能量",将加速结构优化升级。《中国区域创新能力报告2015》显示,江苏区域创新能力实现"七连冠",其中企业创新、创新环境两项指标居全国第一。

3. 机遇之三

新常态下经济发展动力正从传统增长点转向新的增长点,未来经济发展的支撑力将呈现多元化。一是城镇化将释放出消费和投资增长的巨大潜力。目前江苏城镇化率虽然已达65%以上,但到2020年全省常住人口城镇化率将达到72%,由此每年约增加90万左右的城镇人口,则需要每年增加公共支出900亿元,所形成的基础设施、住房建设投资需求和居民消费需求,将成为江苏经济发展的强大动力。二是网络经济将成为经济增长的新引擎。2013年江苏的电商交易额约1.2万亿元,2016年上半年全省网上零售额同比增长37.7%,增速比全国快9.5个百分点。三是绿色环保产业市场前景广阔。发展节能环保产业不仅有助于降低能源消耗、减轻环境污染,而且通过提供需求快速扩张的生态产品,能够拉动有效投资,激发绿色消费,形成新的增长动力。2013年,江苏规模以上节能环保企业1600多家,实现主营业务收人超过4700亿元。

4. 机遇之四

新常态下各项改革开放政策逐步深化,"改革红利"将极大地激发经济发展的内在活力。改革开放本质上是一种制度创新,改革通过优化要素配置促进全要素生产率的提高,从而不断释放出经济增长的动力和活力。近年来,江苏发挥政府与市场的正向叠加效应,加大简政放权力度,坚持和完善基本经济制度,积极发展混合所有制经济,改革效应逐步显现。2015年全年非公有制经济实现增加值47398.7亿元,比上年增长8.8%,占GDP比重达67.6%,其中私营个体经济占GDP比重为43.4%,分别比上年提高0.2个和0.6个百分点。年末全省工商部门登记的私营企业达182.2万户,当年新增39.4万户,注册资本72965.4亿元,比上年增长30.7%;个体户387.2万户,当年新增63.7万户。要素价格调整、国企改革、事业单位分类改革、农村土地改革等,都将为促进经济高效均衡发展转型注人活力。

5. 机遇之五

多重国家战略叠加效应加速释放,经济战略地位将进一步增强。"十三五"时期,"一带一路"、"长江经济带"、"长三角一体化"、苏南现代化建设示范区、苏南国家自主创新示范区、江苏沿海开发等国家战略在江苏密集实施,为江苏加强战略统筹,更好发挥综合效应,提供了新的历史机遇。多重国家战略的密集实施,为江苏经济发展不断注入新的活力与动力,并从国家意志与地区发展的互动中构成江苏发展的特殊战略机遇期。多个国家战略在江苏的布局实施，不仅将带来政策、资源、项目、投资集聚，也将营造出独特的发展环境，丰富江苏战略机遇期的内涵，并将成为江苏未来经济增长的强大动力源，江苏将成为代表国家参与全球竞争与合作的重要区域，在全国发展全局中的战略地位有望进一步提升。

三、南京现代服务业集聚区发展的趋势

南京现代服务业集聚区快速发展的原因多样，既得益于传统优势资源比如便利的交通设施、丰富的教育资源、雄厚的制造业基础等，也受益于国家及省市各种扶持政策，以及互联网蓬勃发展的时代红利。从发展过程和方式来看，既有自发形成的传统集群的不断做大，也有政府主导的“无中生有”式的新型集群，同时也有两者兼备由政府推动原有传统集群省级换代型的集群。在既有基础和政策红利、时代红利的共同推动下，南京现代服务业集聚区发展势头良好，未来将呈现以下发展趋势。

（一）郊区更具发展空间

目前南京现代服务业集聚区主要分布在主城八区，六合、溧水、高淳及高新区四区相对较少（见表3），这一布局特点和制造业集群基本一致，也反映了现代服务业目前还主要是强调贴身服务、靠近目标客户来获得更多业务，同时也因为主城八区集中了更多人才和其他服务业发展的要素更有利于现代服务业的集聚。相对而言，郊区人口较少、经济总体较弱、现代服务业起步晚，目前与主城相比处于第二梯队，但从长远看存在较大发展空间。郊区因为自然环境优美、农业生产发达，未来可以重点打造乡村旅游、农产品物流、产品交易市场、文化创意等现代服务业，而且可以借助互联网发展的便利突破传统资源约束。目前高淳、溧水都已经有多个市级现代服务业集聚区，未来可以以此为基础，进一步提档升级争取打造更多的省级现代服务业集聚区。

南京各郊区的“十三五”发展规划中也都明确了服务业发展的重要方向。以溧水为例，2016年1月16日，在溧水“两会”上通过的《南京市溧水区国民经济和社会发展第十三个五年规划纲要》，描绘了未来五年溧水发展的宏伟蓝图。在服务业集聚区建设方面，明确深化建设1个省级现代服务业集聚区以外，对3个市级现代服务业集聚区之外也要强化各自优势，深化建设。一是洪蓝傅家边农业旅游集聚区，规划面积22.1平方公里，重点发展休闲旅游、科技服务等产业。二是石湫未来影视文化创意集聚区，规划面积2.09平方公里，重点发展影视文化、文化创意等产业。三是南京白马文化旅游休闲集聚区，规划面积1平方公里，重点发展文博旅游、休闲旅游等产业。除此以外，高标准打造幸庄科技产业园现代服务集聚区，规划面积1.05平方公里，重点发展信息服务、科技服务和现代商务服务等产业[①]。这些规划对溧水为代表的郊区提升现代服务业集聚区数量和质量具有明确的引领作用。

① 溧水区十三五规划文本[EB/OL].http://fgj.njls.gov.cn/gggs_225/201603/t20160308_71540.html

表3　南京各区现代服务业集聚区分布

级别	鼓楼	秦淮	玄武	建邺	栖霞	雨花台	江宁	浦口	六合	溧水	高淳	高新区
省级	2	4	1	2	3	1	3	1	1	1	0	1
市级	6	5	5	1	4	2	4	5	2	3	4	0

数据来源：根据江苏省服务业集聚区公共服务平台 http://www.jsfwy100.org/整理

（二）与周边城市共建频繁

目前除了各区独立打造各类集聚区外，省市共建、城市共建也逐渐成为趋势，扩展了资金来源，丰富了集聚区发展思路，既有借力出海优势互补型，也有强强联合共赢发展型，有利于实现现代服务业集聚区跨越式发展。

以文化创意产业为例，2015年10月南京创意设计周中，南京的文创产业及中心开始发力与海外加强合作。南京米兰创意设计中心和南京江北新区欧洲创意设计中心相继成立。作为沟通两座创意城市、连接不同创意文化的两大中心平台也于10月30日举行了揭牌仪式，提供包括商业沟通、人才培育等方面的服务。南京江北新区欧洲创意设计中心在江北落户进一步促进了江苏新区的提档升级，为欧洲设计师来南京投资发展提供一系列的优惠政策，包括收集市场信息、投资咨询、项目对接等一站式服务。此外南京创意设计中心与台湾创意设计中心也签订了战略合作协议①。国际化与本土化融合发展成为南京文创产业和集聚区发展的主流方向。

再以物流为例，2016年1月南京与合肥签署了港口物流发展战略合作协议。根据协议，双方将出台推进港口发展扶持政策，加快推动合肥与南京经贸和物流合作。双方将以港口为纽带，建立战略合作伙伴关系，在港口建设、运营及其他相关方面进行全方位合作，还将充分发挥合肥港作为国际航运“始发港”、“目的港”。南京港作为中转枢纽港的优势，加强在国际集装箱班轮公司、支线班轮公司、船货代公司推介及引进方面合作。同时双方还将共同推进口岸通关合作。此外，双方还将共同研究制定促进两地港口物流、中转航线、口岸通关等扶持和优惠政策。通过政策叠加、放大效应，促进港口航线、口岸通关协同发展，引导两地产业升级和产业转移，形成错位发展、协调一致的区域物流发展格局②。

除了国际合作、宁台合作、跨省合作等形式外，南京与省内周边城市的合作也已经推进多年。2012年2月南京与淮安达成共建协议，2014年9月签署了《关于进一步完善宁淮现代服务业集聚区建设管理工作的协议》，合作建设宁淮现代服务业集聚区。协议签署后建立了由两市市委、市政府主要领导挂帅的联合协调委员会和双边工作委员会等高层协调机制，组建了宁淮现代服务业集聚区党工委、管委会。园区近

① 杨丽，2015南京创意设计周开幕 两大创意中心成立[EB/OL]. http://news.jschina.com.cn/system/2015/10/30/026824638.shtml

② 南京与合肥签署了港口物流发展战略合作协议[EB/OL]. http://www.njdpc.gov.cn/zwxx/fwy/201601/t20160115_3746057.html

期规划面积5平方公里，远期规划面积10平方公里，1平方公里先导区正在建设，基础设施和工程计划投资200—300亿元，已完成投资1亿元。园区产业定位为现代服务业，包括科技创新园、软件开发园、现代物流园、金融会展园、文化休闲园、生态居住园和商务商贸园①。

（三）实体和线上相促进

现代服务业集聚区以前主要是物理和空间概念，需要一个较大规模的园区作为载体，多家企业集中布局获得资源共享和节约成本、技术溢出等利益。互联网时代的到来使得集聚区也随之发生变革，不仅是以数据化、信息化来改变服务方式，更主要的是以一系列高标准高标准集聚区公共服务平台来延伸服务业集聚区的功能，突破地理空间限制，克服面对面服务方式的局限。目前南京各集聚区围绕研发设计和科技创新服务体系、展示交易和中介服务体系、专业化信息和软件服务体系以及物流综合服务体系等打造优质公共服务平台。

在公共平台中，比较成熟的包括以新街口商圈为主的电子商务综合信息服务平台，王家湾（丁家庄）物流基地建设的专业第三方电子商务物流信息交易平台，南京空港物流园建设的电子商务服务管理平台和物流设备研发制造交易平台等。以徐庄为代表的科技型园区在平台建设方面更具优势，服务配套建设完成构架：国家软件与集成电路公共服务平台、软件工程测试中心开始运营；包含软件和信息服务外包国际通信专用通道等多个软件技术公共服务平台在内的江苏虚拟软件园于2008年底入驻园区，为园区乃至全省的软件科技企业提供高效便捷的基础技术支撑。园区内实体企业服务和线上平台服务良性互促，相得益彰。

（四）推进集聚区特色发展

“十三五”期间，现代服务业及现代服务业集聚区是南京进一步发展的重点领域。2016年3月3日南京召开了推进服务业发展联席会议，重点对江北新区服务业发展、推进创新型服务业发展、推进服务业协调发展、推进枢纽型经济发展以及强化服务业集聚集约发展五个方面进行了明确。会议还明确了2016年度重点推进的81项续建和新开工服务业重大项目加快建设和8项重大项目前期工作重点。重点项目总投资4097.6亿元，年度计划投资581.1亿元②。五个重点确保南京服务业全市服务业增加值增长10%以上，服务业增加值占地区生产总值比重提高1个百分点。4月27号南京市政府发布了“十三五”规划纲要，提出推进服务业集聚区特色发展。做大做强一批龙头带动型现代服务业集聚区，推进生产性服务业集聚发展，软件与信息服务业以软件谷、南京软件园、江苏软件园为重点，金融业以南京河西金融集聚区、新街口金融商务区及金融城等特色功能载体为重点，服务外包业以南京国际服务外包产业园为

① 宁淮现代服务业集聚区简介[EB/OL]. http://www.njec.gov.cn/jxzl/jjhz/201507/t20150721_3466049.shtml

② 南京印发2016年全市服务业发展目标及重大项目建设计划[EB/OL]. http://www.nanjing.gov.cn/xxzx/bmkx/201603/t20160309_3812822.html

重点,会展业以南京国际博览中心、奥体中心、青奥中心为重点[①]。这几大产业将成为南京"十三五"期间发展的重点,重点建设一批专业化、规模化的现代服务业集聚区,打造一批国际化、高端化的总部经济基地,从而把南京打造成为全省现代服务业中心。

① 市政府关于印发南京市国民经济和社会发展第十三个五年规划纲要的通知[EB/OL].http://www.nanjing.gov.cn/njszfnew/szf/201605/t20160520_3951758.html

第七章　南京现代服务业集聚区典型案例

一、玄武区徐庄软件园

（一）徐庄软件园基本情况

被誉为“南京硅谷”的徐庄软件园位于玄武区玄武大道，毗邻中山陵风景区和仙林大学城，历经三年的基础建设，于 2005 年底正式成立。软件园目前是省、市现代服务业的重点园区，相继获得过“全国版权示范基地”、“国家电子商务示范基地”、“江苏省现代服务业集聚区”、“江苏省软件和信息服务产业示范园区”、“国家电子商务示范基地”、“江苏省电子商务示范基地”、“南京市文化产业园”、“电子商务特色产业园”等称号，并名列南京市十大现代服务业重点项目，是南京打造“中国软件名城”的重要窗口。按园区现有规划，软件园总占地面积达 4042 亩，其中规划建设用地 2454 亩，将主要用于建设五个软件研发区、两个软件园、一个药业软件研发基地及一个创业孵化区。“十三五”期间，徐庄软件园将力争与聚宝山科创特区、钟山生命科学园“三园合一”，争创省级开发区，并让主导产业实现全面的提质增效，从而打造南京主城东部的科技创新实验田，构建依山科技创新发展新格局。

近年来，徐庄软件园产业发展势头迅猛，已初步形成软件信息和医药健康两大主导产业。其中，软件信息产业涵盖电子信息设备与服务、计算机软件与服务、电子商务、数字文化、物联网与集成电路设计、行业应用等领域；医药健康产业则包含医药、医疗、医用器械、生物技术及节能环保等产业。以“科技”、“创新”为产业特点的徐庄软件园，通过产业配套建设与企业自主创新，已吸引约 500 家企业入驻园区；其中双软认证（软件企业认定及软件产品登记）企业 88 家、高新技术企业 56 家、上市企业（分支机构）22 家，另外还有 12 家企业拟挂牌上市，园区内双软企业、高新企业等专业资质保有量占全区 90%，上市企业集群规模逐步显现[①]。据统计，2014 年园区实现软件信息收入 350 亿元、电子商务销售额 100 亿元、服务外包执行额 4.32 亿美元[②]。目前，园区内电子商务发展良好，猎宝、苏宁、途牛等知名电商做出了重大贡献，“电子商务特色产业园”实至名归；软件信息业则注重于软件管理系统的研发，现有 4S 市场管

① 徐庄在线.南京徐庄软件园——园区介绍[EB/OL].http://biyelunwen.yjbys.com/cankaowenxian/420205.html

② 南京日报.徐庄软件园打造经济“5 新升级版”[EB/OL].http://njrb.njdaily.cn/njrb/html/2015－05/27/content_157413.htm

理系统、4S食用农产品质量安全管理系统和4S药监赋码系统等软件产品;医药健康产业则主推医用诊断设备和家用健康监测设备。

(二)徐庄软件园竞争优势

1. 南京地理位置、产业基础优势明显,软件产业环境优良

首先,南京不仅是江苏省省会和长三角经济核心区重要城市,目前也是东部地区中心城市,周边100公里内无可与其形成竞争的大型城市,却有众多中小型城市依附于南京,从而形成一个巨大的腹地都市圈,这使得南京拥有巨大的潜在资源和吸收能力。其次,南京是中国重要的综合性工业生产基地、科教基地和综合交通枢纽,电子、化工生产能力在国内城市中位列第二,车辆制造规模则居第三位,并且建立了全方位、立体化、大运量的交通运输网络,运输方式齐全,拥有现代化的通讯体系,这些都为软件信息产业的发展奠定了良好的基础。此外,南京历史悠久,文化积淀浓厚,拥有60多所高校、105家科研机构、26个国家重点实验室及工程技术研究中心,雄厚的科教实力使得南京具备了学习、吸收和创新高新科学技术的能力,有助于软件信息业快速发展。最后,南京软件业整体发展迅速,成为我国软件市场的重要组成部分,并且已经形成了六大类特色产品,分别是电力自动化及管理软件、电信系统管理软件、企业信息化软件、网络与安全系统软件、嵌入式软件以及教育软件。

2. 徐庄软件园环境建设突出,商业配套规划完善

软件园在环境建设方面肯花大力气,不怕费工夫,全力打造"美丽徐庄、生态园区"的园区名片。环境建设非一日之功,园区多年来坚持全方位、全覆盖、立体化的环境建设理念,不仅让园内整体绿化覆盖率达40%以上,还全面升级了道路养护、公共交通等公共环境、配套设施的建设。软件园通过环境建设,提升了企业、人才工作和生活的效率与便利,间接地加速了产业的发展;而产业发展又为园区环境建设提供了充足的资金保障,实现了园区环境品质持续提升和自然生态与产业生态和谐发展。此外,徐庄南、北两大入口处规划了高端商业配套区域,并已启动南入口区域的实际运作,利用将开通的地铁四号线连接南京主城和仙林副城,并在徐庄周边渐次建成地下商业街、人才公寓等配套,形成南入口商办综合体,汇聚更多资源,使徐庄从单纯的经济功能区逐步向多功能的综合性园区转变。

3. 徐庄软件园创新人才齐聚,创业活力迸发

人才作为企业转型创新的关键要素,是徐庄软件园产业竞争力的源泉与核心。徐庄软件园通过持续引进人才,使约5万的从业人员中高层次人才的比例超过了10%。此外,在园区"梧桐引才计划"的助推下,园区累计已引进、培育国家千人计划19人,江苏省双创计划30人,江苏省科技创新团队3个,南京市领军型科技创业人才117人,科技创业家12人,江苏省企业博士12人,江苏省333高层次人才21人;市级以上人才项目总量近300人次①。在众多创业创新顶尖人才的引领下,园区内涌现出

① 新华日报.全力打造"南京的硅谷"[EB/OL].http://xh.xhby.net/mp2/html/2015-12/31/content_1357899.htm

一批如途牛、赛特斯这样高成长性的创新企业，使园区成为人才集聚高地及全市人才工作的重要展示窗口，并有助于后续人才培养。

4. 徐庄软件园科技引领未来，创新引导发展

多年来，园区始终把科技创新放在发展规划的首要位置，强调要“两手抓，两手都要硬”，进而促进产业、企业转型升级；而走在技术前沿的江苏省产业技术研究院可谓徐庄软件园科技创新的代表。研究院突破了当下产业创新链中存在的从科学到技术转化及技术到产品转化这两个主要瓶颈，将基础研究成果经过二次开发变成企业能够接收的成熟技术，从而打破了科研院所成果“养在深闺人未识”的状态，满足了企业的迫切需求。也正是因为研究院有如此突出的贡献，才能在 2013 年末成立后的短短两年内就发展出涵盖新材料、电子信息、节能环保等领域的 23 家专业研究所和包括纳米、智能装备、医疗器械等领域的 3 家省级产业技术创新中心①；习近平总书记还专程前往徐庄进行调研，并获得高度赞许。

此外，体制创新是徐庄软件园又一重要创新点。园区通过改革创新，在理论与实践上实现“政府引导、企业主导、各方参与”的多元合作模式，进一步加快园区转型升级步伐。2014 年，软件园引导园区重点企业先声药业启动建设百家汇科技创业社区，新体制的推动使得百家汇在短短一年内就引进了近 40 个药物创新项目入驻，并投资 10 个优质项目。这一新体制让先声药业由以往的“闭门创新”发展成开放式创新。与此同时，服务体制改革极大提升了园区的服务质量，形成了“一条龙”公共服务，优化了企业经营环境。园区通过树立社区化服务理念，实施网格化管理，建设网络与实体两个一体化服务中心，实现了服务全覆盖，切实解决了企业的问题，增强了企业和人才对园区的认同感、满足感。

（三）徐庄软件园与软件谷对比分析

徐庄软件园较雨花软件谷早成立 6 年，在规划总规模上只有软件谷的 1/27，而其容纳的企业数量却约是软件谷的一半，这说明园区的土地利用较软件谷更倾向于集约化。在“十三五”期间，软件园将努力实现容纳企业 1000 家以上的目标，届时园内企业数量将达到软件谷现有水平。在总产值上，软件园争取达到千亿级规模，而软件谷则在 2013 年就已经达到了这一水平；但从平均产值来看，目前园区更有优势。形成上述现状的主要原因在于软件谷作为国家级软件产业基地，开发时间较短，但其产业集聚效应较园区快得多。

软件谷能够迅速形成巨大的产业集聚效应的原因可以分为四个方面。首先，从政策扶持来看，软件谷能够享受国家级、省级、市级多种政策优惠，而软件园能享受的政策支持相对较少。其次，从投资项目来看，软件谷成立以来，每年能够吸引大量国内外项目投、融资，从而得以迅速做大相关产业规模，而软件园在引资方面的力度远

① 新华网.这个研究院为何让江苏人引以为豪[EB/OL].http://news.xinhuanet.com/mrdx/2015—11/12/c_134809024.htm

远比不上软件谷。再次,从区位上看,软件谷位于雨花区,紧邻建邺区,而这两个区都是南京主城区,其基础建设与商业环境也比软件园所处区位更有优势。最后,从产业链上来看,软件谷的产业链更为完整,更加有利于区域产业集聚。

虽然软件园与软件谷相比有许多不足之处,但是软件园可以抓住自身特点和优势,借鉴软件谷成功经验,在下一个五年内实现自身跨越式发展。在区位上,软件园位于南京东北部,而软件谷所处雨花区位于南京西南部,两个产业集聚区重叠的辐射区域不大,可充分利用各自不同的区位优势。在产业定位上,软件园更加倾向于科技研发、电子信息设备与服务、电子商务、数字文化、物联网与集成电路设计,而软件谷的产业定位则更倾向于互联网、通信软件与移动智能终端。两者产业定位的不同使两个集聚区间合作大于竞争,可以相互利用彼此优势产业,实现协同发展。在园区运营上,软件园与软件谷各有千秋。软件园可以在自身强大的人才优势和服务水平基础上,借鉴学习软件谷"园中园"、产业组团、特色平台建设等发展模式,进一步提高自身活力。

二、秦淮新街口金融商务区

(一) 新街口金融商务区基本情况

新街口金融商务区隶属于新秦淮区,是南京的中央商务区。其地理范围东、西分别至内、外秦淮河,南至建邺路、白下路,北至中山东路、汉中路,总占地面积约 6750 亩。经过多年发展,新街口金融商务区的地理范围已经扩展到原先的 4 倍多,并且在区内形成了金融商务核心区及多个核心商圈。金融商务核心区东至洪武路、洪武北路,南至石鼓路、淮海路,西至王府大街、管家桥,北至长江路、华侨路。核心商圈中,不少以"街"为单位,形成了特定的产业集聚,如王府井美食一条街、石鼓路酒吧街、正洪路商业步行街等;其中部分核心商圈经过多年的持续打造,已由先前的"一条街"模式逐渐向产业集聚区模式进行转变,比如原先的洪武路金融街现已形成洪武路至中山南路金融服务带;原先的太平南路黄金珠宝一条街现已形成太平南路黄金珠宝产业集聚区;原先的朝西古玩字画一条街、莫愁路古玩一条街、仓巷明清一条街、冶山民俗文化街、淮海路民国文化一条街等商圈现在也发展成为朝天宫古都文化片区、熙南里历史风貌片区和杨公井演艺博览街区等产业集聚区。这些核心商圈的发展让新街口商贸集中度超过北京王府井和上海徐家汇,变成了中国商贸业最为密集的地区;并使其位列于中国十大著名商业街中,成为仅次于北京王府井、上海南京路的中国第三大商业街。南京新街口金融商务区日均客流量达到了 50 至 70 万人次,而节假日客流量则不时超过百万人次①。也正是因为新街口金融商务区具有如此强大的吸引力,民众间甚至出现了"不进新街口,等于没进南京城"的口头禅,新街口也被誉为"中华

① 南京人大网.提升核心竞争力 打造国际化商圈——关于加快建设新街口国际商务商贸街区的调研报告[EB/OL].http://www.njrd.gov.cn/25973/201406/t20140611_2865186.html

第一商圈”。

新街口金融商务区内不仅商贸繁荣，金融、酒店餐饮、文化娱乐、商务办公等各类商业也同样发达；新街口拥有的金融机构、咨询公司、法律事务所、会计事务所、公司总部和办公室数量居南京之首；购物中心、购物商城、百货商场等各类百货业态齐聚。区内新百商场、金鹰国际等全国知名商业巨头纷纷落户，苏宁、五星、国美等家电龙头，沃尔玛等连锁企业，天丰大酒店等中高档酒店林立商圈，品牌、区域辐射效应强烈。此外，各商家中有许多的青年文明号、巾帼文明号及国家级、省级劳模单位。这些因素使得新街口商务商贸区的产品和服务质量得到了保障，吸引了南京周边众多城市中消费者的青睐。

（二）新街口金融商务区成功原因

新街口金融商务区能成为有着近百年历史的著名商圈，必定占据了“天时”、“地利”及“人和”这些有利条件。“天时”指南京新街口历史久远，并遗留下来了浓厚的商业底蕴。新街口早在1500年前就已经开始享受水网河运带来的机遇，当时在淮海路一带形成了生产、生活集聚区。时至1929年民国期间，建设南京的《首都计划》首次将新街口规划为商业区，彻底改变了新街口生活住宅区的本貌，并从此开启了新街口的商业发展之路。由此可见，新街口具有人口集聚区的基础，这在安土重迁的中国文化背景下，意味着新街口对于老南京人来说占据着重要的心理地位。此外，新街口商业的发展由1929年至今已经有88个年头了，这说明新街口有着强大的商业基础。“地利”指的是新街口的交通运输优势。由1929年开始建设的中山东路、中正路、汉中路和中山路这4条首都主干道在新街口交汇，使得新街口成为了南京的交通枢纽，进而使新街口迅速成为了当时的新兴商业中心。如今，新街口金融商务区除了享受着四通八达的公路交通枢纽地位之外，也是所有运营中的地铁线路必经的区域之一，新街口金融商务区强大的交通运输优势成为其核心竞争力之一。“人和”指的是新街口金融商务区业态齐全，品牌效应突出，人力资源素质较高，使顾客产生更多满意感，进而为新街口二次宣传。据2014年统计，马鞍山、滁州、芜湖、镇江、常州等南京都市圈中城市的消费者对新街口商业街区销售额的贡献超过了30%①。各地的消费者集聚在新街口，不仅促进了新街口商贸的发展，也推动了金融等商业的发展。

（三）新街口金融商务区发展瓶颈与挑战

在新街口金融商务区快速发展的同时，其金融商务中心的地位也面临着多重挑战。这些挑战主要来源于以下三个方面：第一，历史遗留隐患。首先，虽然新街口历史悠久，但悠久的历史也注定其规划建设中存在许多不足之处。其次，传统的商业业态、商业模式无法适应人们求新逐变的多样化、高品质需求。最后，长期的集聚导致商家外迁倾向增加，集聚效应或将减弱。第二，当前激烈竞争。竞争不仅表现于同质

① 联街网.从促销角度看南京两大商圈得失[EB/OL].http://www.redsh.com/view/20071015/132547.shtml

企业之间的竞争加剧,同时也表现在新商业区的规划建设对新街口形成的竞争上。第三,互联时代浪潮。以"互联"、"创新"为趋势的高科技发展给人类的生产、生活带了翻天覆地的变化,传统商贸商务模式能否在新科技基础之上进行改革以满足人们新的生活方式,将决定金融商务区未来发展的成败。

从规划设计方面来看,新街口金融商务区由零售、百货产业主导发展至金融、商务、商贸、文娱等多产业协同发展的规划路径来看,新街口确实把握住了发展的大趋势,但新街口在实际建设中却暴露出了求量轻质、盲目建设、缺乏经验等问题。早在1997年,新街口就在零售业上过度发展,导致当时新街口大型零售商场数量占了全市的2/3,从而使得零售销售总额平平,大量投资收效不理想。近年来,新街口金融商务区大力推进去同质化竞争工作,关闭了东方商城等传统商场;同时加强品牌建设,引入了东方福来德等国际知名公司,力争实现传统百货商场的转型升级,以符合新街口中高端的定位设计,满足人们更高层次的需求。新街口金融商务区的新定位虽然符合了未来发展的趋势,却也对自身提出了更高的要求,而新街口显然未做好充足的准备。2014年,位于新街口的华新商场、天时商贸城、盘古亚太广场由于多年来规划管理不当,招商不利,导致物业条件差,销售业绩低迷,甚至出现了无一家物业代理公司愿意接手管理的窘境;2013—2015年,新街口区内每年均发生电梯安全事故;2016年,洪武路隆盛大厦空调机组故障导致写字楼发生火灾;这些现象揭示了目前新街口金融商务区存在重建设轻管理的问题,而管理不当则必将导致效率损失、竞争力下降等问题的产生,从而影响企业、产业乃至金融商务区的长远发展,应引起政府与企业的高度关注。

除了同质性企业的竞争,南京市新商业集聚区的建设也给新街口金融商务区带来了巨大挑战。据《南京市秦淮区总体规划(2013—2030)》,建设中的卡子门商业集群与新街口金融商务区同样被定位为市级商业中心。在产业定位上,卡子门将重点发展商贸流通、现代服务业和创意产业,而新街口则以商贸、商务等综合服务功能为主。在商业体量上,卡子门商业集群中现已建成的商业面积超过了100万平方米,成为了南京唯一能与新街口商业规模等量齐观的商业集群,而未来其商业体量将超越新街口商业集群。目前,卡子门以家居、广场及商业综合体为主,通过业态互补谋求自身发展。相较之下,新街口金融商务区同质竞争激烈,土地资源紧缺,高昂的成本降低了企业的利润空间,无形中设置了企业准入门槛,使得定位中端的企业面临较大的生存压力。

在新时代背景下,人们的购物方式受到了互联网的巨大影响,电子商务的迅猛发展极大地冲击了传统商业模式。电子商务不仅免除了传统商业高昂的经营成本,规避了大规模经营网点建设,同时也为顾客提供了更多选择,而物联网的建设更是推动了电子商务进一步的发展。面对电子商务的竞争,传统商务模式颇显乏力,却无需束手就擒。现有传统商业模式既可以加强与电子商务的结合,形成"线上购物,线下自提"的新型购物模式;也可利用电子商务无法为顾客带来实际体验的缺陷,充分提升实体门店顾客的购买体验和售后服务，通过差异谋求发展。南京新百与中央商场这类传统百货门店正是由于实体门店商品种类稀少，营运成本高昂，缺乏商贸综合体中餐饮、休闲、文化、教育等体验功能，尤其是在服装品的供给上与消费者多变的需求相距甚远，导致其吸引力不足，从而使其自身深陷业绩下滑的泥潭。但经过一场持续五年的业态改革，南京新百通过全面整修商场室内装潢，增加购物中心元素，提升了自身档次，并借助餐饮、娱乐、健康等业态迅速拉升人气，这才有了如今日销 7800 万元的南京新百。此外，电子商务目前所面临的最大威胁，是难以保障其销售的产品质量。据国家工商总局抽样调查，2014 年下半年网络交易的正品率为 58.7%，而淘宝网作为中国最大的电商平台，其商户所售商品的正品率仅有 37.3%①。由此可见，传统商业必须牢牢抓住供应链管理，把好产品质量关，为消费提供品质保证，以赢得消费者的青睐。综上所述，“服务”、“监管”与“创新”将是传统商业焕发生机的必由之路。

三、建邺南京金融城

（一）南京金融城基本情况

南京金融城位于南京市西南面的河西中央商务区，北临嘉陵江东街，南至江山大街，西侧为江东中路，东侧为庐山路；金融城一、二期项目分别位于雨润大街以北的 45 号地块与金沙江东街以南的 47 号地块。自 2011 年一期项目和 2016 年二期项目破土动工以来，南京金融城规划总占地面积达 14.5 万平方米，建筑面积达 154 万平方米。两期项目完成交付后，金融城将坐拥 15 栋高层和超高层地标性建筑，项目总投资额将超过 180 亿元。作为江苏省现代服务业“十百千”行动计划中百个重大项目建设之一的南京金融城，旨在将自身打造成为“具有国际水准、地标性的金融企业集聚区”，为加快河西金融集聚区建设、南京区域金融中心建设和南京现代高端服务业发展提供动力。

南京金融城一期项目主要以承接国内外金融机构区域总部、各类金融、准金融及金融中介服务机构、金融监管机构、金融交易市场和金融要素市场为主。目前，金融城一期项目已有中国石化、中化化肥、南京证券、工商银行、南京银行、邮储银行、永丰银行、紫金农商行、紫金投资集团、紫金信托、紫金保险、紫金担保、江苏省再担保、江苏金融租赁、国旺金融租赁、富邦金控等企业入驻②。为了弥补金融城一期项目中金融商务配套建设的不足，金融城二期项目在一期项目基础上增设高端商业、餐饮、酒店、娱乐、公寓等配套产业，以满足未来金融城商务办公以外的多元化需求。

南京金融城将通过两期项目的建设，为金融业集聚区建成优良载体，引入优质金

① 网易新闻.去年下半年网络交易商品正品率 58.7%[EB/OL].http://news.163.com/15/0124/03/AGMQBTKI00014AED.html

② 南报网.明年多家“高大上”金融机构入驻南京河西金融城[EB/OL].http://www.njdaily.cn/2015/0603/1137281.shtml

融资源,打造出南京乃至江苏金融业发展新高地,推进金融产业的转型升级。若南京金融城此举能够充分发挥金融产业集聚效应,推进金融产业升级,河西将着实确立起泛长三角区域金融中心核心功能区的地位,南京也将建设成为泛长三角区域金融中心城市。这不仅有利于南京承接上海国际金融中心辐射,并作为东部重要中心城市将自身金融辐射区扩展至南京都市圈、江苏省、宁合芜"成长三角"乃至整个泛长三角区域;还能为中西部内陆地区金融改革、创新及集聚区的建立提供成功范本。

(二)南京金融城金融服务丰富,互联网金融特色突出

近年来,我国各地区纷纷进行金融集聚区建设与区域金融中心构建,目前至少有30多个在建区域金融中心。这些区域金融中心在辐射区域与机构建设上本应具有较强的互补性,但实际上金融区域竞争态势日渐明显。为了避免南京金融城与周边金融产业形成重复建设和无序竞争,金融城与河西中央商务区紧密结合,培养自身特色金融服务,为南京、江苏乃至整个泛长三角区的实体经济提供优质金融服务。

首先,南京金融城集聚了众多内、外资银行,不仅可以充分利用银行间市场,还可以通过各种债务融资工具、资产证券化及PPP模式为重大基础设施、重点项目以及重要平台建设提供融资保障,并从融资中获得可观收益。其次,金融城内担保和融资租赁公司可以为小微企业、创新型企业提供信贷、租赁及贷款保证等金融服务,帮助企业降低运营成本,实现互利共赢。再次,金融城内证券公司有利于强化地方股权交易市场,利用多层次资本市场的发展来提升区域市场活跃度。最后,金融城内现有的多家保险公司,不仅推动了现代保险服务业集聚发展,还能够帮助企业化解债务风险,加强了对区域性、系统性金融风险的防范。此外,政府大力推进金融体系建设,完善企业风险补偿和激励机制,加强金融服务平台建设,提升了金融城的金融服务水平。

除了在各类金融业态上提供优质服务外,南京金融城还瞄准了金融产业发展新风向,在"金融+创业"、"金融+互联网"及"金融+健康产业"这三个方面与河西CBD紧密配合,积极利用"金融·创业+"推进会上落实的江苏省互联网金融实验区、"南京C++青创空间"、东南投资基金、江苏"一带一路"基金、江苏苏商创投基金等项目,并积极响应江苏互联网大会中"互联网+金融"分论坛上提出的众创、众包、众扶、众筹这"四众"新模式下互联网金融的建设,使互联网金融与专项投资基金为创新型小微企业的发展增添动力。此外,金融城还积极推广"2015中国互联网金融+健康产业发展峰会"提出的医购贷等新业务,针对特定需求量身定制相关金融服务,进一步拓展金融服务范围与质量。

(三)南京金融城的不足之处

目前,南京金融城要建设成泛长三角地区、南京都市圈内最大的金融商务综合体,还存在着许多制约因素。首先,为了能顺利承接上海国际金融中心的辐射,南京金融城也必须拥有一定的国际金融服务能力。而南京素来与台湾交流甚多,金融城的外资金融机构中台资银行与其他台资金融机构所占比重较高,著名跨国金融机构、金融总部与国际性银行这类高端金融资源仍相对稀缺。其次，南京金融城要快速形成产业集聚，必须要有相应力度的投资与政策扶持。而南京金融城在一期项目投资上，民间资本参与程度有待加深，政府也未利用PPP等模式充分调动各类建设资金的活力；在政策扶持上，虽然河西中央商务区金融发展专项资金的年扶持额度已经超过1亿元①，但对于要建成金融机构集聚中心、金融交易中心、资金管理中心、金融研训中心和金融信息服务中心的南京金融城而言，目前的各项扶持政策仍显得有些捉襟见肘。最后，南京金融城要成为驱动南京乃至泛长三角地区经济社会发展的重要引擎和展示南京金融形象的第一窗口，必须要有高层次行业人才驱动区域内金融要素的聚集与金融机构的发展。而南京虽然教育、金融机构众多，培养出的大量金融人才却流失严重。这一方面是由于金融人才在南京定居成本高，缺乏归属感造成的；另一方面则是由金融行业自身高流动性的特点造成的。

要克服上述金融城发展中存在的不足之处，关键在于政府的推动与扶持。政府不仅应注重集聚区的建设，也应着力提升周边经济环境，通过提升金融业务体量，增强自身吸引力，降低国际金融机构入驻风险。同时，政府还应对人才落户实行补贴政策，降低中高端人才定居成本，从而带动金融产业迅速发展。但上述对策需要政府拥有一定的财政支撑，而现有税收体制下，金融业税收留存比例较低，光靠金融业税收难以保证政府拥有足够资金在扶持金融业发展的同时进行人才补贴，这将不利于政府金融中心建设的全面展开。

四、雨花台中国(南京)软件谷

(一) 中国(南京)软件谷基本情况

中国(南京)软件谷成立于2011年8月，位于南京主城的西南部，规划面积73平方公里，隶属于南京市雨花台区。软件谷目前是中国综合实力前三的软件产业基地，中国最大的通讯软件产业研发基地，中国首个千亿级软件产业基地，国家重要的软件产业和信息产业中心；其旨在打造高端化、国际化、品牌化的软件产业和优越生态环境平台、优质综合服务平台。软件谷现已集聚各类软件企业近1000家，其中世界500强及世界软件500强企业9家，中国软件百强企业15家；集聚软件从业人员近18.85万人②。“十二五”期间，软件谷的软件和信息服务业收入、地区生产总值、一般公共预算收入年均增幅分别达到33.3%、28.2%和30.7%。2015年，实现软件和信息服务业收入1650亿元，同比增长24.06%，占全市比重达到40%，占全省的比重近20%③。

---

① 网易新闻.南京建泛长三角金融中心 每年专项资金扩至1亿元[EB/OL].http://money.163.com/api/14/0819/16/A4191VMV00253B0H.html

② 中国南京.雨花台区:“软件谷军团”闪耀软博会[EB/OL].http://www.nanjing.gov.cn/njgov/xxzx/gqdt/201609/t20160903_4135998.html

③ 今日头条.雨花放眼世界世界聚焦雨花将南京软件谷建成中国一流软件产业基地[EB/OL].http://toutiao.com/i6325157787236041218/

自2011年以来，软件谷在紧紧围绕互联网、通信软件与移动智能终端产业定位的同时，大力发展云计算及大数据、信息技术(IT)服务、集成电路(IC)设计、物联网、动漫等产业，并形成了服务外包特色产业集群。在产业规划布局上，软件谷着力打造北园(软件大道两侧)、南园(铁心桥地区)和西园(雨花开发区)三大区域。北园以通讯软件产业为主，以打造具有全球竞争力的通讯软件产业基地和全国领先的软件产业公共服务平台为主要目标；南园以超级云计算及大数据产业为基础，同时引进国际软件产业研发总部，从而引领下一代移动通信、移动互联网、物联网、三网(电信网、广播电视网、互联网)融合等前沿产业发展，并打造国内一流的技术研发中心和产业拓展基地，建立国际软件企业研发总部集聚区；西园则重点发展数字新媒体、互联网技术、电子商务和文化创意产业，打造全国一流的数字服务产业基地和适合中小软件企业创业孵化、创新技术、创意发展的集聚区。

(二) 软件谷产业集聚的"滚雪球"效应

1. 项目投资带动产业基础建设

软件谷在成立初期通过推介会形式成功地将自身推向国内和国际，并利用吸引到的投、融资项目快速发展产业基础，塑造了产业集聚的良好开局。2011年9月7日，软件谷在首次举办的推介会上就签约落户了中以(南京)智慧园、集群软创国际信息园、凯捷软件测试公共服务平台、台商IT产业园等4个重点项目，总投资额超20亿元[①]。这四个重点项目在迅速吸引国内企业入驻方面起到了至关重要的作用。而在2012年软件谷推介会现场，中外客商签约了20个重要项目，总投资额达56亿元，创下了历年与会之最。此外，由于南京软件业正处于新一轮爆发式增长的临界点，为了全面提升南京软件产业的综合竞争力和把南京建设成为名副其实的中国软件名城，软件谷在2012年还举办了软件产业专场推介会，使总投资近6亿元的软件项目落户软件谷。上述推介会的成果帮助软件谷在成立初的两年内打造出一个高起点的软件产业基础，为今后迅速形成的产业集聚效应奠定了基础。

而近两年，软件谷通过云计算、大数据技术峰会和产业互联网技术峰会，不仅获得了更大规模、更高质量的投资项目，还紧紧抓住了产业发展的时代潮流。这些具有针对性的技术峰会更加明确了软件谷未来产业集聚的方向，为软件谷能够在下一波科技潮流中抓住机遇，实现自身跨越式发展而未雨绸缪。

2. 集聚区建设加速产业集聚

为了充分发挥和利用产业集聚效应，软件谷现已打造"两城一园一基地"的产业集聚区。"两城一园一基地"分别指创业创新城、软件谷科创城、南京大数据产业基地及信息安全产业园，这是软件谷"园中园"发展模式最好的例证。"园中园"发展模式在既有产业集聚规划区上，通过更细致地规划某些关键产业集聚区来加强这些关键

① 南京市经济和信息化委员会.四大项目落户中国(南京)软件谷[EB/OL].http://www.njec.gov.cn/jxzl/rjyxxfwy/201109/t20110908_2818971.shtml

产业的集聚效应，使企业间分工协作更加紧密，减少企业对土地的依赖，提高了单位面积下的投资强度，也增强了企业产业链的细化分工，形成了从材料成本、信息技术、公共服务、人才等各方面的整体竞争优势。软件谷集聚区建设受益于良好的发展规划和区域定位，使得区内合作大于竞争，整体产业链完整，配套设施齐备。

创业创新城位于软件谷西园核心区位，采用“城中园”产业组团模式和特色平台发展模式，旨在打造一座新型“产业城”。创业创新城以企业孵化加速平台为主，并结合发展产学研孵化基地、软件类人才培训、智能交通、超级云计算及电子信息服务等多种产业，现已形成5大产业组团、1大培训中心，分别是：交通智慧产业园、南京深港产学研基地、邦宁电子信息产业园、创业家—黑马孵化基地、36氪南京科技园、南京大学软件学院软件谷分院以及未来域人才公寓①。

软件谷科创城位于软件谷南园的启动区，交通便捷，区位优势得天独厚。科创城定位为通信科技产业园，旨在将科创城打造为引领软件谷发展的产业科技创新中心和面向软件谷与城市的综合性服务中心②。主导产业包括：企业孵化、加速基地、研发中心及智能化软件、通信软件和相关产业的商务用房地产业。

南京大数据产业基地（垠坤·未来数据产业基地）于2013年12月正式启动，坐落于软件谷北园核心区域，是现有载体中规模最大的的产业园。大数据产业基地的主要产业包括：大数据采集、处理、分析应用、关键技术研发等功能产业；人力资源、财务审计、法律咨询、投资咨询等外包产业及投资金融服务。

信息安全产业园于2016年3月正式落成，同样坐落于软件谷北园，以信息安全产业为主，辅以科技、金融、商务、生活服务等业态，建设符合软件谷定位的产业综合体。园区由龙头企业带动、通过创投资本对接、产业内部孵化等模式，在软件、信息安全的关键技术研发、成果转化、安全服务、公共基础平台等领域打造专业产业园区。

“两城一园一基地”中除了创业创新城和科创城在企业孵化上定位有所重叠外，四个产业集聚区基本呈现相辅相成的发展格局。创业创新城的云计算产业与科创城的通信、智能化软件及大数据产业基地的大数据产业密切相关，三者的结合符合下一代软件“移动、互联、大数据”的发展趋势；加上信息安全产业园的信息安全服务，能够形成一条完整的软件研发、应用、维护、安保产业链。此外，由于两个产业集聚区中的企业孵化器分别服务不同区位的企业，因而并不会造成资源的浪费。

此外，科创城为大力推进软件谷“互联网+”建设，提升南京现代服务业与互联网融合程度，发挥互联网的提质增效升级作用，在2016年3月19日与首批30多家中小型“互联网+”企业签约，正式入驻“互联网+”小镇。预计未来一至两年，科创城着力打造的南京本土“互联网+”创业小镇将入驻企业达600多家，配套人才公寓可容

① 中国南京.软件谷为创业创新者建“城”[EB/OL].http://www.nanjing.gov.cn/njgov/xxzx/mjxw/201309/t20130902_1098628.html

② 中国南京.软件谷科创城项目有序推进[EB/OL].http://www.nanjing.gov.cn/njszf/qzf/yhtq/201502/t20150204_3189137.html

纳5000余业界精英生活居住①。目前,科创城已形成三大“互联网+”公共服务平台:一是与清华大学信息技术研究院合作打造的南京移动互联网产学研创新基地;二是与南京魔力多网络科技有限公司合作建设的中国手游联盟众创空间;三是与中国电子商务协会合作建立的“中国电子商务创新示范园”。

3. 政策扶持、配套建设为产业集聚保驾护航

在省政府、区政府及软件谷相关政策的扶持下,软件谷获得了得天独厚的产业发展优势。目前,软件谷的软件、集成电路设计、服务外包等产业不仅享受各项投资、税收优惠政策,还在企业认定、进出口、知识产权保护等方面享受政府的“一条龙”便捷服务。与此同时,政府为扶持软件谷产业建设,每年划拨大量专项资金,并为谷内人才培训及人才引进提供各项补贴。软件谷大量的扶持政策使得谷内企业盈利空间大大提升,从而能够在短期内迅速提升企业竞争力。

在交通、生活、公共服务等配套设施建设方面,软件谷从建设之初就有了详尽的规划设计。首先,软件谷的区位选择使其拥有便捷的交通条件,它紧邻禄口国际机场、8条高等级铁路并且市内多条公交、地铁线路都可直达。其次,软件谷不仅在各产业集聚区内有生产生活配套设施,还专门规划了楚翘城作为餐饮休闲等商业商务服务的中心。最后,软件谷的人才服务、企业孵化、基础设施和服务设施、公共技术服务、创新服务、交流合作、投资融资、综合服务这八大平台为谷内企业发展、科技人才创业,提供了有力的支撑条件和良好的外部环境。

(三) 雨花软件谷运营管理的“新模式”

2015年,在软件谷实现每个项目都保证盈利,国有资产大幅增值的背后,是软件谷对新老运营思维和模式的成功创新与运用。首先,软件谷在运营管理方面通过对既有模式的学习与反思,深刻把握其优缺点,并因地制宜地改造老模式从而克服其固有弊端。这一点可以从软件谷对园区开发“老套路”的改造来看。以往,江苏省乃至全国的园区建设通常是先成立管委会,再组建国企融资平台,随后通过征地拆迁、土地抵押贷款再进行项目载体建设的二次开发。而这种“老套路”虽然推进速度较快,却常常忽视了项目的效益,进而造成高额的地方政府负债,并且存在政企不分、开发成本高、投入产出比低等弊端。软件谷在“老套路”的基础上进行了不同的制度设计,使得管委会的副主任不再兼任国企老总,并充分下放公司的决策权,使其受到的行政干预较少,从而能够克服上述弊端,保证质效兼顾。

与此同时,软件谷在南园建设发展投资项目上成功应用了公共部门与私人企业合作(PPP)模式。PPP(Public-Private-Partnership)模式是指政府、赢利性企业和非赢利性企业或组织基于某个项目而形成的相互合作关系的形式,是公共基础设施的一种项目融资模式。在此种模式下,政府、赢利性企业和非赢利性企业或组织政府与

① 人民网.南京软件谷将着力打造“互联网+”创业小镇[EB/OL].http://js.people.com.cn/n2/2016/0321/c360301-27973420.html

社会主体建立起“利益共享、风险共担、全程合作”的共同体关系，从而使政府的财政负担减轻，社会主体的投资风险减小。通过PPP模式，软件谷积极吸纳融资方与社会资金，降低了南园建设发展投资项目中政府的负债，从而使政府可以将更多资金利用与其他园区建设项目中去。这一模式的成功应用离不开政府对参与的形式、程序、渠道、范围与程度的合理考量。2015年初，中国新城镇公司与南京雨花区政府、雨花区国有资产经营及控股股东国开金融联合签订投资合作协议书，设立南京国开雨花改造发展有限公司，透过增资方式入股国开雨花49%权益，按比例共同出资10亿元，并将该公司作为雨花区政府授权的两桥项目及软件谷南园土地一级开发整理平台。同时，雨花区政府亦与中国新城镇公司共同设立由中国新城镇控股的合资公司，共同参与土地二级开发①。

其次，软件谷对运营管理模式的创新使各种生产要素能够得到充分利用，从而大大降低企业运营成本，提高园区企业的效益。2014年，软件谷信息安全产业园通过公司化创新运作，在一块仅138亩的土地上创造性地采取“联合拿地、统一规划、联合建设、分割出让、统一配套、集中托管”的模式，让谷公司引领8家有用地需求但无工程建设管理经验、资金缺乏的高成长性软件公司，并采取“1+8”形式联合开发、集约用地，使得该块土地容纳的企业数目达到了一般方式的两倍②。

最后，软件谷对企业经营的深入了解是其正确合理制定运营管理模式的基础。软件谷信息安全产业园建设之初，不少企业暗自抱着“跑马圈地”的打算向软件谷申请地块进行开发，而正是由于谷公司深谙企业经营之道，才能够及时发现这点并制定出“企业自用，不得外租”这样的管理规定，从而打消了部分企业的“歪念头”。再者，大数据产业园原本只是一处低端办公楼，因建设标准落后，招商方向不明，加上管理不善，连年亏损。而谷公司抢抓南京市授牌大数据产业基地的机遇，与谷内垠坤公司合作，通过盘活存量土地和现有建筑对原有办公楼改造利用，以满足现代企业需求并实现国有资产增持和增值。也正是由于软件谷深知如何满足企业需求，才能在2014年底完成大数据产业园90%以上的招商，并且实现盈利。

（四）软件谷发展的未来

雨花区政府在未来五年内，拟将软件谷打造成为可与中关村比肩的中国软件产业基地，但从目前看来，软件谷与中关村仍有一定差距。在园区规模上，中关村历经三十多年的发展，从最初的电器一条街发展到如今的“一区十六园”，不仅在规划总面积上比软件谷多出了100平方公里，还在区内企业数量上远远超过了软件谷。目前，中关村中企业数量已经超过15000家，其中规模在1亿元以上的企业有2500余家，占到了总企业数量的16.3%。中关村与软件谷不仅在规模上有着一定的差距，在园

① 搜狐焦点.中国新城镇4.9亿增资合营公司 开发南京两项目[EB/OL].http://www.focus.cn/news/chanye-2014-11-04/5715076.html

② 新华日报.新思维，让园区5年增值5倍[EB/OL].http://xh.xhby.net/mp2/html/2015-03/16/content_1219099.htm

区实力上也同样显示了两者间的差距。2014 年,中关村中软件园的企业总数达到了 300 家,只有软件谷的目前的 1/3,却在总产值上突破了 1400 亿元,而整个中关村的总产值也突破 3 亿元的大关。这充分说明了中关村在软件产业上有着强大的实力,并且与中关村内其他产业发挥了较好的协同效应。

虽然目前软件谷与中关村相比仍存在一定差距,但软件谷在产业定位及未来发展上却与中关村有着许多不谋而合之处,并且软件谷作为新兴园区还有着许多独特的自身优势与发展潜力。在产业定位上,软件谷与中关村都将目光聚焦在“移动互联新时代”上,都力争打造高端化、高成长性、高附加值的“三高”软件企业。虽然软件谷不像中关村,在园区内没有如汽车制造、新材料等其他相关产业的集聚区,也无法享受到北京市独有的“首都效应”,但软件谷在集成电路、电子信息、文化创意等许多产业上与中关村一样,均利用“园中园”或“区中园”模式,大力打造特色产业集聚区。在产业发展上,软件谷与中关村都积极推进政府服务平台、企业孵化器、产学研基地的建设,并大力吸引与培养高层次人才,为产业进一步的发展开拓空间。而在空间布局上,中关村内的产业集聚区多呈碎片化模式,十六园地理位置较为分散,而软件谷由于设立之初就有相对完整的规划,产业集聚区集中于雨花区内;两者相较而言,软件谷中企业交流学习机会更多,信息成本更低,更易发挥产业集聚效应。就区位而言,南京虽然不存在首都经济,但南京身处江苏腹地,不仅拥有南京都市圈与广袤的辐射区,还拥有较大的行政自主权和优厚的经济基础,作为东部地区中心城市的南京足以支撑起一个与中关村比肩的软件基地。从发展进程上来看,软件谷成立刚满五年,相较于中关村尚有许多潜能未完全发挥,在未来应结合南京金融、商贸、商务中心的建设,紧密结合其他产业发展,实现互利共赢。

在未来的发展中,软件谷不仅应保持现有的创新活力与品牌特色,更应吸取中关村、浦东软件园等园区的成功经验与失败教训。第一,软件谷在国内的发展应学习中关村的发展经验,利用南京金融信息平台、商务信息平台、大型企业管理系统等建设需求,为相关产业提供优质软件信息及分析服务,提升双方产品、服务质量;同时,可以效仿中关村,充分利用江苏较为发达的电子制造业,大力开展机械软件研发,在缓解江苏人力资源压力的同时,实现江苏版“智能制造”。第二,软件谷在国际化上还应从上海浦东软件园的成功案例中汲取经验。软件谷不仅应吸引更多与大陆交流较为频繁的香港和台资企业入驻,也应向欧美国家中的大型软件企业抛出橄榄枝。为了能够更好地吸引欧美国家的外资企业,增强自身国际化建设,软件谷应利用好服务外包带来的商业交流机会与技术溢出效应,加强对国际上软件产业发展趋势的认识及缩小国内外企业技术差距。第三,软件谷要在今后的发展中避免出现逃离中关村这样的浪潮,就应走重管理、重品牌、重技术、重创新的新路子,而不走许多产业集聚区走过的重建设、重资本、重创富、轻品牌的老路子。与此同时,软件谷也要警惕产业集聚带来的企业用地成本上升的结果,避免房地产泡沫影响产业集聚效应的发挥。

政 策 篇

完善“畅游南京”体系加快旅游业改革发展三年行动计划(2015—2017)

宁政发〔2015〕23号

为深入贯彻国务院、省政府相关文件精神，进一步加快推进市委、市政府《关于加快南京旅游产业转型升级的意见》(宁委发〔2013〕22号)的实施，充分发挥旅游业在促进我市稳增长、调结构、扩就业、惠民生等方面的重要作用，加快完善“畅游南京”体系，推动旅游产业改革发展和转型升级，特制订如下行动计划：

一、指导思想

全面贯彻落实党的十八大精神，抢抓“后青奥”时代机遇，坚持深化改革，转换旅游发展理念，注重经济效益、社会效益和生态效益相统一；坚持政府主导、全社会参与，项目带动战略，转变旅游发展方式，推动旅游产品向观光、休闲、度假并重转变，旅游开发向集约型转变；坚持以人为本，满足游客不断增长的旅游需求，优化旅游发展环境，不断提高游客满意度；坚持融合发展，推动旅游业发展与文化、科技、体育、健康养生、现代农业等相关产业融合发展，加快旅游产业转型升级，加快旅游企业提质增效，为全市经济社会发展作出更大贡献。

二、发展目标

总体定位：力争通过三年努力，成功打造一批具有国际影响力的拳头旅游产品，形成布局合理、功能齐备、多业融合、特色鲜明、集聚集约的旅游发展格局，实现旅游产品和产业体系的全方位升级。面向国际化要求，初步构建标准化、体系化、全域化、信息化的旅游公共服务体系，营造通畅、顺畅、欢畅的旅游环境，把南京建设成为国内一流的文化休闲之都、世界知名的旅游度假胜地。

具体目标：到2017年，全市旅游业总收入达到2100亿元，年均增长11%左右，旅游增加值占全市GDP比重达到7.2%；年接待入境过夜旅游者65万人次，城乡居民年人均出游4.5次，游客人均逗留1.6天，人均消费1600元；年新增旅游就业3000人以上。

三、主要任务

(一) 旅游精品项目建设工程

在原有17个旅游集聚区的基础上，进一步优化全市旅游集聚区发展布局，依托

“一核、两带、五街区、十片区”共18个旅游集聚区(详见附件1),精心开发六大类重点旅游项目,把南京打造为国际知名的复合型旅游目的地城市。

1. 文化旅游项目

坚持旅游与文化融合发展,综合保护和利用南京丰厚的历史文化资源。

文化遗迹:建成牛首山文化旅游区、金陵大报恩寺遗址公园、南京直立人化石遗址公园、金陵邑—石头城遗址公园、老城南历史文化街区、天生桥遗址公园、高淳老街传统文化休闲旅游街区、求雨山文化创意旅游区、浦口火车站文化旅游区等项目。

文博场馆:发挥文博资源优势,建设南京城墙博物馆、明朝博物馆、东吴博物馆、南唐博物馆、中国科举博物馆(二期)、宝船博览苑、南京白马如意文化艺术中心(四期)、“行知园”扩建等项目。

宗教文化:进一步弘扬宗教文化,完成定山寺、天隆寺、观音寺、永济江流、达摩古洞等项目。

2. 休闲度假项目

发挥自然禀赋优势,积极打造南京休闲度假的拳头产品。

温泉度假:汤山——银杏湖建成一批精品项目,汤泉建成尚峰尚水温泉综合体二期等项目。

城市休闲:建成下关滨江特色休闲街区,完成国展中心转型升级、白鹭洲公园改造、内秦淮河西五华里改造等项目。

水体游览:整合滨江风光带沿线水上旅游资源,开通长江风光水上游览线(含夜游)。完成郑和宝船建设,推出“宝船之旅”等特色旅游产品。以长江深水航道疏浚为契机,建设国际邮轮码头及配套服务设施,增开国际、国内邮轮航线。整合内外秦淮河水上旅游资源,打造城市亲水文化观光线。

生态体验:完成游子山国家森林公园、无想山风景区、金牛湖度假区、固城湖旅游度假区等生态景区建设,打造山水城林生态旅游品牌。

3. 主题游乐项目

加大旅游与科技融合发展力度,打造各类主题乐园。

历史文化主题:完成以郑和下西洋、海上丝绸之路为文化核心的大明文化旅游度假区一期建设、打造华侨城文化旅游综合体。

科幻动漫主题:打造具有全球影响力的世茂梦工厂主题公园。

生态体验主题:建成银杏湖主题乐园等项目。

儿童游乐主题:建成玄武湖儿童生态乐园。

4. 演艺娱乐项目

培育南京旅游演艺和娱乐市场,繁荣南京夜间旅游经济,重点打造太阳宫、金陵大报恩寺、白鹭洲公园水上实景演出等演艺项目,促进旅游消费。

5. 乡村旅游项目

推进旅游与农业融合发展,结合南京美丽乡村建设,打造一批国内一流的乡村旅游精品项目。高淳“国际慢城”扩大国内外知名度，打造国际慢城联盟中国总部；对江宁“金花”系列、六合“茉莉花园”、“四季花海”实施提档升级，打造一批全省乡村旅游示范点；完成浦口“八颗珍珠”、“溧水新十景”等乡村旅游新项目建设，形成全市乡村旅游新亮点。

6. 特色体验项目

推进旅游与体育、教育、养生、医疗等行业融合发展。重点推出浦口若航等低空飞行旅游项目，红山森林动物园改造提升等青少年研学旅游项目，琥珀泉康体养生等养生保健旅游项目，南京万驰国际汽车公园等汽车旅游项目，满足不同群体的旅游需求。

（二）旅游服务体系配套工程

1. 智慧旅游服务体系

（1）建成南京智慧旅游中央管理平台。完善假日旅游监控调度、旅游公共服务管理、旅游应急管理、旅游市场营销分析等多种应用功能。

（2）开展全域化智慧旅游试点工作。打造1—2家全域化智慧旅游城区；扶持郊区智慧旅游服务平台建设，建成2个以上郊区智慧旅游服务平台。

（3）完善智慧景区标准，推进智慧景区建设。到2017年，实现5A级以上旅游景区、省级以上旅游度假区以及新建的重点旅游景区全部达到智慧景区标准。

2. 旅游交通服务体系

（1）完善旅游交通功能。紧抓禄口国际机场新航站楼投入使用机遇，增开到主要客源国的直通国际航线，使南京成为长三角入境旅游的重要口岸城市。完成全市重点高速公路服务区的旅游服务功能增设工作。推动城市公共交通向近郊乡村延伸，每年选择1—2个有条件的乡村旅游点增开美丽乡村旅游直通车。

（2）构建南京旅游集散体系。合理设置分级集散中心，形成便捷连接南京主要交通窗口、辐射南京以及长三角的旅游集散网络。

（3）优化景区内部交通组织。新建景区推广新能源交通工具，开发景区内观光巴士、水上巴士、观光小火车等特色体验项目，完成4A级以上景区、省级以上旅游度假区和新建重点旅游景区停车场、换乘中心和慢行系统等交通配套设施建设，保障景区内、外交通运输体系的有效衔接。

3. 旅游配套服务体系

（1）健全旅游咨询服务体系。每年在游客较为集中的场所设立或完善1家以上旅游咨询中心，各区因地制宜，每年设立或完善1—2家区旅游咨询中心。

（2）完善旅游指引标志。将通往重要旅游区的标志纳入道路交通标志范围，市级以上旅游度假区、国家3A级以上旅游景区、省4星级乡村旅游点要统一规范设置旅游指示标志。

（3）加快推动城郊区域功能旅游化改造。各区要将旅游咨询中心、旅游导览系统、旅游指示标志、旅游停车场、旅游厕所等纳入城乡公共服务设施建设范畴予以重点扶持。到2017年，全市重点旅游集聚区、各区重点游览场所的导览系统、无障碍设施、停车场和旅游厕所等配套设施达到国家标准。

4. 旅游安全保障体系

(1) 落实旅游安全管理责任。实施景区、度假区创建和复核中的安全达标“一票否决制”;建立平安旅游志愿者队伍,制度化、常态化检验安全防范成效。至2017年,全市四星级以上旅游饭店、4A级以上旅游景区全部实现安全生产标准化;平安景区占全部景区的比重达60%以上;重点景区在节假日期间公布游客最大承载量。

(2) 加强旅游应急管理。将旅游应急管理纳入政府应急管理体系,无缝对接全市交通事故、公共卫生、食品安全、重特大火灾、水上搜救、重大气象灾害等应急预案响应机制。

(三) 旅游服务质量提升工程

1. 培育南京旅游品牌

(1) 积极推动景区品牌创建工作,2015年,汤山—银杏湖温泉旅游度假区力争创成国家级旅游度假区,高淳国际慢城力争创成国家级生态旅游度假区;2016年,长江路文化旅游街区力争创成国家5A级景区;2017年,高淳国际慢城力争创成国家级旅游度假区,滨江青奥轴线旅游区、明城墙风光带(含阅江楼景区)力争创成国家5A级景区。到2017年,全市力争新创建国家4A级景区6家、省级旅游度假区3家、省级水利风景区3家、省五星级乡村旅游点2家、省四星级乡村旅游点8家、省自驾游基地2家。

(2) 大力培育行业品牌。打造汤山街道、横溪街道、汤泉街道、竹镇镇、洪蓝镇、桠溪镇等10强旅游街镇。培育一批具有较强竞争力的旅游企业集团和企业品牌,将金陵饭店、途牛旅游网等企业打造为全国旅游行业领军企业。力争新增国际知名品牌酒店5个,通过《江苏省旅行社星级评定标准》的星级旅行社比例达60%以上。

2. 提升从业人员素质

(1) 积极开展行业技能培训。到2017年,3A级以上景区、星级以上旅行社负责人,4星级以上乡村旅游点负责人参加区以上服务质量提升培训率达100%;星级旅行社、星级宾馆、国家等级景区中高层持证上岗率不低于80%;完成所有从业导游的全员培训。

(2) 完善旅游人才管理服务机制。建立南京旅游人才库及“金牌导游”队伍,形成动态管理机制;加强对兼职导游员的管理,完善“兼职导游管理服务平台”,建立健全导游员社会保障体系。

3. 规范旅游市场秩序

(1) 加强机制建设。完善统一受理、综合协调、信息共享、动态公示的常态化旅游联合质监执法机制。各区进一步完善旅游执法机构,充实基层旅游执法力量。

(2) 加强制度推广。建立热点旅游线路指导价格定期发布制度,将“一日游”市场整治管理经验推广到其他重点旅游市场。景区节假日舒适度指数发布制度推广至4A级以上重点景区和新建景区。

(3) 加强文明诚信体系建设。建立健全旅游企业和从业人员诚信记录。加大文明旅游宣传力度，完善文明旅游部门联席会议制度，提高公民文明旅游意识，引导游客文明出游。

4. 营造放心购物环境

(1) 加大旅游商品创新开发力度。培育一批南京旅游必购商品；完善旅游商品销售网络，打造南京旅游精品购物店。

(2) 加快特色旅游商品购物区建设。各区都要规划建设1—2个有一定规模和档次的特色旅游商品购物区，提供金融、物流等便利服务。郊区发展2个以上具有南京特色的乡村旅游商品生产基地。

(3) 积极争取在我市设立进境口岸免税店，促进入境旅游购物消费。

(四) 旅游市场推广工程

1. 拓展入境旅游市场

(1) 优化营销环境。积极争取将我市列为外国人72小时过境免签城市；积极发展会奖旅游，打响南京国际旅游度假展、南京亚洲户外用品展览会等品牌，力争加入国际大会及会议协会(ICCA)。

(2) 完善境外营销体系。开展新航线营销，将南京旅游资源整合融入口岸城市组团社线路产品中；用好用足国家旅游宣传平台，精心打造一批精品线路，力争纳入国家海上丝绸之路等对外推广的重点路线。针对主要客源国家，选择境外专业公司或机构，探索建立境外营销总代理制。

(3) 统筹全市旅游形象宣传资源。每年在电视、广播、报刊等公共媒体和重要口岸、机场、车站、码头等公共场所开展旅游公益宣传，深化与CNN、BBC等国际主流媒体的合作模式，建立一体化的外语网络营销平台。

2. 巩固国内旅游市场

(1) 突出新产品营销。每年丰富和完善5条以上精品旅游线路，提高南京旅游在国内旅游市场的吸引力。深化青奥旅游专线，积极开展高铁沿线客源城市营销，每年组织专题旅游促销活动10次以上，外联旅行商和媒体100家以上，扩大南京客源市场的辐射力。

(2) 强化新媒体营销。力争南京旅游微博排名进入全国旅游系统前五名。与知名网络平台、搜索引擎运营商合作，细分南京旅游客源市场，开展主题营销、事件营销。深化南京都市圈区域旅游合作机制，加速推进都市圈旅游交通、资讯、服务一体化发展。

(五) 旅游管理体制优化工程

1. 深化旅游管理体制改革

(1) 进一步简政放权，强化属地管理和执法。对具备行政执法条件的景区试点旅游委托执法，推动旅游行业监管重心从“事前审批”向“事中监管”和“事后问责”转变。

(2) 优化全市景区、公园管理体制。推进管理重心下移,下放燕子矶公园管理权,加强对莫愁湖公园、古林公园和栖霞山公园管理权下放后的指导。加快推进重点旅游资源管理体制创新,将秦淮区内现有隶属市相关部门的景点经营权逐步移交给秦淮区,推动全市重点景区经营权与所有权分离改革。

(3) 加快旅游系统事业单位改制。严控事业编制,探索“用人不养人、花钱买服务”等办法,充分运用市场机制推进旅游业创新发展。

2. 盘活旅游资源激发企业活力

(1) 加快涉旅国有资产整合。以市商旅集团为主体,整合其他涉旅国有资产,将其打造为全市文化旅游资源保护利用、旅游项目开发及管理的主要营运平台。

(2) 加快旅游市场向社会资本全面开放。积极引导外资、民资等社会资金投资旅游重大项目建设。支持各区开展旅游综合改革试点,着力强化管理体制、旅游开发、市场营销、行业管理等方面的改革创新。

四、保障措施

(一) 切实加强组织领导

进一步强化市旅游产业发展指导委员会(以下简称旅指委)在统筹产业发展、推进部门合作、制定规划计划、审议重大事项、指导假日旅游等方面的的综合协调职能,完善联席会议、专题会议、现场督办等工作机制。全市重点涉旅规划和涉旅项目在办理相关审批手续前,应征求市旅指委意见,对不符合全市旅游产业发展导向及空间布局,不符合旅游资源保护和利用要求的项目,市旅指委应进行指导和调整。充分发挥中共南京市旅游党委在统筹旅游党建、协调推进旅游事业发展等方面的职能作用。各区要加快建立健全区旅指委协调议事机制,发挥统筹协调功能。各级旅游部门要发挥牵头组织、协调作用,形成旅游发展合力。

(二) 加大财政金融支持力度

加大旅游发展专项资金投入,保持市、区两级旅游发展专项资金稳步增长,充分发挥旅游发展专项资金在城市旅游规划、国内外市场推广、重大旅游项目建设、旅游公共服务体系建设、品牌企业创建等重点领域的引导作用,提高专项资金的使用效率。市级及各区有关支持现代农业、生态环境建设、中小企业、新农村建设等专项资金,要将符合条件的旅游企业和项目纳入支持范围。金融机构要加大对重大旅游项目、旅游公共服务设施建设、小微型旅游企业和乡村旅游的信贷支持力度,鼓励各类旅游企业利用资本市场募集资金。支持金融机构探索创新符合旅游业发展需要的金融产品和服务。鼓励担保、再担保机构为旅游企业提供优惠服务。

(三) 落实职工带薪休假制度

贯彻落实国务院和省政府相关文件精神,强化依法休假理念,将带薪休假制度落实情况作为劳动监察和职工权益保障的重要内容加以检查考核。积极推动机关、企事业单位全面实施职工带薪年休假制度,确保带薪休假制度落到实处。在教学时间总量不变的情况下，高等学校可结合实际调整寒、暑假时间，中小学可按有关规定安排放春假。

（四）加大旅游用地保障

完善旅游用地管理制度，坚持节约集约用地，严格按照土地利用总体规划、城乡规划安排旅游用地，年度土地供应要适当增加旅游业发展用地。市国土部门、各区要将旅游业发展用地纳入年度用地计划，统筹安排，优先保障市、区重点旅游项目建设用地。为旅游配套的公益性基础设施建设可按划拨方式供地。鼓励利用废弃矿山、矿区和荒山、荒地、荒滩等开发旅游项目，鼓励利用民宅、存量房、废旧工（矿）业厂房兴办旅游业。在符合规划和用途管制的前提下，鼓励农村集体经济组织依法以集体经营性建设用地使用权入股、联营等形式与其他单位、个人共同开办旅游企业。对被批准为国家级旅游度假区和省级旅游度假区的，可适当安排土地指标，用于旅游公共服务设施建设。

（五）完善发展考核机制

将旅游主要经济指标和相关重大项目列入全市年度经济社会发展目标和绩效考核范围，各有关部门和各区政府分工负责，确保各项工作目标任务落到实处。市旅游委每半年汇总有关部门及各区对本计划的贯彻执行情况、重点项目推进情况；市旅指委可适时组织相关部门进行督促检查，每年对有关部门和各区完成情况进行通报。

附件：

1. 旅游集聚区发展布局一览表（略）。

2. 重点任务分工及进度安排表（略）。

市政府关于印发南京市推广中国(上海)自由贸易试验区可复制改革试点经验实施方案的通知

宁政发〔2015〕71号

各区人民政府，市府各委办局，市各直属单位：

现将《南京市推广中国(上海)自由贸易试验区可复制改革试点经验实施方案》印发给你们，请认真遵照执行。

南京市人民政府

2015年4月7日

南京市推广中国(上海)自由贸易试验区可复制改革试点经验实施方案

根据《国务院关于推广中国(上海)自由贸易试验区可复制改革试点经验的通知》(国发〔2014〕65号)和《省政府关于印发江苏省推广中国(上海)自由贸易试验区可复制改革试点经验工作方案的通知》(苏政发〔2015〕14号)文件精神，为做好我市贯彻落实国家及省推广中国(上海)自由贸易试验区可复制改革试点经验的实施工作，经研究，特制定以下实施方案。

一、关于由国务院有关部门负责复制推广的改革事项

按照国务院《通知》列明的改革事项，我市目前已先行实施了网上自主办税、纳税信用管理的网上信用评级、组织机构代码实时赋码、取消生产许可证委托加工备案和融资租赁公司设立子公司不设最低注册资本限制等5项改革。其余涉及投资管理、贸易便利化、金融、服务业开放和海关监管制度创新、检验检疫制度创新的6类23项改革事项，市各职能部门要按照国务院《通知》要求，抓紧与国家、省级主管部门对接，制定推广实施计划。2015年6月30日前完成推广工作。

(一)投资管理领域

外商投资广告企业项目备案制。按照国家工商总局工作部署及时制订工作方案，做好推广工作。涉税事项网上审批备案。要抓紧做好现有电子影像系统的改造，向纳税人推广使用电子印章(CA证书)。税务登记号码网上自动赋码。应积极推进

通过使用省局统一的电子税务局网上税务登记，实现税务登记号码网上自动赋码功能。企业标准备案管理制度创新。加快制定符合南京实际的企业标准备案管理制度创新推广方案和计划并开展试点工作。（责任单位：市工商局、市国税局、市质监局）

（二）贸易便利化领域

全球维修产业检验检疫监管、中转货物产地来源证管理、检验检疫通关无纸化、出入境生物材料制品风险管理 4 项改革要在省检验检疫局全面复制推广上海自由贸易试验区检验检疫制度工作领导小组的统一领导下，根据试点评估情况开展。第三方检验结果采信通过积极试点，并根据试点评估情况加以推广。（责任单位：市质监局、南京检验检疫局）

（三）金融领域

个人其他经常项下人民币结算业务、外商投资企业外汇资本金意愿结汇、银行办理大宗商品衍生品柜台交易涉及的结售汇业务、直接投资项下外汇登记及变更登记下放银行办理 4 项改革，按照中国人民银行、国家外汇管理局关于金融方面四条可复制改革试点经验的部署要求，应会同人民银行南京分行共同推动驻宁银行机构办理相关业务。（责任单位：市金融办、市投促委）

（四）服务业开放领域

允许融资租赁公司兼营与主营业务有关的商业保理业务、允许设立外商投资资信调查公司项目、允许设立股份制外资投资性公司、允许内外资企业从事游戏游艺设备生产和销售 4 项改革，自 2015 年 7 月 1 日起执行。相关职能部门提前做好政策宣传解释及落实工作，拟定我市“内外资企业从事游戏游艺设备生产和销售，通过文化主管部门内容审核的游戏游艺设备可面向国内市场销售”的审批工作规范，推动正常业务开展。（责任单位：市投促委、市文广新局）

（五）海关监管制度创新

期货保税交割海关监管制度、境内外维修海关监管制度、融资租赁海关监管制度 3 项改革应结合企业需求，推动做好相关申报及落实工作。（责任单位：金陵海关）

（六）检验检疫制度创新

进口货物预检验、分线监督管理制度、动植物及其产品检疫审批负面清单管理 3 项改革先行试点，在省检验检疫局全面复制推广上海自由贸易试验区检验检疫制度工作领导小组的统一领导下，根据试点评估情况积极开展。（责任单位：南京检验检疫局）

二、关于由各省（区、市）人民政府借鉴推广的 6 项改革事项

各相关职能部门要按照《省政府关于印发江苏省推广中国（上海）自由贸易试验区可复制改革试点经验工作方案的通知》（苏政发〔2015〕14 号）要求，摸清情况、明确分工、倒排进度、全面推进。

（一）关于企业设立实行“单一窗口”

在市政务中心已实行企业设立“单一窗口”，政务服务综合管理系统与市工商局

网上登记系统和业务系统已实现数据交换，多证联办并联审批业务办理模块方面已实现营业执照、组织机构代码证、税务登记证和刻制印章信息卡等多种证照一次性发放的基础上，进一步简化办事流程，加快推进“三证合一”改革，特别是在南京高新技术开发区、南京经济技术开发区、江宁经济技术开发区和南京化学工业园区可先行先试，努力为企业设立提供方便快捷的政务服务。(责任单位:市政务办、市工商局)

(二) 关于社会信用体系建设

1. 建设公共信用信息服务平台

加快数据库建设，夯实基础，完善服务平台，2017 年年底前建成全市统一、全覆盖的企业与个人信用基础数据库和服务平台。(责任单位:市发改委)

2. 完善与信用信息、信用产品使用有关的系列制度

2016 年年底前，出台规范性文件，明确具体归集目录、格式要求与报送方式。全面梳理、完善各部门和单位的“数据清单”和“应用清单”，加强信息的归集，整合，实现信用信息的互联互通，打破信息孤岛现象，创造实施联合预警、联动监管、联合惩戒全过程、全方位信用监管制度的信用信息基础。(责任单位:市发改委)

(三) 关于信息共享和综合执法制度

1. 全面实施信用审查制度并重点推进试点工作

2015 年 6 月前，重点推进在市级财政专项发展资金中实行信用审查制度的试点工作，争取有效发挥市财政局扎口各部门公共资金管理的特殊优势，逐步实现信用审查制度在全市各专项发展资金安排中大范围推广，有效拓展信用产品市场，强化需求引导、加快行业发展。今后四年内，全面实施信用审查制度，强化信用信息产品运用。在财政资金使用、科技金融、工商管理、环境保护、食品药品安全、医疗、商务、劳动保障等重点领域，建立“黄名单”、“黑名单”、“红名单”和联合预警、联动监管、联合奖惩制度。(责任单位:市发改委)

2. 建立各部门联动执法、协调合作机制

制定下发《南京市联合执法工作规则》、《全市联合执法事项目录》及《南京市行政执法争议协调办法》，2015 年年底前将各部门落实联动执法、协调合作机制情况纳入全市依法行政考核指标。(责任单位:市法制办、各行政执法部门)

3. 积极推进综合执法

根据《省政府办公厅印发关于调整完善市县工商质监食品药品管理体制加强市场监管意见的通知》，在已整合区级工商、质监、食品药品监管职能，成立区一级市场监管局基础上，进一步加大整合力度，2016 年底前在市场监管、公共卫生、安全生产、文化旅游、网络空间、资源环境、农林水利、交通运输、城市管理、城乡建设等重点领域继续推进综合执法。(责任单位:市编办、市政府法制办、各相关执法机关)

(四) 关于企业年度报告公示和经营异常名录制度

全面深化细化年度报告公示制度和经营异常名录管理，持续加强年度报告和信息公示工作的宣传，强化信用监管，加大社会监督，促进企业诚信自律，全面落实年度

报告、信息公示、信息抽查制度；对未按规定期限报送年报、不按规定公示信息、公示信息弄虚作假以及通过登记住所无法联系的企业，实行经营异常名录管理；对列入经营异常名录的企业，在相关领域或经营活动中予以约束和限制。（责任单位：市工商局）

（五）关于社会力量参与市场监督制度

推进社会力量参与市场监督管理，充分发挥社会力量在维护市场经济秩序方面的积极作用。

1. 确定试点范围

在全市范围内选择经济领域重要行业及部分社会关注度较高的公共服务领域行业，且该领域内已有注册登记的行业协会商会，其内部治理比较规范，具备参与市场监管的能力，选择不少于 10 家行业协会商会进行试点；选择包括在南京市成立的律师事务所、会计师事务所、税务师事务所、知识产权服务机构、资产评估机构、检验检测鉴定机构、认证机构、公证机构、司法鉴定机构、商事调解机构、信用服务机构等，且不少于 10 家专业服务机构进行试点。

2. 梳理试点清单与措施

对属于政府职能范围内且适合社会力量承担的市场监管事项，由试点单位所属行业的市级主管部门（以下简称市级主管部门）列出清单，通过购买服务的方式直接委托给试点单位承担，职能委托应当遵循"费随事转"的原则，合理支付相应费用。职能委托清单重点包括：行业管理政策法规的制定或修订、行业或产业规划编制、专业技能培训、行业标准制定或修订、负面清单设计、安全审查评估、行业资质资格认定、等级评定、公信证明、市场行为（企业财务、纳税情况、资本验资、信息披露、交易行为等）真实性和合法性核查鉴证、行业失信行为及垄断、倾销行为调查监控等；对属于行业自律自治范围的事项，由市级主管部门主动会同试点单位列出清单，在业务上加强指导，在政策上予以支持，积极引导试点单位提高行业自律能力。

3. 试点工作进度

2015 年 4 月，确定试点单位。市民政局会同相关行业主管部门确定试点行业协会商会名单；相关专业服务机构名单由各相关专业服务机构主管部门牵头，通过市场化竞争的方式确定。2015 年 5 月至 8 月，梳理职能清单。市级主管部门在充分调研的基础上分别制定实施细则或工作方案，各自编制本部门可以交给试点单位实施的市场监督管理职能清单，并协调市财政局将项目资金列入年度财政预算；同时，市级主管部门会同试点单位对行业自律自治范围的事项清单进行梳理，根据清单制定本部门扶持政策，需要其他相关职能部门支持的，有关部门应当予以支持。2015 年 9 月底前，委托授权。市级主管部门与试点行业协会商会签订授权委托协议，按照政府采购程序确定试点专业服务机构并与之签订相应的授权委托协议（合同）。2015 年 10 月至 2017 年 9 月，开展试点。试点单位根据协议或合同要求履行相应的市场监督管理职能，市级主管部门对试点单位履行职能进行全过程跟踪指导和督促检查，并定期对试点单位参与市场监督管理绩效进行考评。2017 年 10 月—12 月,总结推广。市级主管部门对试点单位参与市场监管的基本情况、成效和存在问题进行总结,提炼有学习借鉴、复制推广价值的制度经验和做法,对存在的困难和问题,提出有针对性的政策建议。(责任单位:市民政局、市各相关部门)

(六) 关于完善专业监管制度

认真研究上海自贸区专业监管制度,及时跟踪了解其发展动态和成果,进一步健全我市专业监管风险防范体系,提高事中、事后监管水平。2015 年年底前,各行业主管部门研究制定专业监管制度,明确扩大开放行业的监管要求,通过实行告知承诺、行业主管部门备案管理、企业信息的动态监管和分析、跨部门联合管理、年度检查等措施,把开放行业的事中事后监管落到实处,确保开放与监管同步到位。对专业性较强的行业,要明确技术标准,实行公平监管。(责任单位:市发改委、市投促委、市商务局、市文广新局、市国税局、市质监局、市金融办、金陵海关、南京检验检疫局)

附表:南京市落实由国务院有关部门负责复制推广的改革事项一览表(略)

市政府关于印发加快推进会展经济发展的意见的通知

宁政发〔2015〕90 号

各区人民政府，市府各委办局，市各直属单位：

现将《关于加快推进会展经济发展的意见》印发给你们，请认真遵照执行。

南京市人民政府

2015 年 4 月 27 日

关于加快推进会展经济发展的意见

为进一步提升我市会展经济发展水平，强化会展业对现代服务业发展和中心城市功能提升的促进作用，推动会展业在经济结构转型升级、融入长江经济带发展战略、建设苏南现代化示范区、打造现代化国际人文绿都上发挥更大作用，提出以下意见。

一、总体要求

总体思路：以改革创新为统领，紧抓国际会展产业战略转移，以及“后青奥”发展的重大机遇，进一步发挥市场主导作用，坚持市场配置与政府推进相结合、产业联动与专业化发展相结合、自主培育与大力引进相结合，整合会展资源、优化会展环境、规范会展市场、壮大会展主体，着力推动会展业向市场化、产业化、国际化、法制化方向发展，充分发挥会展业对我市枢纽经济发展、产业结构调整和城市功能提升的促进作用。

发展目标：结合城市经济转型升级，牢固树立大会展理念，把会展业作为我市经济社会发展中的战略性产业，加快国际贸易大平台建设，实现会展业的升级、转型、上水平，为城市建设全面推向新阶段做出新贡献；努力建设在国内外具有较高知名度和较强影响力的国际会展名城，到 2020 年，全市会展场馆功能设施更加完善，综合配套设施更加齐全，形成一批具有南京特色和国际影响的会展品牌，会展业总收入年均增速高于全市服务业增速，大中型展览和会议数量、规模以上展览会总面积、大型特大型展览会数量等主要指标居大中城市前列。

二、重点任务

(一)优化空间布局

以河西新城会展场馆建设为核心,同步推进江北新区、禄口空港与龙潭港、南部新城等区域结合发展定位,建设特色会展区,形成"一核三区"的全市会展产业发展布局。

建设会展经济核心区。以南京国际博览中心、奥体中心、青奥中心为主体,以河西CBD、江东商贸区等为综合配套,打造南京(河西)国际会展城。高起点规划建设南京国际博览中心三期工程,实现2017年室内净展览面积15万平方米目标。围绕南京国际博览中心合理布局公交车、出租车站点等公共交通设施,提升交通便捷性;加快建设商业配套,提升购物和住宿餐饮便利性;培育会展产业园区(特色楼宇),加快促进展览、会议、广告等会展产业链企业集聚;提档升级场馆周边休闲场所,促进会展与市民休闲活动有机结合。发挥南京(河西)国际会展城的带动作用,把河西地区打造成我市举办国际性、综合性和大型专业展览会的会展经济核心区。

建设江北新区特色会展区。依托江北中心城区建设,结合新市区城市功能提升,规划建设会展中心,以苏北、皖北,以及鄂、鲁、豫等为腹地,大力发展面向腹地区域的各类展会,整体提升江北会展业服务区域的产业能级。

建设南京综合保税区龙潭片区与禄口空港特色会展区。依托禄口国际机场和空港物流优势、龙潭港水运物流优势,鼓励在禄口、龙潭地区建设适宜快速集散的高附加值或时尚商品展览设施,以及便捷高端的商务会议配套服务设施,打造特色会展中心。

建设南部新城特色会展区。依托南京南站快速交通和客流优势,结合商务楼宇、酒店等设施建设,推进形成相对集中,具有一定规模,以特色商品展示和商务会议为主的会展功能,打造与高铁交通有机结合的会展特色区域。

优化整合全市各类中小会展设施,引导形成功能错位、特色彰显、规模梯次协调的会展设施体系。进一步发挥南京国际展览中心在南京会展市场的积极作用,着力打造消费品、民生类精品展会,形成引导和拉动市民消费的展会集聚区。

(二)创新会展发展模式

做大做强会展产业链。围绕会展核心业务,大力发展广告、策划咨询、装饰装潢、中介、展会物流等配套服务产业,加快发展酒店、旅游、餐饮、零售、电子商务等关联产业,延伸会展产业链,进一步扩大会展业对经济发展的拉动作用。

推动展、会、节、演、赛融合发展。充分利用我市品牌展会、全国性专业会议、重大体育赛事、文化活动较多,地方性节庆活动丰富的良好基础,充分发挥展、会、节、演、赛的相互带动作用,加快"大会展"融合发展。

积极发展网上会展。紧抓互联网经济发展机遇,积极搭建网络平台,引导和鼓励行业协会或龙头企业牵头举办网上展会;积极推动在我市举办的各类品牌展会同步开通网上展览和推介，并逐步完善电子商务、第三方支付等功能，借助互联网经济优势，努力打造线上线下融合互动、充满活力的会展经济体系。

（三）培育会展市场主体

做大做强会展龙头企业。扶持一批服务水平高、经营规模大、核心竞争力强的专业会展企业，鼓励和支持企业通过收购、兼并、联合、参股等形式，跨地区、跨行业组建大型国际展览集团，打造具备较强竞争力的会展领军企业。

积极培育中小会展企业。鼓励专业园区、专业市场、企业集团和自然人等投资组建会展经营公司和服务公司，引导中小型会展企业与展览场馆、商会、行业协会等建立同业战略联盟，加快向规模化、专业化、品牌化方向发展。

大力引进优质会展企业。重点吸引世界百强的国际国内会展集团以及香港、澳门、台湾地区知名会展企业在宁设立地区总部和办事机构；引进专业会议服务公司、目的地管理公司、国际会展组织和机构、以及展台设计和搭建公司等，促使更多的国际会展机构集聚南京。

（四）强化会展品牌培育

提升自有品牌展会。扩大在国内外有影响力的定时定址类知名品牌展会占比，着力提升软件和信息服务、文化创意、经贸洽谈、宁台贸易等方面自有品牌展会。鼓励会展项目按照国际展览业协会（UFI）等国际通行标准进行运作，加大对获得国际展览业协会（UFI）认证的展览项目培育力度，争取更多品牌展会通过国际展览业协会（UFI）等认证。

扶持成长型展会。大力扶持与我市产业关系密切、有效促进市场消费、填补展会市场空白，举办成效好且具有良好培育发展前景的展会，推动加快成长为影响力大的品牌展会。

大力培育新办展会。引导和鼓励下一代信息网络产业、生物医药、节能环保等战略性新兴产业，以及具有我市优势和特色的科技、金融保险、教育培训、健康服务等产业举办各类展会。对新举办且符合我市产业发展方向的展会，加大培育力度，努力提升展会影响力。

积极引进国内外品牌展会。加强与国家级行业协会的合作，发挥国际展览业协会（UFI）、国际大会及会议协会（ICCA）等国际性会展组织作用，争取各大商会、行业协会、国际品牌展会移植我市；鼓励各类展会企业和中介机构招揽国际知名会展城市、会展企业的品牌展览、高端会议来宁举办，提高我市会展业的现代化、国际化水平。依托南京产业优势，在每个优势产业领域开发引进 1—2 个大型会议或展览活动。

（五）提升会展公共服务水平

加强分类指导。对政府主导类型展会，着力做好市场监督管理以及整体形象促销，根据具体情况，推进展会项目市场化运作；鼓励专业性展会做大做强，通过市场资源的合理配置和优化组合，推动展会规模和影响力不断提升。

加强公共服务平台建设。以会展政策咨询、会展信息发布、会展企业和场馆展示、网上会展等功能为重点,建设南京市会展公共服务平台,充分依托互联网的信息集散优势,形成企业、市场、展馆、政府之间有效联系渠道,扩大我市会展业影响力和影响范围。

优化管理服务。简化对展会的行政审批环节,着力提高审批效率;公安、工商、城管、交通、卫生、税务、海关、检验检疫等各相关部门结合自身职能设立“绿色通道”,为重点展会提供优质服务;针对不同展会规模,制订相应预案,优化会展场馆周边交通组织;通过电视、报纸、杂志、互联网、官方微博、微信等多种媒体、媒介,加大会展宣传力度;在南京(河西)国际会展城中合理预设国际展览品监管功能区域,设立电子监管设施,为国际展览品通关、检验检疫、监管提供快捷服务。以服务于进出口贸易为中心,培育和引进金融、法律、信息、技术标准检测等专业性中介服务机构,发展商务办公、餐饮、宾馆、购物、娱乐等会展商务活动的配套服务机构,完善各项配套服务设施,合理价格,优化服务。市会展办会同相关职能部门做好展会期间的检查监管。

强化知识产权保护。引导品牌展会开展工商注册,按照相关法律法规积极维护注册展会的各项权益。严格执行商务部、国家工商总局、版权局、知识产权局共同制定的《展会知识产权保护办法》,建立品牌展会保护机制。鼓励引导各类会展项目申请注册商标,参加国际展览业协会(UFI)等国际会展协会组织相关认证活动,建立会展业及品牌展会的评定认证体系和展会商标注册体系,保护会展业知识产权。市域范围内举办的大型展会,原则上市知识产权和工商管理部门都要设点服务,协调、处理展会知识产权保护投诉事宜。

(六)加强对外交流合作

加强与德国、英国、美国等会展业发达国家的会展组织和会展企业合作,推动会展业国际交流;建立宁港澳台会议展览协会战略联盟,推动“宁港澳台会展战略合作基地”建设;主动对接中国(上海)自由贸易试验区和中国博览会会展综合体发展,强化沪宁会展交流;加强与长三角会展中心城市,以及都市圈城市联手发展,形成长期稳定的合作机制,创造合作共赢的良好局势。

(七)加大会展人才培养和引进

定期开展会展职业教育、会展师资质培训和在职会展人员继续教育;大力引进会展策划师、会展设计师、会展高级项目经理等会展高端人才。鼓励和支持驻宁高等院校设立本科及硕士研究生层次会展经济与管理专业;有计划、分步骤开展多层次、多渠道的会展职业教育和培训,培养一批懂经营、会管理、能策划、善招展的会展管理专家人才。

三、政策保障

(一)强化组织机制

强化会展业领导机构的领导职能。根据形势变化和实际工作需要,及时充实调整市会展经济领导小组，全面负责我市会展业发展政策、战略规划的制定，定期下达全市会展工作阶段性任务，研究解决我市会展业发展中的重大问题，促进我市会展业持续、健康、快速发展。

强化会展业办公室的工作职能。市会展办全面负责牵头推进会展业发展和行业管理的各项事务，并负责具体做好服务保障工作。各区政府及有关部门和单位应积极配合市会展办工作，保障会展业健康快速发展。

优化会展管理机构设置。结合我市会展业发展实际，按照优化结构、强化队伍、明确职能、内外衔接的原则，积极推动会展管理机构自身改革。结合会展经济发展需要，建立健全机构设置；各区结合自身实际，成立促进本区会展经济管理机构，形成合理优化的长效机制。

发挥市会展行业协会和会展经济研究会的作用。在协会的职责范围内，研究制定完善会展行业标准、经营准则和会展企业资质评定标准，开展会员企业资质评定、信息发布、行业培训、沟通协调、咨询服务等工作，做好行业发展形势分析，切实发挥好政府和企业的桥梁纽带作用。加强会展经济研究会建设，结合需求，搞好课题研究，为重大决策提供政策咨询服务，为国内外组展企业、参展商提供公共资讯等配套服务。

（二）加强制度建设

制定实施《南京市会展业管理办法》，对我市会展业发展提出全面、规范的管理细则，完善“公开、公平、公正”的市场竞争机制，营造诚信经营、守法经营的良好市场秩序，促进会展市场平稳快速发展。

制定实施《重点展会绿色通道启用管理办法》，对符合规定的重点展会，相关部门自动启用绿色通道，通过规范程序，简化环节，提高效率，避免同类事项的重复审议。（附件1：《重点展会绿色通道启用管理办法》）

制定实施《南京市会展业统计报表制度》，建立科学的会展业统计平台，重点做好专项会展、年度会展的数据统计、分析和发布工作，为会展业发展决策提供科学依据。（附件2：《南京市会展业统计报表制度》）

（三）优化资金管理

充分发挥财政资金的引导作用。根据我市会展业发展以及市财力的可能，适当调整会展发展专项资金的规模。在加强以市场化为导向发展会展业的基础上，进一步提高专项资金使用的针对性和实效性。

附件：

1. 重点展会绿色通道启用管理办法

2. 南京市会展业统计报表制度

附件 1

重点展会绿色通道启用管理办法

第一章　总　则

第一条　为提高组展办会效率,鼓励和吸引规模大、品质高、拉动效应显著的重点展会在宁举办,推动南京会展业健康快速发展,制定本办法。

第二条　展期在 3 天(含)以上,规模在 1000 个国际标准摊位以上的国际性展览,或 2000 个国际标准摊位以上的国内展览适用本办法。

国际性展览是指国外(含海外)参展单位(参展商)超过五个国家和地区、参展净面积不少于整个展览会净面积 20%的展览会。

第三条　实际会期 3 天(含)以上、实际参会人数 500 人以上,境外参会人数不低于 5 个国家和地区、境外参会人数比例不低于 20%的国际性会议,或国内企业和机构举办的实际参会人数超过 1000 人,实际会期 3 天(含)以上的各类论坛、研讨会、洽谈会、技术交流会、企业年会等大型商务会议,适用本办法。

第二章　管理机构与职能

第四条　成立由市委宣传部、市科委(市知识产权局)、市公安局(交管局、消防局)、市财政局、市工商局、市食药监局、市城管局、市投促委(口岸办)、市交通局、市商务局、市卫生局、市贸促会(会展办)、金陵海关、南京出入境检验检疫局、南京边防检查站、建邺区政府、市交通集团、南京地铁总公司、南京禄口机场、南京国际博览中心、南京国际展览中心等部门和单位组成的重点展会绿色通道服务保障小组。

第五条　市会展办负责牵头组织重点展会协调服务工作。

第六条　市委宣传部负责对重点展会的宣传报道,把握新闻导向,搞好舆情监测。

第七条　市科委(市知识产权局)负责加强对重点展会知识产权保护、管理工作,打击各类侵犯知识产权等违法行为。

第八条　市公安局(交管局、消防局)负责对重点展会的审核和管理,指导展会主办方做好展会期间的安全保卫、交通疏导、消防安全等工作。

第九条　市财政局根据《南京市会展发展专项资金使用管理办法》,负责做好重点展会的资金保障工作。

第十条　市工商局等相关部门负责加强对重点展会经营主体、经营行为的规范管理,维护消费者合法权益,区相关部门根据职责分工加强监督管理。

第十一条　市食药监局负责对有关餐饮企业,特别是为展会提供饮食服务的企业加强卫生监管，确保饮食安全，重点加强对食品类展会监管。

第十二条　市城管局负责在规定许可范围内，对大型展会设立户外广告给予支持、配合，做好展馆周边环境的整治工作。

第十三条　市交通局、地铁总公司负责协调展会期间的公共交通运力，根据展会规模适时开通专线巴士，增加地铁运营班次，满足展商和观众的出行需求。

第十四条　市商务局负责对大型国际性展会提供审批绿色通道，及时办理相关审批和报批工作。

第十五条　市卫生局负责做好现场医疗保障工作。

第十六条　市口岸办负责牵头协调南京边防检查站等相关单位，做好大型展会期间重要嘉宾的通行保障工作。

第十七条　金陵海关负责为重点展会提供方便快捷通关服务，为境外参展商、参展商品提供通关便利。

第十八条　南京出入境检验检疫局负责对进境展品检验检疫开辟绿色通道服务。

第十九条　场馆所在区政府增强属地管理和主动服务意识。根据展会要求，提供服务保障。

第二十条　南京国际博览中心、南京国际展览中心要进一步增强服务观念，完善服务设施，提高服务技能，提升服务水平，提供热心周到的展会服务，确保大型展会顺利举办。

第三章　启动模式

第二十一条　建立重点展会绿色通道启动运作机制。

第二十二条　举办单位应在会展活动举办前 30 日将会展有关情况报市会展办备案，书面申请启动重点展会绿色通道。

第二十三条　市会展办收到申请之日起 7 日内，组织召集重点展会绿色通道服务保障小组工作会议。如果申请单位所提需要服务的事项较少，可采取与涉及到的相关部门具体沟通协商的办法，提供方便快捷的高效服务。

第四章　附　则

第二十四条　各单位根据本单位实际情况，制定本单位重点会展绿色通道启用管理办法。

附件 2

南京市会展业统计报表制度

第一章　总　则

第一条　为全面、准确反映全市会展行业发展规模和水平，综合反映会展产业带动国民经济关联产业发展情况，为市政府制定相关政策提供依据，制定本制度。

第二章　范　围

第二条　会议及展览服务是指为商品流通、促销、展示、经贸洽谈、民间交流、企业沟通、国际往来等而举办的会议和展览活动。包括下列会议及展览服务：

（一）会议服务

1. 国际会议服务：国际组织及政府机构会议服务、国际专业会议服务；

2. 国内会议服务：党政会议服务、专业及业务会议服务、科研学术会议服务、其他国内会议服务；

3. 会议中心服务。

（二）展览服务

1. 博览服务：综合博览会服务、专业博览会服务；

2. 专业技术产品展览服务：电子、通讯产品展览服务、汽车展览服务、机械设备展览服务、其他专业技术产品展览服务；

3. 生活消费品展览服务：食品展览服务、服装展览服务、家用电器展览服务、家具展览服务、其他生活消费品展览服务；

4. 文化产品展览服务：体育用品展览服务、旅游产品展览服务、图书展览服务、集邮展览服务、纪念品展览服务、其他文化产品展览服务；

5. 其他展览服务：教育展览服务、房地产展览服务、其他未列明展览服务；

6. 贸易洽谈服务：进出口交易会服务、一般商品展销服务、产品订货会服务、其他贸易洽谈服务。

（三）不包括以下内容

1. 以对外提供住宿服务(提供给散客、团组的旅游、出差、商务、休闲等住宿)为主的会议中心，列入住宿业的相关行业类别中；

2. 文化、艺术、科学、自然等展览和博览会活动，列入博物馆类中。

第三条　会议及展览服务统计，包括会议及展览服务单位及其经济活动的统计和非会展业单位会展活动的统计。

会展业单位包括：各类博览会专业承办机构；各类交易会专业承办机构；各类商

业性、专业性、技术性展览专业承办机构；各种商业会议中心及专业会议承办机构；其他以商业性展览为主的展览场馆；为各类会议和展览提供专业服务的机构，即国民经济行业分类(GB/T4754—2011)第7292号小类会议及展览服务业中包括的单位。

其他行业单位附营会展业或从事与会展业直接相关的经济活动则纳入非会展业单位会展业活动的统计。如住宿业单位、体育场馆单位、物业管理单位等较多涉及会议和展览活动的单位。

第三章 方 法

第四条 会展业调查分为会展业基本情况调查、会议调查以及展览调查，具体设置企业表和项目表。

展览会项目统计的范围：一是在本市举办的展览，包括本市和市外、境外企业（单位、机构）在本市举办的展览；二是本市企业（单位、机构）在市外以及境外举办的展览。

第五条 会展业统计实行承办方统计，采取以企业为对象和以项目为对象相结合的统计调查方式，重点调查、全面调查相结合的调查方法。即基本情况、财务状况及举办会议情况等按企业进行调查，其中对会议及展览服务单位全面调查，对有从事会议及展览服务活动的其他行业有重点的调查（如住宿业中的三星级以上宾馆酒店）；举办展览情况则按项目进行全面调查。

第六条 会展业统计调查频率分为年报、季报和项目结束后10日内报。

第七条 会展业统计渠道：市会展办提供会展业单位名录，据此建立会展业单位全面调查网络；根据三星级以上宾馆酒店，建立会议举办情况的重点调查网络。

第四章 职 责

第八条 本报表制度为综合报表制度，由市会展办牵头组织实施，并负责解释；市统计局协助做好相关工作。

市政府关于印发南京长江航运物流中心建设三年行动计划（2015—2017）的通知

宁政发〔2015〕108号

各区人民政府，市府各委办局，市各直属单位：

现将《南京长江航运物流中心建设三年行动计划（2015—2017）》印发给你们，请认真遵照执行。

南京市人民政府

2015年5月8日

南京长江航运物流中心建设三年行动计划（2015—2017）

为抢抓国家依托黄金水道推动长江经济带发展和－12.5米深水航道"十二五"末通达至南京的机遇，建设南京区域性航运物流中心——南京长江航运物流中心，打造中国航运（空）与综合枢纽名城，特制定三年行动计划（2015—2017）。

一、指导思想

以资源整合为导向，以功能拓展为重点，以政策引导为支撑，以区港联动为抓手，规划引领、资源整合、提升功能、转型升级、拓展服务，推动港口、物流、产业、园区、城市一体化协调发展。打造立足南京、面向亚太、辐射中西部、服务长江流域，航运物流要素聚集、航运物流服务完善、航运物流市场繁荣、江海转运功能突出、辐射带动效应显著、具有国际资源配置能力的南京区域性航运物流中心。

二、发展目标

到2017年，初步建成设施完善、功能齐备、服务优良的长江航运物流中心。港口货物吞吐量2.5亿吨，集装箱吞吐量350万标箱，水路货运量2亿吨，全市物流业增加值700亿元。

表 1 南京长江航物流中心规划目标一览表

年 份			2014 年实绩	2017 年计划
航运物流量	港口吞吐量	亿吨	2.2	2.5
	港口集装箱吞吐量	万标箱	276	350
	铁水联运量	万吨	793	1000
	水路货运量	亿吨	1.5	2
航运发展	港口集装箱航线数	条	77	83
	1. 近洋航线	条	5	6
	2. 内贸直达航线	条	32	34
	3. 江海直达外贸内支线	条	22	23
	4. 到南京中转航线	条	18	20
	集装箱航线月航班数	班	697	800
	船舶拥有量(净载重量)	万吨	1039	1400
物流产业	物流业增加值	亿元	580	700

三、主要任务

按照南京长江航运物流中心“一带两区三节点”的总体布局，依托长江江海转运主枢纽港口，重点发展长江航运物流，加快推进龙潭国际综合物流集聚区、下关长江国际航运物流服务集聚区及西坝、七坝、滨江三大航运物流枢纽节点建设。项目总投资 429 亿元，2015—2017 年计划完成投资 175 亿元，打造现代化国际一流海港、便捷的综合交通集疏运体系、完善的交易集散分销配送体系、高效的航运服务支撑体系。

（一）打造便捷的综合交通集疏运体系

在构建“两环两横十二射”高速公路骨架层、“一环八横十八射”普通干线公路支撑层、“一环十五线”铁路网、“三横一纵”骨干航道网的基础上，加快推进以港口为重点的立体交通综合体系建设，在龙潭、西坝、铜井、七坝构建公铁水(管)多种运输方式无缝衔接的多式联运枢纽体系，推进疏港公路、疏港铁路、内河航道的建设，2015—2017 年计划投资 63 亿元。

1. 疏港公路项目

重点续建和新建八条港口集疏运公路，总长约 94 公里，计划投资 53 亿元。新开工建设 5 条疏港公路，其中：龙潭港区 2 条，西坝港区 1 条，七坝港区 1 条，板桥港区 1 条，分别为：龙潭港区 312 国道/338 省道改扩建工程(15 公里)，龙潭港区 346 国道改扩建(17 公里)，西坝港区横向疏港公路(宁连—江北沿江连接线工程 13 公里)，七坝港区跨石碛河延伸道路(1 公里)，板桥港区沿江疏港公路(338 省道滨江大道雨花台区段改扩建工程 8 公里)。续建 3 条疏港公路，其中：铜井港区 1 条，七坝港区 2 条，分别为：铜井港区横向疏港公路(338 省道滨江公路 18 公里)，七坝港区横向疏港公路

(浦口356省道沿江疏港公路15公里),七坝港区纵向疏港公路(7公里)。

2. 疏港铁路项目

开工建设1条疏港铁路及1座铁路货场,计划投资4亿元,分别为:开工建设西坝港区铁路支线项目(6公里华信石化危化品专用线)和尧化门综合货场(含集装箱中转)。推进宁芜铁路相关前期工作并启动建设。争取铁路总公司支持将宁合铁路三、四线纳入国家规划并启动前期工作。开展龙潭港疏港铁路专用线、江宁镇综合货场和扩建西坝港区及南京化工园区铁路专用线项目前期工作。

3. 内河航道项目

重点实施139公里内河航道建设,计划投资6亿元。分别为:新开工建设秦淮河航道整治工程(78公里四级航道),续建并完成芜申线南京段航道整治工程(61公里三级航道)。开展水阳江和滁河(含马汊河、驷马山)提档升级研究,启动前期工作。

(二)打造江海转运主枢纽港

适应航道深水化及船舶大型化发展趋势,推进国际性、多功能、综合型江海转运主枢纽港口建设,推进枢纽型、物流型、集约型、绿色型、智慧型和平安型等“六型港口”,加快大型专业化集装箱、煤炭、矿石、原油及液体化工品、滚装汽车等专业化泊位建设,基本建成龙潭、西坝两大核心港区,开工建设七坝港区。2015—2017年计划投资35亿元,新开工建设11个码头项目、续建4个码头项目,新增27个生产性泊位,其中:万吨级及以上泊位12个,新增年通过能力3100万吨。

1. 港口码头项目

重点推进公用码头建设,新开工建设11个码头项目,分别为:龙潭,七期通用泊位码头、汽车滚装码头;西坝,四期、八期液体化工码头;七坝,多用途、钢铁、远锦、宏波、长城件杂码头;大厂,扬子石化化学品码头;仪征,610—611#码头改造。续建并建成4个码头项目,分别为:西坝,五期通用散货码头、通江集二期液体化工码头;大厂,扬子巴斯夫液体化工码头、马渡南京港机重工制造基地码头。

2. 港口支持系统项目

加快龙潭综合执法基地、公用锚地等支持系统建设。优化港口锚地管理方式,以锚位为管理单元,提高精细化管理水平,充分利用信息化、现代通讯手段,提高现有锚地资源利用效率。

(三)打造完善的交易集散分销配送体系

充分发挥港口节点枢纽能力,重点建设龙潭国际综合物流集聚区、江北化工物流园、滨江钢铁物流园,谋划七坝金属建材物流园区定位及功能。以临港物流园区、物流配送和分拨中心为依托,第三方物流公司为主体,打造形成专业物资交易和集散基地,促进专业物流与专业产品交易市场一体化发展。2015—2017年计划投资55亿元建设物流园区、公用基础设施及配套项目。其中,新开工建设7个、续建7个物流园区项目。

1. 龙潭国际综合物流集聚区

2015—2017年计划投资27亿元。新开工建设4个物流项目,分别为:苏商保税物流、ENBRIGHT 保税物流、联迅物流、物流配套设施建设；续建并建成 4 个物流项目，分别为：普洛斯综合物流园、维龙物流中心、太古冷链物流中心、安宏基物流中心。

2. 南京江北化工物流园

2015—2017 年计划投资 25 亿元。新开工 2 个物流项目，分别为：多式联运化工物流港和南京昆仑燃气 LNG 储罐工程；续建并建成 2 个物流项目，分别为：成品油管及配套油库和园区基础设施建设。

3. 滨江钢铁物流园

2015—2017 年计划投资 3 亿元。新开工建设 1 个物流项目（远锦港口物流），续建 1 个物流项目（中储港口物流）。

（四）打造高效的航运服务支撑体系

结合南京下关 2.36 平方公里的滨江商务区开发，建设航运管理机构、航运企业总部、航运商务配套、航运研发创意等四个功能片区，打造长江流域重要的口岸服务、航运总部经济、航运物流综合服务、航运物流交易和航运人才交流等五大中心。建设南京航运交易所，并努力打造成为省级航运交易所，重点推进“一平台两中心四市场六服务”，提供口岸报关、航运信息、船舶交易、货运交易、航运人才和航运金融等六大服务，成为企业总部集聚、配套服务完善、政府服务集中的现代航运物流服务集聚区。2015—2017 年计划投资 22 亿元，新开工建设 2 个项目，续建 1 个项目。

1. 建设南京下关长江国际航运物流服务集聚区

2015—2017 年计划投资 21 亿元。新建并建成南京下关长江国际航运物流服务集聚区二期（建筑面积 8.6 万平方米）；续建南京下关长江国际航运物流服务集聚区一期（1 栋 150 米、4 栋 100 米楼宇，总建筑面积 29 万平方米）。

2. 建设智慧港口项目

2015—2017 年计划投资 1 亿元，建立南京“智慧港口”，以港口信息化为基础，采用云计算和大数据技术，通过设备全面感知、信息互通共享、系统互相融合，打造作业自动化、业务便捷化、决策智能化、服务人性化的集电子口岸、电子政务、电子商务于一体的港口航运物流公共信息服务平台，成为信息共享交换的枢纽、数据分析处理的中心、港口物流信息服务的窗口、综合集成应用的平台、辅助决策支持的工具，并纳入“智慧南京”。

3. 发展高端航运服务业

以集中通关服务、优化流程、规范市场、方便交易为目标，围绕航运物流形成的产业，重点培育口岸、交易、金融、信息、人才、法律、船舶等航运物流服务。依托下关长江国际航运物流服务集聚区和南京综合保税区（龙潭片区），建立约 5000 平方米的航运服务中心。先期在南京经济技术开发区紫金（新港）科创园内国际企业研发中心楼宇建设 5000 平方米的一门式服务大厅和办公场所，引进海关、国检、边防、海事等业务办理窗口入驻，提供“便捷、高效”的“一门式”通关服务。引进港航、工商、税务等政府管理部门办理窗口入驻，提供“依法、务实”的“一站式”政务服务。重点发展港口物流、水路运输、船舶代理、货运代理、船舶管理、邮轮游艇、海轮综合服务等高端航运物流服务产业。

4. 加快航运总部经济集聚

提升南京在航运市场的国际影响力和对航运资源的配置能力。大力吸引航运企业总部或者地区性总部入驻下关长江国际航运物流服务集聚区,打造航运总部经济中心。充分发挥中小企业专业细分和经营灵活的优势,鼓励其在航运物流市场发展壮大。培育第三方物流,引导企业通过联合、兼并、重组等途径发展大型"第三方物流"企业,组建跨区域的大型物流企业集团。

四、推进重点

(一) 加快推进基础设施建设

优化布局、整合资源、提升功能。结合国家长江经济带建设、—12.5 米深水航道开通、南京江北新区规划及我市工业布局调整实施方案等新形势、新要求,修编《南京港总体规划》;编制南京港口、南京长江航运物流中心"十三五"建设与发展规划。消除多式联运"最后一公里"瓶颈制约,注重新、老港区与主要干线公路之间的交通衔接,确保人和货快速、便捷、低成本地进出。稳步推进港口码头能力建设,依据规划加快推进龙潭、西坝、铜井、七坝等公用新港区专业化码头建设,基本建成龙潭、西坝两大核心港区。以港口为节点,加快构建公铁水无缝衔接的港口综合集疏运体系建设。开工建设龙潭港集疏运快速通道等疏港公路,推进港口公铁水、江海河多式联运场站建设。推进宁芜铁路相关前期工作并启动建设。争取铁路总公司支持将宁合铁路三、四线纳入国家规划并启动前期工作。开展龙潭港疏港铁路专用线、江宁镇综合货场和扩建西坝港区及南京化工园区铁路专用线项目前期工作。

(二) 打造航运物流市场

以市场为主导,建立多功能专业市场体系,着力发展以钢铁、化工等特色的大宗货类交易市场、航运物流金融市场、航运中介服务市场、航运文化市场、邮轮旅游市场为主的市场群,着力推动江北化工品交易市场、滨江钢铁物流园钢材交易市场的建设。建立航运物流市场信用体系建设,完善航运物流市场管理,培育航运物流市场主体。鼓励港航物流企业延伸产业链,拓展增值物流供应链服务,向现代物流服务供应商转型,发展港口物流、推动港口企业整合资源,大力发展集装箱、商品汽车、粮食、液体化工等专业物流及冷链、LNG、危险品等特色物流。培育第三方物流,引导企业通过联合、兼并、重组等途径发展大型"第三方物流"企业,组建跨区域的大型物流企业集团。

(三) 提升国际竞争能力

积极开辟近洋国际航线和台湾航线,打造国际航运服务品牌和国际特色物流。依托下关国际航运物流服务集聚区,通过制定和实施激励性政策措施,吸引国际上的区域性航运物流龙头企业和国际大型航运物流企业或其分支机构落户下关国际航运物流服务集聚区。拓展近洋国际航线，加强与国内外知名航运企业的战略合作，加密日、韩航线、开辟台湾、新加坡、东南亚等航线。拓展长江内支线中转服务，加强与四川、重庆、湖北、湖南、江西等省市港口的合作，拓展长江支线中转服务，打造长江集装箱集并分拨中心。建设连接龙潭港区与综合保税区的专用通道，促进区港联动并向保税港区发展。启动汽车整车进口口岸申报。

（四）培育港航产业集群

重点依托大型公用码头，积极发展港口物流产业。推进低碳环保、绿色平安、节能减排工作，引导南京港集团、长航油运、江苏远洋、南京远洋等骨干港口航运企业规模发展，促进中外运、中海、外代等船货代理公司提高市场集中度和服务水平。促进沿江经济产业转型升级，带动相关产业向产业链上下游延伸，吸引长江流域经济要素向南京集聚。以航运物流产业为支撑，优化调整产业结构，形成新的产业运作模式，重点培育发展航运物流产业、临港商贸产业、航运文化产业、临水型装备制造产业和传统临水型产业，促进港口、物流、园区、产业、城市“五位一体”发展。

（五）优化港航发展环境

制定南京长江岸线管理条例。探讨新的商业模式，建立交流合作机制，促进南京港口集团与长江中上游、南京都市圈港口航运企业的进一步业务合作。保障航运物流中心项目资源供给，落实重点项目建设用地指标，加大集装箱发展、航运物流中心建设资金支持力度，妥善处理生态红线保护与项目建设矛盾。完善口岸功能，推进长江通关一体化，提供完备、高效、优质的电子口岸服务。整合港口和口岸资源形成合力，加强港口与海事、海关、检验检疫等部门的系统对接和信息共享，全面推进港口货物“一网式”、“无纸化”通关模式，真正实现“属地申报、口岸验放”、“5＋2”及 24 小时全天候通关，切实提升口岸公共服务能力。

五、保障措施

坚持规划引领、政府推动、市场运作、政策扶持，加快形成有利于航运物流中心发展的体制机制和政策环境，将南京建设成为集聚效应明显、辐射带动能力强的区域性航运物流中心。

（一）机制保障

在南京长江航运物流中心建设领导小组领导下，指挥部各成员单位按年度计划，通力合作、强化服务、统筹协调，帮助解决航运物流中心建设项目涉及的土地、环保等重点难点事宜。六大分指挥部要切实承担建设与发展的主体责任，加强组织领导、分解落实任务、加大推进力度，确保安全与质量，完成年度目标任务。加快研究港口集团自身改革和发展，组建南京长江航运物流中心建设集团公司，将核心港区和公共码头的经营权与所有权有效分离，赋予土地储备、开发整理功能，吸引社会资本参与，进行市场化运作，主要从事公用码头、疏港公路、疏港铁路、物流基地（中心）、一站式服务中心等港口航运物流基础设施和重大项目的投资建设。

(二) 规划引领

加强南京长江航运物流中心规划与各区(园区)控详规划的衔接,纳入各类的专项规划中,妥善处理生态林规划与港口规划的衔接,明确港区生态红线区域不包括南京港口规划确定的建设用地范围。重点打造"一带两区三节点",围绕长江航运物流发展带,全面推进龙潭国际综合物流集聚区、下关长江国际航运物流服务集聚区以及西坝、七坝、滨江枢纽节点建设,扎实推进长江航运物流中心建设。

(三) 区港联动

放大政策叠加、资源整合、功能集成及产港城联动效应,围绕长江航运物流发展带,重点打造"两区三节点"。以开发区(园区)为责任主体,将港口码头建设、港口物流建设、港口装备产业发展纳入区(园区)统一规划,统筹推进集疏运体系、港口码头、物流园区建设,统筹仓储和物流业产业发展,实施港口、开发区、综合保税区等区港联动,促进港口与城市融合、产业与城市融合发展。

(四) 政策引导

争取国家在长江经济带建设规划编制、各个领域重大项目布局等方面给予大力支持。争取省政府出台支持鼓励南京港开辟近远洋航线、进出南京港集装箱车辆免收高速公路和普通公路通行费以及对符合单独选址和点供条件的港口、疏港公路、疏港铁路等基础设施类项目和产业、物流类项目优先安排用地计划等一系列扶持政策。开展港口体制机制研究,加快疏港公路、疏港铁路及物流集聚区(园区)建设,保障项目建设用地,支持老港区码头搬迁整合。

(五) 完善考评

建立健全监督和评估机制,协调推进并保障三年行动计划的贯彻落实。将南京长江航运物流中心主要发展目标和重点建设项目纳入市绩效考核范围,各有关部门、各区(园区)政府、各分指挥部要切实承担建设与发展的主体责任,加强组织领导、分解落实任务、加大推进力度,确保安全与质量,完成年度目标任务。南京长江航运物流中心建设指挥部办公室按月汇总各分指挥部重点项目推进情况,适时组织督促检查,并对相关完成情况进行通报。

附件:南京长江航运物流中心三年(2015—2017)行动计划表

市政府印发《关于加快发展生产性服务业促进产业结构调整升级的实施方案》的通知

宁政发〔2015〕113 号

各区人民政府，市府各委办局，市各直属单位：

现将《关于加快发展生产性服务业促进产业结构调整升级的实施方案》印发给你们，请认真遵照执行。

南京市人民政府

2015 年 5 月 14 日

关于加快发展生产性服务业促进产业结构调整升级的实施方案

为贯彻落实国务院《关于加快发展生产性服务业，促进产业结构调整升级的指导意见》、省政府《关于加快发展生产性服务业，促进产业结构调整升级的实施意见》，加快我市生产性服务业发展，促进产业结构调整升级，制订以下实施方案。

一、发展目标

推进生产性服务业产业规模加快提升。大力推动生产性服务业新技术、新模式、新业态应用，鼓励开展科技创新、产品创新、管理创新、市场创新和经营模式创新，建立健全服务于区域的专业化生产性服务业体系，打造长江经济带生产性服务业中心，到 2017 年，生产性服务业增加值占服务业总量的比重达到 50％左右，2020 年，在服务业总量中的占比达到 54％左右。（责任单位：市发改委）

以生产性服务业促进产业层级加快提升。发挥生产性服务业在技术升级、流程优化、效率提升、节能降耗等方面的引领带动作用，促进我市产业由生产制造型向生产服务型转变，在制造业和农业领域各培育一批服务化示范企业，实施一批服务化示范项目。（责任单位：市经信委、农委）

加快培育生产性服务业产业载体和市场主体。全面推进实施江苏省生产性服务业“百企升级引领工程”和“百区提升示范工程”，到 2017 年，我市进入全省生产性服务业“双百工程”的服务业重点企业和集聚区分别达到 10 家；到 2020 年，各达到 20 家左右。（责任单位：市发改委）

二、主要任务

重点推进科技服务、软件和信息服务、金融服务、文化创意、现代物流、电子商务、服务外包、商务咨询、检验检测认证、人力资源服务、节能环保服务、售后服务、品牌和标准化等领域加快发展。

(一) 科技服务

积极开展研发设计服务,加强新材料、新产品、新工艺的研发和推广应用。鼓励整合资源,创新服务模式和商业模式,发展全链条的科技服务。大力发展专业化设计及相关定制、加工服务,鼓励建立专业化、开放型的工业设计企业,促进工业企业与工业设计企业合作。鼓励有条件的企业建立独立法人设计中心,从市场调研、技术转化、产品设计、工艺设计、包装设计等重点环节上,提高设计创新和系统集成能力,引导有条件的企业逐步将研发设计业务分离出来,设立为全社会和全行业提供服务的独立法人研发企业,提高行业的专业化水平。发挥企业创新主体作用,推进产学研用合作,建立主要由市场评价创新成果的机制,加快研发创新转化为现实生产力,依托我市科技研发的人才基础和产业基础,打造服务全国的研发中心。以工程设计、专业设计为重点,依托我市设计企业数量多、专业全的优势,推进建立专业特色明显的设计企业集聚区,引导各类设计院、工程咨询机构集聚发展,打造服务全国的设计中心。

到 2017 年,科技服务业总收入保持年均增长 15%以上,达到 520 亿元,到 2020 年,力争达到 800 亿元。(责任单位:市科委、经信委、发改委)

(二) 软件和信息服务

以中国(南京)软件谷、南京软件园、江苏软件园为重点,充分发挥首个“中国软件名城”的品牌效应,加速培育软件和信息服务业。发展涉及网络新应用的信息技术服务,积极运用云计算、物联网等信息技术,推动制造业的智能化、柔性化和服务化,促进定制生产等模式创新发展。加强相关软件研发,提高信息技术咨询设计、集成实施、运行维护、测试评估和信息安全服务水平,面向工业行业应用提供系统解决方案,促进工业生产业务流程再造和优化。基础软件重点发展自主可控的嵌入式操作系统、工业实时数据库、基于国产软硬件的电子文件系统等,实现自主可控基础软件的产业化。高端应用软件重点发展智能电网、通信、智能交通、工业、信息安全等,巩固和扩大在国内的领先地位。新兴信息服务业重点发展云计算、大数据、物联网、移动互联网、数字内容开发等,实现服务模式和商业模式创新。以推进“智慧南京”建设为抓手,加快建设基于云计算的各类产业和公共服务平台,建设以智能市政服务、智慧社区、智能交通、智能设施、智能医疗、智能农业、智能教育与科技、智能公共安全等为特征的智能产业。

按照“互联网+”的发展理念,推动互联网、云计算、大数据、物联网等与先进制造业、现代服务业和现代农业相结合,促进工业互联网、农业互联网、金融互联网等产业内容加快发展。加快发展未来网络,以中国(南京)未来网络产业创新中心为载体,推进建设体系结构、路由交换、测量管控、网络安全、内容网络、移动互联网、物联网、云计算、承载网络、移动网络、多媒体技术、三网融合等产业功能，协同推进国家重大基础设施 CENI 平台的建设，建设我国网络技术的革命性创新和演进式发展的技术融合平台。加快新一代信息网络技术开发和自主标准的推广应用，支持适应物联网、云计算和下一代网络构架的信息产品的研制和应用，提升新型网络设备、智能终端产业和新兴信息服务业及其商业模式创新发展，将我市打造成为引领国家通信与网络发展方向的网络龙头、新一代信息技术发展的产业源头，以及率先实现通信与网络关键技术突破的互联网技术创新区。

到 2017 年，软件和信息服务业收入年均增长力争超过 20%，到 2020 年，总量争取超过 1 万亿元。（责任单位：市经信委、发改委）

（三）金融服务

加快完善金融服务体系，增强金融业对经济的支撑力；加快培育金融要素市场，提高金融的集聚水平和配置能力；加快推进金融功能区建设，打造良好的区域金融中心城市品牌形象；加快推进金融生态建设，切实提高金融业的风险防范能力和稳健发展的持续性。打造国内外多种所有制金融机构共同发展，要素齐备、功能完善、层次多样的金融组织体系；培育货币市场、资本市场和保险市场协调发展，具有多种融资平台、具备多种金融交易工具的多层次金融市场体系；建立高效开放、创新活跃、服务优质，与南京及区域经济相互促进、共同发展的现代金融体制和运行机制，逐步建设成为具有较强的聚合力、辐射力和综合服务能力的区域金融中心城市。

加快发展互联网金融，鼓励传统金融机构运用互联网模式开发创新业务，鼓励社会机构兴办主要面向互联网金融企业的创新型孵化器。推进融资租赁发展，鼓励融资租赁服务企业加强与商业银行、保险、信托等金融机构合作，多渠道拓展融资空间，实现规模化经营；引导企业利用融资租赁方式，进行设备更新和技术改造，鼓励融资租赁企业支持中小微企业发展；建设程序标准化、管理规范化、运转高效的租赁物与二手设备流通市场，建立和完善租赁物公示、查询系统和融资租赁资产退出机制；建立完善融资租赁业运营服务和管理信息系统，丰富租赁方式，提升专业水平，形成融资渠道多样、集约发展、监管有效、法律体系健全的融资租赁服务体系。

到 2017 年，力争金融业保持高于服务业增速 2 个百分点左右增长，占服务业增加值比重达到 21%；到 2020 年，在服务业中占比争取再提高 1 个百分点以上。（责任单位：市金融办、发改委）

（四）文化创意

依托我市丰厚的文化资源，加快以移动互联网、云计算、大数据、物联网等新技术促进文化创意产业的模式和业态创新。以彰显我市历史文化特色的工艺美术设计、服务于先进文化内容的软体创意等为重点，推动现代创意设计加快发展；以传统出版业数字化转型、数字新媒体、“云、管、端”一体化数字教育等为重点，推动网络传媒教育加快发展；以文化艺术品和文化产权交易为重点，推动文化产权交易服务业加快发展。加快推进文化产业功能示范区、文化科技融合基地、文化产业融合发展示范园等产业载体建设,促进文化创意与科技、金融、旅游、信息服务、制造业、农业等产业融合发展,形成融合型的新业态和产业链。

到2017年,文化产业增加值力争达到800亿元,占GDP比重达到6.5%,2020年,文化产业增加值占GDP比重再提高1个百分点。(责任单位:市委宣传部、市文广新局)

(五)现代物流

以推进枢纽经济发展为基本导向,加快建设长江航运物流中心,依托龙潭、铜井、西坝、七坝四大公用港区,大胆创新项目建设和经营模式,探索建立务实高效的多式联运发展建设机制,着力推动多式联运物流加快发展,并以大型现代物流企业为重点,积极构建以第三方物流企业为主体的跨国物流企业、国有控股物流企业、民营物流企业多元化并存的现代物流企业体系,着力提升我市区域性物流中心城市地位。完善物流建设和服务标准,引导物流设施资源集聚集约发展,培育一批综合物流中心、专业物流中心和配送中心。推动物流经营模式转型升级,优化供应链管理服务,促进物流企业向第三方、第四方物流服务转型,鼓励有条件的生产制造型企业积极引入物流供应链管理理念,推动物流业与制造业深度融合,建立新型的产业联动战略合作关系。大力发展快递物流业,规范快递市场监管,建设开放式快递配送信息平台和社会化仓储设施网络,加快布局、规范建设快件处理中心,推动快递业与制造业、电子商务、跨境网购、交通运输业协同发展,引导建设面向全国的智能型快递物流骨干网络。优化物流配送网络,鼓励统一配送和共同配送,鼓励对现有商业设施、邮政便民服务设施等的整合利用,加强共同配送末端网点建设,努力实现交通物流、产地物流和城市配送物流无缝衔接。加强综合性、专业性物流公共信息平台和货物配载中心建设,衔接货物信息,匹配运载工具,整体提高物流业产业效率。启动快递服务制造业示范工程、商贸物流标准化实施推广工程、农村物流服务体系提升工程,打造物流与产业融合发展新模式。

到2017年,交通运输、仓储及邮政业保持和全市服务业同步增长,增加值达到430亿元;2020年,增加值超过600亿元。(责任单位:市发改委、交通运输局、商务局)

(六)电子商务

大力发展电子商务平台,支持有条件的企业向平台化转型,加快电子商务支付类、应用及平台建设类、营销服务类、物流服务类等平台型、功能型企业发展,着力培育一批信誉好、实力强的平台龙头企业。深入开展示范工程建设,积极创建国家电子商务示范城市、示范基地和示范企业,认真开展信息消费示范平台和省市级电子商务示范工程建设,推动电子商务集约发展。推动生产企业利用电子商务强化供应链管理,整合上下游资源,融合业务流程,提高专业化生产制造能力,发展网络定制产品,促进企业转型升级。推进农村电子商务发展,积极培育农产品电子商务和有利于农民就地就业的特色电子商务，鼓励网上购销对接等多种交易方式。积极发展移动电子商务，推动移动电子商务应用向工业生产经营和生产性服务业领域延伸。优化电子商务发展环境，依托全省网络交易监测中心和电子商务可信交易保障公共服务平台，开展网络经营主体的网上电子标识、网上巡查、行政执法、消费投诉处理等工作。建立产品质量安全监控中心，健全电子商务平台经营产品质量安全监督体系，实现在线交易产品质量风险监测、监督抽查、预警发布、协查追溯、信用体系各项功能。

到2017年，全市电子商务交易额达到1万亿元，网络零售额达到1800亿元；到2020年，全市电子商务交易额达到1.4万亿元，网络零售额达到2700亿元。（责任单位：市商务局、发改委、工商局、质监局）

（七）服务外包

适应生产性服务业社会化、专业化发展要求，鼓励服务外包，促进企业突出核心业务、优化生产流程、创新组织结构、提高质量和效率。引导社会资本积极发展信息技术外包、业务流程外包和知识流程外包服务业务，为产业转型升级提供支撑。鼓励政府机构和事业单位购买专业化服务，加强管理创新。支持企业购买专业化服务，构建数字化服务平台，实现包括产品设计、工艺流程、生产规划、生产制造和售后服务在内的全过程管理。加快推进全国服务外包示范城市建设，充分利用服务外包示范区的集聚效应，积极承接国际服务外包业务，扩大业务规模，提升业务层次，努力形成通信、电力服务、创意设计、动漫服务、供应链管理、医药研发、金融服务等服务外包产业链，打造具有南京特色的国际服务外包品牌。

到2017年，力争实现服务外包执行额年均增长超过20%，达到200亿美元；到2020年，争取超过300亿美元。

（八）商务咨询

提升商务咨询服务专业化、规模化、网络化水平。引导商务咨询企业以促进产业转型升级为重点，大力发展战略规划、营销策划、市场调查、管理咨询等提升产业发展素质的咨询服务。加快发展总部经济和楼宇经济，大力引进和规范发展各类企业总部和投资管理机构。依托商务楼宇资源，努力打造一批总部经济集聚区和商务服务主题楼宇，大力吸引跨国公司中国总部和国内大企业集团总部及其研发中心、销售中心、采购中心、结算中心落户南京。加快发展以律师服务、公证服务和调解仲裁服务为主要内容的法律服务，做大做强本地法律服务行业。以会计和税务服务、市场调查服务、社会经济咨询服务和其他专业技术咨询服务为主，提升各类咨询、评估、策划，以及专业技术服务的深度和广度，推动咨询服务业加快发展。不断拓展和创新各类中介服务和代理的范围、对象、内容和方式，做大做强中介服务行业。

到2017年，租赁和商务服务业保持高于服务业增速2个百分点增长，占服务业增加值比重超过5%；到2020年，在服务业中占比力争达到6%。（责任单位：市商务局、发改委）

（九）知识产权和检验检测

以建设国家知识产权示范城市和创建全国质量强市示范城市为契机，加快构建知识产权和检验检测服务业发展体系，形成知识产权保护和检验检测服务业互相支撑、共同发展的良好局面。

发展知识产权代理服务机构，培育知识产权服务品牌机构，引进国内知名的高端知识产权服务机构。鼓励紫金科技创业特别社区、高校、科研机构等委托知识产权服务机构开展知识产权代理、托管、运营等服务，鼓励我市企业购买知识产权并在本地实施产业化，鼓励行业龙头企业牵头建立行业专利联盟，实现专利的交叉许可，或者相互优惠使用彼此的专利技术，促进知识产权交易和有效运用。建设知识产权展示交易中心(所)，加快推进建设集知识产权代理、代办、评估、质押融资、保险、信息分析、战略咨询、展示交易、资产运营、法律服务、人才培养等为一体的现代知识产权服务集聚区，重点扶持知识产权服务业集聚区内的平台建设。鼓励生产性服务业企业创造自主知识产权，加强对服务模式、服务内容等创新的保护。扩大知识产权基础信息资源共享范围，促进知识产权协同创新。加强知识产权执法，加大对侵犯知识产权和制售假冒伪劣商品的打击力度，维护市场秩序，保护创新积极性。

加快发展第三方检验检测认证服务，鼓励不同所有制检验检测认证机构平等参与市场竞争，不断增强权威性和公信力，为提高产品质量提供有力的支持保障服务。优化资源配置，依托我市战略性新兴产业发展布局，分别在软件谷、无线谷、液晶谷、生物医药谷、生物农业谷、智能电网谷布局建设软件、未来网络、新型数字显示、生物医药、生物农业和智能电网检验检测中心。在我市紫金科创特区围绕区域产业发展规划建设一批新能源、北斗卫星导航、轨道交通、信息安全检验检测中心、节能环保、石油化工和新材料等检验检测服务平台，引导检验检测认证机构集聚发展，推进整合业务相同或相近的检验检测认证机构。加强检验检测资质能力建设，促进双软认证、军品资质、CCC 认证等跨行业资质授权和相关产业检验检测认证的国际资质授权，服务全市产业发展和外向型经济发展。创新检验检测信息化服务模式，打造“淘检测”信息化综合服务新业态；鼓励与国际权威机构或企业加强合作交流，鼓励服务于南京以外的市场区域，着力提升我市在技术和专业标准领域的地位。

到 2017 年，全市知识产权代理服务机构达到 80 个左右，检验检测及相关产业整体规模达到 260 亿元；2020 年，全市知识产权代理服务机构达到 100 个，检验检测及相关产业整体规模达到 500 亿元。(责任单位：市质监局、科委、经信委、发改委、商务局)

(十) 人力资源服务

把握人力资源服务业发展战略机遇，激发市场主体活力，提升开发配置水平，鼓励社会资本以独资、合资、收购、参股、联营等多种形式，进入人力资源服务业领域，着力推进人力资源服务业产业化进程，打造一批实力雄厚、影响力大、核心竞争力强的人力资源服务企业集团，以市场主体为依托，推进人力资源产业品牌化、规模化、集约化，促进人力资源服务业产业规模不断扩大、产业发展不断集聚、专业层次不断提高，加快建立专业化、信息化、产业化的人力资源服务体系，更好地满足经济社会发展的需要。

到 2017 年，人力资源服务机构总数达到 800 家以上，人力资源服务业从业人员总量超过 1 万人，全市人力资源服务业年营业总收入突破 230 亿元；到 2020 年，全市人力资源服务业年营业总收入突破 350 亿元。（责任单位：市人社局）

（十一）节能环保服务

健全节能环保法规和标准体系，增强节能环保指标的刚性约束，严格落实奖惩措施。大力发展节能减排投融资、能源审计、清洁生产审核、工程咨询、节能环保产品认证、节能评估等第三方节能环保服务体系。推动水污染防治、大气污染防治、土壤污染防治、重金属污染防治、有毒有害污染物防控、垃圾和危险废物处理处置、减振降噪、环境监测仪器等新技术研发和产业化。推进系统设计、成套设备、工程施工、调试运行和维护管理等环保服务总承包发展。鼓励大型重点用能单位依托自身技术优势和管理经验，开展专业化节能环保服务。推广合同能源管理，建设“一站式”合同能源管理综合服务平台，积极探索节能量市场化交易。鼓励结合改善环境质量和治理污染的需要，推行环境污染第三方治理。积极开展国家环保服务业集聚区建设试点工作，探索推动节能环保服务业产业化、集约化发展新模式。

到 2017 年，节能环保服务业经营收入年均增长力争超过 20%，总规模超过 200 亿元，培育 2 家经营收入超 10 亿元的龙头企业；到 2020 年，产业规模争取超过 350 亿元。（责任单位：市经信委、环保局、发改委）

（十二）售后服务

鼓励企业将售后服务作为开拓市场、提高竞争力的重要途径，增强服务功能，健全服务网络，提升服务质量，完善服务体系。完善产品“三包”制度，推动发展产品配送、安装调试、以旧换新等售后服务，积极运用互联网、物联网、大数据等信息技术，发展远程检测诊断、运营维护、技术支持等售后服务新业态。大力发展专业维护维修服务，加快技术研发与应用，促进维护维修服务业务和服务模式创新，鼓励开展设备监理、维护、修理和运行等全生命周期服务。积极发展专业化、社会化的第三方维护维修服务，支持具备条件的工业企业内设机构向专业维护维修公司转变。完善售后服务标准，加强售后服务专业队伍建设，健全售后服务认证制度和质量监测体系，不断提高用户满意度。（责任单位：市工商局、商务局、经信委、质监局）

（十三）品牌和标准化

积极推动服务业企业自主品牌创建，重点培育金融、科技研发、软件和信息服务等我市优势领域的服务业品牌，加快创建电子商务、云计算、物联网等新兴服务业品牌，形成一批在全国乃至国际范围内有影响力的南京品牌企业和区域性特色品牌；重点支持技术先进、特色鲜明、优势突出的企业完善商标战略规划、创建知名品牌，以品牌提升竞争力；鼓励具有自主知识产权的知识创新、技术创新和模式创新积极创建品牌，以品牌引领消费和带动生产，推动形成具有南京特色的品牌创建体系。

大力推进服务业标准化建设，突出抓好信息、物流、金融、科技、商务服务、电子商务等重点领域和新型业态服务标准的制(修)订、实施与推广，积极争取国家和省级服务业标准化试点示范项目，认真推进项目建设实施，并加大相关标准的推广应用力度，通过标准化促进行业竞争力提升。(责任单位：市质监局、工商局、发改委、经信委、农委)

市政府关于推进港口物流快速健康发展的若干意见

宁政发〔2015〕144号

各区人民政府，市府各委办局，市各直属单位：

为抢抓国家依托黄金水道推动长江经济带发展的战略机遇，进一步推进南京港口物流快速健康发展，建设南京长江航运物流中心，打造航运（空）与综合枢纽名城，现提出如下意见：

一、强化规划引领

编制《南京长江航运物流中心“十三五”建设与发展规划》，制定《南京长江航运物流中心三年行动计划（2015—2017）》。实施区港联动，以区为主，按规划统筹推进集疏运、港口、物流园区、支持保障系统等基础设施建设，有效保障港口岸线资源的科学合理利用。将各区（园区）控制性详细规划与长江航运物流中心规划深度衔接，做好生态红线等专项规划与港口规划的衔接，确保南京港区建设按照南京港总体规划有序推进。

二、支持疏港公路、铁路建设

疏港公路项目优先纳入市干线公路建设补助计划，参照国省干线公路省级补助标准，根据建设进度，同步安排市财政补助资金。加快龙潭港区铁路专用线、西坝港区铁路专用线扩建、尧化门综合货场（含集装箱中转）、江宁镇综合货场等疏港铁路项目的建设。

三、支持老港区码头搬迁整合

南京港集团改制重组相关支持政策措施，以2015年为基期年，政策顺延至2020年。对老港区迁建项目，由拆迁主体承担建设投资，按照功能和能力进行置换。涉及的市政公用基础设施配套费、河道堤防工程占用费、防空地下室易地建设费等政府性基金或行政事业性收费，可按有关政策规定予以减免。

四、保障项目建设用地需求

对南京港新港区的港口规划确定的建设用地范围予以优先考虑。在符合土地利用总体规划前提下，重点保障航运物流中心项目用地，优先安排新增建设用地计划。

根据开工建设计划逐年落实用地计划。对符合单独选址条件的港口、疏港公路、疏港铁路等基础设施类项目和点供条件的产业、物流类项目，优先列入市级用地计划，同时积极向上争取省级用地计划。

五、提升航运服务功能

设立南京航运交易中心，并争取省政府支持，将其列为省级航运交易中心。建立口岸定期沟通协调机制，研究解决重大问题，加快推进区域通关一体化及电子口岸建设。打造航运总部集聚区，对入驻龙潭国际综合物流集聚区、下关长江航运物流服务集聚区和西坝、七坝、滨江三大航运物流枢纽节点的航运总部及区域总部企业，符合我市《加快发展总部经济的意见》相关政策的，优先予以扶持。

六、加大专项资金扶持力度

设立南京港口物流发展专项资金，制定出台专项资金管理办法。将市政府“南京港集装箱发展奖励资金”调整为“南京港口物流发展专项资金”，每年额度不少于7000万元，以支持我市长江航运物流中心建设发展。专项资金主要用于培育集装箱航线、吸引长江中上游地区集装箱在南京中转、集装箱水铁联运、“龙洋直通”退税直航航班、重点物流场站、内陆港、信息化、港口节能减排等项目补贴。

七、加快集装箱内陆港建设

呼应长江经济带发展战略，拓展南京长江航运物流中心腹地范围，在苏北、长江沿线的安徽、江西、中西部等内陆地区和铁路沿线地区建设具有港口物流服务功能的内陆港项目；在市财政安排的南京港口物流发展专项资金中，每个项目可给予不高于300万元建设补助。

南京市人民政府

2015年6月23日

南京市国内贸易流通体制改革发展综合试点工作实施方案

宁政发〔2015〕208号

为深入贯彻落实党的十八大和十八届二中、三中、四中全会精神，结合南京实际，加快推进流通体制改革和发展，建设法治化营商环境，进一步发挥流通业在促进生产、引导消费、推动经济结构调整和经济增长方式转变等方面的重要作用，促进我市城乡统筹协调和经济持续快速健康发展，特制定以下方案。

一、指导思想、总体目标、基本原则

（一）指导思想

坚持以建设法治化营商环境为主线、以市场化改革为取向、以新的流通改革为引领、以服务经济发展全局为宗旨，从长江经济带发展的战略高度出发，进一步厘清政府与市场、中央与地方、政府部门之间及政府与中介组织等方面关系，走创新驱动、内生增长、绿色发展的道路，推进我市流通立法、诚信体系建设，发挥社会组织作用，建立统一高效、竞争有序的市场，充分发挥市场配置资源的决定性作用，激发市场活力和内在动力。

（二）总体目标

力争通过1年的探索，在流通创新发展促进机制、市场规制体系、基础设施发展模式、管理体制等方面形成一批可复制推广的经验和模式，为全国统一市场建设打好基础，为出台国内贸易流通体制改革总体意见和全面深化改革提供有益借鉴。到2016年，南京流通体制改革和发展的总体目标是：

——流通改革和发展的政策、市场和法制环境更加优化，政策法规更加完备，市场秩序更加规范，市场运行更加平稳，流通标准和信用体系进一步健全，市场主体诚信意识明显增强，商务诚信体系初步建立，居民消费更加便捷安全。

——流通布局更加合理，业态完备，统一开放、内外融合、区域协调、竞争有序、安全高效、城乡一体、便民惠民、配套完善的现代流通体系基本建立，大流通、大市场、大服务的格局基本形成。

——流通领域提高效率降低成本效果显著，通过城市共同配送平台，整合社会资源、减少流通环节，全市社会消费品零售总额突破5000亿元，年均增长10%以上。

——流通主体的竞争力明显提升，连锁经营和统一配送等成为主要流通方式，大型商贸连锁企业统一配送率达到76%,形成一批主营业务突出、网络覆盖面广、品牌知名度高、供应链管理水平高、具有国际竞争力的现代大型流通企业。

——现代信息技术在流通领域得到广泛应用,电子商务成为企业生产经营活动的重要方式,流通产业整合资源、优化配置的能力进一步增强,电子商务交易额突破10000亿元,网络零售额达到1600亿元以上。

(三)基本原则

1. 坚持市场主导、政府引导原则

充分发挥市场配置资源的决定性作用,运用和完善法制手段,完善市场经济制度,打造良好竞争环境,提升企业市场主体地位;加快转变政府职能,强化政府公共服务、市场监管、保障公平等职责,努力实现政府引导、市场基础、企业主体目标与效果的一致性。

2. 坚持深化改革、促进发展原则

从适应现代流通业发展的需要出发,把握处理好改革与发展的关系,使之相辅相成、相互促进,以创新发展倒逼体制机制改革,以深化改革为流通产业发展提供制度保障,推动形成大流通、大市场、大服务格局。

3. 坚持整体推进、重点突破原则

紧紧扭住影响和制约南京国内贸易发展全局的瓶颈和薄弱环节,着力解决体制机制障碍等突出问题,由点及面带动重点区域、重点行业、重点企业的改革和发展,进一步推动南京流通业整体发展。

二、重点任务

(一)流通立法方面

着眼建设法治化营商环境,加快制定、完善流通领域相关立法和标准体系,紧紧围绕商业规划引领、新型业态信用管理等,推进在商业网点管理、电子商务企业信用、规范二手车交易、商业保理管理等方面立法工作,为进一步优化流通布局、营造良好营商环境、促进流通企业的公平竞争和充分发展提供制度保障。

(1)制定《南京市商业网点管理办法》。强化政府立法,依据南京市城市总体规划和土地利用总体规划,修编与之衔接的城市商业网点规划,出台南京商业网点建设和管理的规范性政府文件。发挥规划的引导带动作用,引导市场主体按照商业网点规划合理布局、有序建设、健康发展。将商务部门列入市城乡规划委员会成员单位,参与商业网点规划的咨询、编研和审议等工作全过程。

(2)制定《南京市电子商务企业信用管理办法(试行)》。建立全市相关部门,以及其他行使公共管理职能的组织、公用事业单位、行政组织评估机构为主体的征信机构体系,负责南京市电子商务企业信用信息的归集、披露、评级、使用、管理工作,促进和规范全市电子商务企业诚信经营,完善电子商务企业信用管理制度,营造社会良好信用环境。

(3) 制定《南京市二手车流通管理实施办法》。进一步明确各部门监管职责，完善二手车流通网络建设。鼓励开展二手车网上交易，鼓励汽车品牌经销商从事二手车经营业务，调整完善二手车交易市场的管理体制和机制，促进二手车行业发展更加健康规范、透明有序。

(4) 制定《南京市商业保理(试点)管理办法》。进一步理清相关监管部门责任，统一组织、协调对商业保理行业的监督管理工作。探索商业保理公司与银行间的信用协调发展机制，规范信用诚信行为，缓解中小企业融资困难。积极引导市场经营主体落实各项管理制度，规范经营行为，确保我市商业保理工作起步平稳，发展健康有序。

(二) 模式创新方面

(1) 推动流通业 O2O 模式创新。以技术创新带动商业模式创新，鼓励龙头企业开放融合、优势互补，支持传统商业企业发展线上业务，网络零售企业拓展线下功能，整合协同商品、平台、物流、服务、技术全方位的资源，探索线上线下融合的 O2O 模式之路，实现“互联网＋流通”的模式创新。推动有条件的商业企业“走出去”，通过新建、并购、参股、增资等方式建立海外分销中心、展示中心等营销网络和物流服务网络。推进内外贸一体化，培育形成一批拥有自主品牌和开展国际经营的本土跨国商业企业集团，激发南京流通业发展新的活力。

(2) 推动农村流通网络模式创新。支持大型电子商务、物流企业在农村地区渠道下沉，与村镇进行对接。鼓励企业整合现有农村商业自营店，在中心镇和行政村分别建立服务站、服务点，支持“村邮站”等末端服务网络建设，将单纯的 B2B 商业模式延长拓展为 B2B＋B2C 商业模式，实现网上代购代销、生活消费服务、售后维修保障、物流快递配送等服务功能，逐步构建新型的农村消费网络。优化和整合现有资源，加强批零对接，扩大对农贸市场零售终端和配送单位的配送比例，研究探索农产品统一配送模式，有效解决最后一公里问题。

(3) 推动跨境电子商务模式创新。努力扩大跨境电子商务进出口业务规模，吸引规范化运作的跨境电子商务企业及其产业链上下游企业落户跨境产业园区。积极探索和实践“集货、集商、服务”三位一体的跨境电商外贸综合服务模式，进一步完整、系统、有效地整合跨境电商的各类资源。支持电商、外贸企业自建平台或利用第三方平台开展跨境电子商务和外贸综合服务业务，鼓励有条件的企业设立海外仓。支持传统外贸代理企业转变发展模式，为跨境电商企业提供报关、退税、结汇、仓储物流等全方位服务，实现内外贸在电子商务领域的跨界融合与紧密衔接。

(4) 推动城市共同配送模式创新。不断推进城市共同配送试点工作，在南京市域范围内形成“枢纽引领、环城集配、终端便利”的城市共同配送空间格局。通过合理规划和建设各级物流基地及城市共同配送三级网络节点、优化物流组织配送方式、推进现代物流技术应用，构建高效、绿色、便捷的城市共同配送物流服务网络。

(三) 流通基础设施建设方面

(1) 加强农产品流通基础设施建设。推进大型公益性农副产品批发市场商务会展、冷链冷藏、仓储配送、检验检测等方面配套基础设施和市场相关功能完善;充分发挥大型连锁超市直营直销的经营经验和网点优势,扩大生鲜区经营面积;积极引导大型农副产品批发市场和大型连锁流通企业开展鲜活农副产品直供直销体系建设,逐步形成集网上订购、集中采购、统一分拣、加工、配送、安全溯源等为一体的生鲜农产品智能配送体系。

(2) 完善社区便民服务网点设施建设。结合城市改造和新区建设进程,优化和完善社区商业网点配置,合理配置超市、菜市场、放心粮油店、大众化餐饮店、医保定点药店、家政服务、维修服务、再生资源回收点、电商配送服务点、社区智能快递柜等必备性消费服务设施,积极拓展定制服务、O2O一体化等新兴社区服务模式。鼓励发展社区商业中心、小型社区商业综合体,提升社区综合服务功能。引导骨干商贸流通企业建设面向农村的综合型商贸服务中心,促进农村经济进一步活跃。严格社区商业网点建设和用途监管,确保社区商业与住宅和其他公用设施同步规划、同步建设、同步验收、同步使用,不得随意改变必备商业用房的性质和业态,保证便民服务功能不缺失。

(四) 流通管理体制方面

(1) 向社会组织让渡相关社会管理职能。指导各行业协会建设运营网站平台。委托行业协会开展商贸流通行业统计、调查分析,参与商贸流通业重大课题研究、行业发展规划制定;委托行业协会组织与筹办以政府或有关部门名义举办的各项展会等活动。探索建立政府购买服务机制。

(2) 搭建多层面的政社合作平台。构建政府与社会组织互动的咨询、听证机制,商务部门举行的各类听证会,涉及商贸流通行业发展的重大经济决策,邀请社会组织代表参加。吸纳社会组织参与市场专项治理整顿。

(3) 建立商务信用信息综合评价机制。全面梳理商务行政管理中涉及的企业信用信息,制定信用信息目录清单;建立健全信用信息归集、报送办法,探索信用信息分析、应用机制;在市场规划、商务资金扶持等重点商务流通领域,推进信用审查和信用报告制度,在典当业等重点行业,引进第三方信用评估机构,开展信用评估和行业信用分类分级管理;开发信用信息组合查询、披露发布等功能,在合法公开与合理使用范围的基础上,逐步面向社会开放查询服务。

三、保障措施

(一) 加强组织领导

成立由市长任组长,分管副市长为副组长,市有关部门主要负责人为成员的南京市国内贸易流通体制改革发展综合试点工作领导小组,统筹推进全市试点工作。市领导小组作为统筹全市流通体制改革和发展的决策主体,负责研究和协调改革推进过程中的重大事项,及时解决推进工作中出现的问题。领导小组办公室设在市商务局,负责制定推进工作的实施方案,分解落实工作任务,明确具体责任单位和时间进度要求，协调推进市领导小组安排的具体工作。

（二）强化政策支持

综合运用土地、金融、财政和税收等政策，加大对流通业的支持力度，重点对社会性、公益性、带动性强的商业项目和龙头流通企业、重点市场、流通基础设施以及公共信息平台提供政策扶持。鼓励并支持社会资本在推进流通体制改革和发展方面的投入。制定出台深化流通体制改革的政策意见。

（三）构建营商环境

着力清除市场壁垒和地区封锁，打破行业垄断，规范、精简流通领域行政许可和非行政许可项目，合理降低流通主体市场准入门槛。进一步理清政府与行业协会、社会机构、企业的职能，构建新型政社关系。加快商务诚信体系建设，提高市场监管和服务水平。鼓励国有、民营商贸流通企业相互参股，支持企业跨地区、跨行业、跨所有制兼并重组，发展混合所有制经济，为各种所有制企业平等竞争营造良好环境。

（四）建立考评机制

将推进流通体制改革和发展工作列为全市重点工作，纳入全市年度目标考核体系。建立全市流通体制改革试点工作协调机制，领导小组办公室将工作目标、任务和重点工程分解到区、市有关部门，建立量化考核体系，明确时限，责任到人。各成员单位制定具体的目标任务分解及完成的时间表和路线图，使工作任务和责任落到实处。由市政府督查办和领导小组办公室严格督查，有效推进工作落实。

附件：南京市国内贸易流通体制改革发展综合试点工作重点任务及分工（略）

市政府关于印发《南京市推进文化创意和设计服务与相关产业融合发展行动计划（2015—2017）》的通知

宁政发〔2015〕227号

各区人民政府，市府各委办局，市各直属单位：

现将《南京市推进文化创意和设计服务与相关产业融合发展行动计划（2015—2017年）》印发给你们，请认真遵照执行。

南京市人民政府

2015年11月10日

南京市推进文化创意和设计服务与相关产业融合发展行动计划（2015—2017年）

为深入贯彻落实《国务院关于推进文化创意和设计服务与相关产业融合发展的若干意见》、省政府《关于加快提升文化创意和设计服务产业发展水平的意见》和《加快提升文化创意和设计服务产业发展水平行动计划（2015—2017年）》、市政府《中国制造2025南京市实施方案（2015—2017）》和《南京市"互联网＋"实施方案（2015—2017年）》、《南京市文化与科技融合发展规划纲要》等文件精神，以建设全国重要文化创意中心为目标，以"文化创意＋"为实施路径，加快提升以文化软件服务、建筑设计服务、专业设计服务和广告服务等为主要内容的文化创意和设计服务产业发展水平，推进与相关产业融合发展，推动文化建设迈上新台阶，促进经济提质转型增效，全面提升文化软实力和经济竞争力。结合南京实际情况，制定以下行动计划。

一、发展目标

近年来，全市文化创意和设计服务产业快速发展。2014年全市文创企业法人单位6699家，增加值159.77亿元，占文化产业增加值比重达到31%。当前，南京经济社会发展正处在重要转型时期，要通过文化植入、创意融入和设计提升，推动内容创新、业态创新和制度创新，大力促进文化创意和设计服务产业化、专业化、品牌化发展，着力推动与相关产业高水平、深层次、宽领域融合，进一步塑造先进制造业新优势，提升数字内容产业层次，打造美丽城乡宜居环境，推动文化与现代特色农业有机整合，深化旅游文化内涵，研发文博艺术精品，拓展文化体育融合空间，构建以文化创意和设计服务产业为核心的现代文化产业体系。到2017年，实现"15333"计划目标，即全市文化创意和设计服务产业增加值占文化产业增加值比重每年增长1个百分点以上，基本建成5个功能完备、协作支撑的文化创意产业示范功能区，打造30个特色鲜明、产业集聚的重点园区（集聚区、基地），培育30家以上具有核心竞争力的重点企业，培养引进300名创意设计领军人才，把南京建设成为全国重要文化创意中心和宜居宜业宜游的现代化国际性人文绿都。

文化创意和设计服务与相关产业融合发展行动计划分解指标

指　标　名　称	目标值
市级文化创意产业示范功能区	5个
市级以上文化创意重点园区（集聚区、基地）	30个
省级重点文化创意企业	>30家
市级重点文化创意企业	>100家
培养引进创意设计领军人才	300名
全国影响力的创意设计会展、赛事、论坛品牌	2—3个
全国文化创意细分行业龙头企业	>6家
新增设计企业进入省服务业名牌产品目录	>6家
文化创意企业上市	3—5家
引进国内外文化创意龙头企业和研发中心	>6家
新增国家级工业设计中心	1家
新增省级工业设计中心（平台）	10家
全国工程勘察设计百强企业	1—2家
全国广告龙头企业	>3家
新增省级重点文化科技园区	1—2个
新增市级以上重点文化科技企业	>20家
"七个一批"创意设计重点项目	>100个
市级以上创意设计"众创空间"	10家
市级创意设计公共服务平台	>8个
市级创意设计企业创新联盟	>3个
市级以上创意研发机构	>20家
地域特色文化人才培养基地	3个
高校创意设计人才培育基地	5个

续 表

指 标 名 称	目标值
创建国家级文化金融合作实验区	1个
授牌市级“文化银行”	＞10家
每年促成创意设计小微企业贷款	＞10亿
省级以上文化创意和设计服务出口重点企业和项目	＞6个

二、重点任务

(一) 品牌打造行动

(1) 打造“创意南京”城市品牌。深入挖掘南京文化资源,编制《全国重要文化创意中心建设规划》,培育创意产业竞争新优势,创建“国家文化创意产业创新实验区”。坚持全球视野和国际化理念,实施面向全球的“创意南京”城市品牌传播计划,推进南京加入联合国教科文组织“全球创意城市网络”。(牵头单位:市文化改革发展领导小组办公室;参与单位:市文化改革发展领导小组各成员单位)

(2) 打造文化创意展会品牌。主动对接服务软博会等国家级展会平台,将“南京文化创意产业交易会”打造成文化与创意、科技等融合发展的专业化国际性展会。定期举办“南京创意设计周”,搭建要素交易平台,营造城市创意氛围。到2017年,形成2—3个具有全国影响力的会展活动品牌。(牵头单位:市文化改革发展领导小组办公室;参与单位:市文化改革发展领导小组各成员单位)

(3) 打造原创设计知名品牌。建立南京特色文化资源素材库,推动文化元素与现代产品设计有机结合,加强自主品牌建设,培育本土骨干企业,到2017年,培育一批具有较高市场价值和较强影响力的原创设计品牌,新增6—8家设计企业进入省服务业品牌产品目录。(牵头单位:市委宣传部(市文资办)、市文广新局、市工商局、市质监局;参与单位:市文化改革发展领导小组有关成员单位、各区)

(二) 主体壮大行动

(1) 培育骨干企业。围绕重点领域建立骨干企业库,在资金、信息、金融等方面给予积极扶持,鼓励通过兼并重组等手段做大做强。重点培育中国移动咪咕公司、途牛旅游、新与力传媒等互联网平台型企业和具有鲜明文化特色的高成长性企业。每年评选“金梧桐奖”文创十佳企业。到2017年,培育30家省级重点企业和100家市级骨干企业,3—4家进入全国行业100强,6—8家成为国内细分行业龙头。(牵头单位:市委宣传部(市文资办)、市发改委;参与单位:市经信委、市文广新局、市科委、各区)

(2) 推动企业上市。将符合条件的文化企业纳入全市企业上市重点培养计划,鼓励创意设计企业在各级各类资本市场挂牌上市,重点支持高成长性创意设计企业到“新三板”等上市交易。到2017年,实现3—5家符合条件的文化创意企业在多层次资本市场挂牌上市。(牵头单位:市金融办;参与单位:市委宣传部(市文资办)、市

经信委、市文广新局、市旅游委)

(3) 促进市场开放。综合运用财政、税收、人才、土地等政策手段,吸引各类社会资本和其他领域企业跨界投资文创产业,吸引国内外知名文化创意企业或研发中心入驻南京。到 2017 年,引进 6—8 家国内外知名的龙头企业和研发中心。(牵头单位:市文化改革发展领导小组办公室;参与单位:市委宣传部(市文资办)、市发改委、市商务局、市文广新局、各区)

(三) 融合提升行动

(1) 塑造先进制造业新优势。落实《中国制造 2025 南京市实施方案(2015—2017)》,顺应"互联网+"发展趋势,鼓励将创意设计融入产品设计、研发、试验、应用全过程,拓展设计新领域,提升南京新型显示、未来网络、3D 打印及物联网等特色产业基地发展水平,提升产业层次和核心竞争力。到 2017 年,助推培育一批千亿级重点产业和百亿级品牌企业。(牵头单位:市经信委;参与单位:市发改委、市科委、市商务局等)

(2) 打造工业设计高地。将创意设计融入产品研发、品牌策划、营销推广等各环节,注重功能、外观、材质等创新,提升工业产品附加值和竞争力。引导传统企业承担创意设计的内设机构分离单独设立企业。重点建设高淳陶瓷、圣迪奥时装、南车南京等工业设计中心和中国(江苏)工业设计服务中心等服务平台。到 2017 年,新增 1 家国家级工业设计中心和 10 家省级工业设计中心。(牵头单位:市经信委;参与单位:市发改委、市科委、市委宣传部(市文资办)、市文广新局、市商务局、栖霞区等)

(3) 推动数字内容产业发展。加快文化软件服务业发展,强化文化对信息产业的内容支撑和创意提升。围绕数字游戏、数字音乐、数字影视等重点领域,推动生产、传播、消费的数字化网络化进程。加快数字绿色印刷发展和新闻出版数字化转型。重点建设高新区"国家动漫基地"、雨花台区"国家数字出版基地"、建邺区"中国游戏谷"、江宁区"三网融合枢纽中心"等。(牵头单位:市经信委;参与单位:市委宣传部(市文资办)、市文广新局、浦口区、雨花台区、建邺区、江宁区等)

(4) 提升人居环境质量。在城乡规划、建筑设计、园林设计和装饰设计领域方案设计和竞选中,注重倡导绿色设计,融入南京元素,体现文化内涵,提升城市建筑、景观环境和公共空间的设计品质和文化品位。重点培育长江都市建筑设计、东南大学建筑设计等龙头企业。到 2017 年,1—2 家企业进入全国工程勘察设计百强企业。(牵头单位:市城建委;参与单位:市文广新局、市绿化园林局、市文明办等)

(5) 提升旅游文化内涵。发展参与式、体验式旅游和智慧旅游等新兴业态,以文化提升旅游产业内涵质量。深入挖掘南京文博资源、红色资源、"一带一路"资源等,策划研发具有南京特色的旅游演艺节目、文化创意商品和旅游食宿精品。推进门东门西历史文化街区、牛首山文化旅游区、华侨城欢乐谷、南京世茂?梦工厂、大明文化旅游度假区等重大文化旅游项目建设。(牵头单位:市旅游委;参与单位:市委宣传部(市文资办)、市文广新局、市商务局、雨花台烈士陵园管理局、有关区)

(6) 加快广告产业发展。规范广告领域文化事业建设费征收标准。推动传统资源型广告企业向策划型网络传媒企业转型,引导广告业与网络营销、电子商务、现代会展等新兴业态融合发展。办好南京广告设计大赛。加大建邺国家广告产业园区建设力度。到 2017 年,培育 3—5 家在国内外有影响的广告创意策划、设计制作和传播发布类领军企业。(牵头单位:市工商局;参与单位:市发改委、市委宣传部、市文广新局、建邺区)

(7) 推进创意农业发展。实施"创意农产品研发提升计划",挖掘农业文化资源,鼓励设计企业及个人工作室为乡村集体经济组织和农户提供创意设计服务。对接服务淘宝"南京馆"等网络平台,加强农产品策划包装,提升农产品附加值,促进农民增收。加大农产品地理标志登记和商标注册保护力度,打造高淳固城湖大闸蟹、溧水蓝莓、江宁横溪西瓜、六合雨花茶等地产特色品牌。(牵头单位:市农委;参与单位:市文广新局、市科委、市商务局、市旅游委、市工商局、有关区)

(8) 拓展体育产业空间。深入挖掘体育文化内涵,积极引进培育国内外精品赛事,办好 2016 年世界速度轮滑锦标赛,探索建立与体育赛事相关的版权交易平台。培育大众体育健身市场,发展体育服务组织,打造一批品牌健身项目和场馆服务品牌。发展体育竞赛表演、电子竞技等新兴业态。运用新工艺、新材料、新技术开发体育用品,逐步提升体育服务业占比。(牵头单位:市体育局;参与单位:市文广新局、市科委、市旅游委、市体育产业集团等)

(9) 提升传统工艺产品设计水平。促进传统工艺美术产品、珠宝首饰商品等与现代科技和时代元素融合,加强研发设计和品牌营销,提升产品附加值和文化创意含量。吸引社会资本以各种形式积极投资该领域,推动与"商、旅、文"产业融合发展。重点提升南京云锦织造技艺、秦淮灯会、金陵折扇等非遗创意设计水平,建设南京工艺美术行业设计研发中心,支持通灵珠宝、南京金箔、宝庆银楼等品牌企业做大做强。(牵头单位:市经信委;参与单位:市文广新局、市旅游委、市文联、有关区)

(10) 推动传统媒体与新兴媒体融合发展。推动传统文化单位发展互联网新媒体,支持南京报业传媒集团、南京广电集团等主流媒体先行先试、率先发展,鼓励龙虎网从重点新闻网站向互联网企业转型,重点发展移动互联网社区 O2O、"在南京"手机 APP、图片江苏创新聚合多媒体等原创融合产品,打造拥有强大实力和传播力、公信力、影响力的新型媒体集团。(牵头单位:市委宣传部(市文资办);参与单位:市文广新局、南京报业传媒集团、南京广电集团)

(四) 功能区建设行动

(1) 推进重点功能区建设。制订《南京市文化创意产业功能区布局和建设规划》,完善产业空间布局,围绕功能定位集聚文化人才、技术、资本等创新要素资源,组织实施一批融合示范项目,促进与相关产业紧密协作、共同发展。到 2017 年,基本建成秦淮、环南艺等 5 个左右文化特色鲜明、产业优势突出的示范功能区。(牵头单位:市文化改革发展领导小组办公室;参与单位:市文化改革发展领导小组各成员单位、

各区）

（2）推进文创园区建设。依托江北新区、国家级开发区、省市现代服务业集聚区和文化园区（基地），引导资源有效集聚，推动与其他产业跨界融合。鼓励以划拨方式取得土地的单位利用老旧工业厂房等存量房产改建创意设计园区，符合条件的享受相关优惠政策。重点建设晨光1865创意产业园、紫东国际创意园、南京国家领军人才创业园、栖霞山文化创意产业集聚区、南京J6软件创意园等。到2017年，建成30个市级以上重点园区（集聚区、基地）。（牵头单位：市发改委、市文广新局；参与单位：市委宣传部（市文资办）、市规划局、市国土局、市商务局、市经信委、市工商局、各区）

（3）推进重点项目建设。按照工程化、项目化方法，继续滚动推进“策划一批、签约一批、开工一批、竣工一批、落地一批、产出一批、做优一批”等“七个一批”项目建设，根据节点严格实施考核。争取更多项目列入全市现代服务业重点项目。到2017年，“七个一批”项目中创意设计类项目累计不少于100个，其中“竣工一批”和“产出一批”项目不少于50个，完成投资额不少于500亿元。（牵头单位：市文化改革发展领导小组办公室；参与单位：市委宣传部（市文资办）、市发改委、市商务局、市文广新局、市旅游委、各区）

（五）平台服务行动

（1）建设重点服务平台。支持建设南京创意设计中心，积极探索“政府引导、公司运营、园区承载、多方合作”的运作模式，不断完善行业服务、展示体验、设计培育、要素交易等综合功能。鼓励依托龙头企业、高等院校等成立创意设计协（学、商）会、中介机构、产业联盟等专业服务组织，发挥行业自律、制订标准、依法维权等职能。到2017年，新增创意设计产业专业服务机构5—8家。（牵头单位：市文化改革发展领导小组办公室；参与单位：市文化改革发展领导小组有关成员单位）

（2）完善网络服务平台。加快基于云服务的全市创意设计网络服务平台建设，提高政策咨询、信息发布、展示交易、项目合作、融资融智等综合服务能力。重点打造“创意南京”融合服务平台体系，线上建设一站式门户网站，线下设立基地“文创服务港”，推动跨平台广泛合作。积极支持现有创意设计类行业协会、学会发挥作用。（牵头单位：市文化改革发展领导小组办公室；参与单位：市文化改革发展领导小组有关成员单位）

（3）打造示范文创“众创空间”。鼓励各类园区采取“专业园”、“园中园”等形式，建设示范性创意设计“众创空间”，制定建设标准和扶持办法，推出小微文化企业科技、金融和创意服务券，实施“天使投资跟投计划”引导创投基金入驻，完善创业孵化体系。到2017年，建成10家市级以上创意设计“众创空间”，服务小微文化企业1000家以上。（牵头单位：市委宣传部（市文资办）、市科委；参与单位：市财政局、市金融办、市文广新局等）

（六）科技支撑行动

（1）建设国家级文化科技融合示范基地。加快南京国家级文化科技融合示范基地建设,大力发展数字影音娱乐、现代创意设计、新兴网络传媒和智慧旅游休闲等四大领域和十二个重点方向,重点打造南京软件园、南京经济技术开发区等5个示范分基地。到2017年,新增1—2个省级文化科技园区、20家以上省市重点文化科技企业。(牵头单位:市科委、市委宣传部(市文资办)、市文广新局;参与单位:市发改委、市经信委、建邺区、浦口区、栖霞区、雨花台区、江宁区)

(2) 建立技术研发服务平台。依托科研院所、高等院校、文化科技产业园、行业协会及龙头企业,建设一批技术先进、功能配套、机制灵活的市级创意研发机构和产业技术服务平台。加快推进南京数字文化产业公共技术服务平台(二期)建设。制定创意研发机构认定管理办法。引导企业组建产业联盟和技术联盟。到2017年,建成8个以上公共技术服务平台,组建3个以上产业技术创新战略联盟,培育20家市级以上创意研发机构。(牵头单位:市科委;参与单位:市委宣传部(市文资办)、市发改委、市经信委、市文广新局、市教育局、建邺区等)

(3) 促进创意设计与科技融合。培育文化与科技双向深度融合的新兴业态,加大重点项目扶持力度,推进创意设计与现代科技在产品创作、生产、传播等领域的集成应用,运用大数据、云计算、3D打印、智能终端等高新技术,增强文化产品的表现力、感染力和传播力。到2017年,推动3—5项重要科技成果在创意设计领域转化运用。(牵头单位:市科委;参与单位:市委宣传部(市文资办)、市发改委、市经信委、市教育局、市工商局、市文广新局等)

(七) 人才培养行动

(1) 加强创意设计人才培养。对市属高校(职业学校)开设的创意设计类专业学科,在招生计划、师资配备等方面予以倾斜。支持将云锦等非物质文化遗产人才培养纳入职业教育体系。依托市非遗传承工作室等平台,加强对南京非遗创意产品研发,探索学历教育和职业培训并举,培养具有文化创新能力的传统民间手工艺传承人才。推进创意设计职业技能鉴定和职称评定工作。到2017年,建设2—3个地域特色文化人才培养基地。(牵头单位:市教育局;参与单位:市委宣传部、市编办、市人社局、市发改委、市财政局、市文广新局、市文联、市属有关高校、高淳区等)

(2) 共建产学研用人才培训基地。支持南京艺术学院和南京大学、东南大学、南京理工大学等高校设计类学院建设,加强互动沟通,开展全方位交流合作。定期举办创意设计人才招聘会。鼓励创意设计相关产业园区、龙头企业和高等院校、职业院校及科研机构加强合作。到2017年,建设3—5个高校创意设计人才培育基地。(牵头单位:市委宣传部;参与单位:市文广新局、市教育局、市人社局、市经信委、市工商局等)

(3) 实施高层次人才扶持计划。逐步建立政府奖励、用人单位奖励和社会奖励互为补充的多层次创意设计人才奖励体系。把创意设计高层次人才纳入市"五个一批"人才建设工程,每年通过扶持参加展会、举办专业培训、支持出国培训等形式,对优秀创意设计人才予以重点支持。鼓励举办和参加国际化、专业化创意设计竞赛活动。到 2017 年，培养引进 300 名创意设计领军人才。（牵头单位：市委组织部、市委宣传部；参与单位：市人社局、市文广新局、市科委、市经信委、市工商局等）

（八）市场培育行动

（1）健全市场网络。完善江苏省文化产权交易所和南京文化艺术产权交易所功能，大力推进创意设计服务资本、产权、人才、信息、技术等交易平台建设，提供创意设计信息发布和交易撮合、知识产权登记交易、项目投融资等专业服务，促进创意设计市场交易规范化。鼓励各类交易平台设立创意设计服务板块，促进创意成果转化。（牵头单位：市经信委；参与单位：市委宣传部、市文广新局、市发改委、市科委、市商务局、市工商局、市金融办等）

（2）发展专业市场。在商贸流通业改造升级中，运用创意设计促进专业市场和特色商业街等发展，建设有特色、专业化的创意设计交易市场，加快形成广渠道、多层次的创意设计交易网络体系。引导生产企业积极应用各类设计技术和设计成果，开展设计服务外包，扩大设计服务市场，加大政府对优秀创意设计的采购力度。（牵头单位：市商务局；参与单位：市文广新局、市财政局、市工商局等）

（3）培育消费市场。发展互联网消费新业态，培育文化消费增长点。创新公共文化服务供给方式，加大政府对文化创意设计产品和服务采购力度。深入挖掘南京老字号文化内涵，增强文化传承力和影响力。积极发展南京文化消费卡，打造综合性文化消费平台。办好"创意南京节"等主题鲜明的文化消费品牌活动。引导商业企业、传统书店、电影院、演艺场所等引入特色文化资源，打造一批文化艺术、商务服务和休闲体验充分融合的消费空间。（牵头单位：市文广新局；参与单位：市商务局、市委宣传部（市文资办）、市财政局、市旅游委、市文化集团等）

（九）金融助推行动

（1）健全文化金融服务体系。认真落实《市政府关于全面深化金融改革创新发展的若干意见》、《南京市文化产业投融资体系建设计划》等文件精神，加强文化银行、文化小贷公司、文化担保、文化保险等专业机构建设，完善金融服务链条，建立融合发展投资基金，规范发展互联网众筹平台，鼓励多种渠道直接融资。到 2017 年，累计遴选文化银行不少于 10 家，着力打造具有南京特色的文化金融体系。（牵头单位：市金融办；参与单位：市委宣传部（市文资办）、市财政局、市文广新局、市科委、人民银行南京分行营管部、市文化集团、各区）

（2）建设文化金融服务平台。依托南京市文化投资控股集团，发挥全国第一家文化金融服务中心作用，进一步完善融资辅导、信用增信、金融培训等功能。建立南京文化金融服务商会，强化文化金融合作对接。到 2017 年，服务创意设计企业超过 2000 家，服务促成贷款累计超过 70 亿元，打造"国家级文化金融合作实验区"。（牵头单位：市文化改革发展领导小组办公室；参与单位：市委宣传部（市文资办）、市金融办、市文广新局、市财政局、市科委、人民银行南京分行营管部、市文化集团等）

（3）创新特色金融服务产品。支持金融机构针对创意设计企业特点和轻资产特性,研发特色金融产品。完善无形资产评估体系,逐步打通知识产权确权、评估、抵押、变现全流程。开展知识产权抵押和收益权抵(质)押贷款等业务。支持保险公司创新产品提供融资增信支持。建立小微创意设计企业信用信息数据库,运用大数据完善信用评估模式,健全信用评级制度。到2017年,累计发放面向小微文创企业的创新产品贷款不少于10亿元。(牵头单位:市金融办、市文广新局;参与单位:市委宣传部(市文资办)、市知识产权局、市工商局、人民银行南京分行营管部、市文化集团等)

(十)开放合作行动

(1) 发展对外文化贸易。按照国家和省统一要求,对来宁开展创意设计投资或服务的境外投资者实行准入前国民待遇。发挥南京综合保税区政策优势,扩大对外文化贸易规模。推动我市更多创意设计企业和项目进入国家和省《文化出口重点企业和项目目录》,扩大文化创意和设计服务类企业产品和服务出口比重。到2017年,培育1—2个国家级、3—5个省级文化创意和设计服务类出口重点企业和项目。(牵头单位:市商务局;参与单位:市委宣传部(市文资办)、市发改委、市经信委、市城建委、市工商局、市文广新局)

(2) 扩大宁台宁港交流合作。依托两岸企业家紫金山峰会文创产业论坛等平台,推动宁台、宁港创意设计企业互访参展,通过信息交流共享、重大项目合作开发、举办青年设计师工作坊(论坛)、创意市场拓展等方式,加强宁台、宁港在创意设计领域的交流与合作。(牵头单位:市台办、市外办;参与单位:市委宣传部、市发改委、市商务局、市文广新局)

(3) 支持创意设计企业走出去。定期选择国际知名创意城市举办"南京周"活动,积极参与德国iF工业设计展、国际建筑双年展、意大利"金圆规奖"、英国伦敦创意设计展、戛纳国际广告展等国际赛展。鼓励发展设计服务外包,支持建设南京米兰创意设计中心等国际化平台,培育一批具有国际竞争力的设计企业和品牌。探索在国外建立文化产品贸易机构和平台。(牵头单位:市委宣传部(市文资办)、市外宣办;参与单位:市商务局、市文广新局、市发改委、市工商局、南京海关、市外办等)

三、保障措施

(一)强化组织实施

将推进文化创意和设计服务与相关产业融合发展纳入全市服务业发展联席会议职能,研究配套政策,具体组织实施。成员单位包括市发改委、市委宣传部(市文资办)、市经信委、市科委、市财政局、市统计局、市工商局、市金融办、市旅游委、市文广新局等。各区、各部门要把推进文化创意和设计服务产业发展作为优化经济结构、转变发展方式的重要抓手,主动与国家和省有关部门对接,健全领导体制,完善工作机制,落实责任分工,推进重点工作。要加强宣传,积极营造全社会支持创新、尊重设计,鼓励创意的良好氛围。

（二）落实有关政策

严格落实国家和省有关文件中关于提升文化创意和设计服务产业发展水平的各项土地、税费和财政等政策。出台我市支持文化创意和设计服务产业发展的若干政策意见，加大财政金融支持力度，适当增加市文化产业发展引导资金规模，利用好市现代服务业等相关领域资金，加大对创意设计类重点园区、公共服务平台、骨干龙头企业、融合示范项目和创意人才扶持力度。创新财政资金投入方式，提高引导资金“拨改投”比重，探索以新兴产业投资基金方式孵化中小企业、培育龙头企业。指导支持文化创意和设计服务类项目申报国家、省各类专项资金。运用因素法开展绩效评价，提升引导资金使用效能。

（三）保护知识产权

深入实施知识产权战略，加强南京铁路法院（南京知识产权法院）机构建设。建设知识产权快速维权中心，建立专利优先审查通道和软件著作权快速登记通道，积极推动文化创意企业、设计服务企业开展商标注册，运用商标保护企业品牌，维护知识产权。完善知识产权纠纷技术鉴定和专家顾问制度。支持仲裁机构强化争议裁决功能，引导维权援助机构、行业协会、中介组织等第三方建立多元化纠纷解决机制。加强知识产权保护法律法规宣传普及，面向创意设计企业和设计师开办培训班，增强自我保护能力。

（四）加强督查考核

市服务业发展联席会议办公室和市文化改革发展领导小组办公室加强面上统筹和指导协调。有关牵头部门要将文化创意和设计服务产业发展水平纳入全市现代服务业发展和文化及相关产业发展考核指标体系，按照本行动计划要求，建立年度评价机制和奖惩激励机制，加强对各区、各有关部门数据指标、政策落实、重点任务、项目推进情况的专项督查，及时跟踪研判，确保有效推进，重大事项及时向市政府报告。统计部门要加强文化创意和设计服务产业统计监测，完善统计指标体系，做好融合发展绩效分析工作。

市政府办公厅关于加快南京市保险业创新发展的实施意见

宁政办发〔2015〕22号

各区人民政府，市府各委办局，市各直属单位：

为深入贯彻《国务院关于加快发展现代保险服务业的若干意见》（国发〔2014〕29号）精神，认真落实《省政府关于加快发展现代保险服务业的实施意见》（苏政发〔2014〕124号）、《市政府关于全面深化金融改革创新发展的若干意见》（宁政发〔2014〕172号），加快全市保险业创新发展，结合我市实际，现制定如下实施意见。

一、充分认识加快保险业创新发展的重要意义

保险是现代经济的重要产业和风险管理的基本手段，是体现社会文明水平、经济发达程度、社会治理能力的重要标志。近年来，全市保险业保持了稳健发展态势，在完善社会保障体系建设、助推经济发展、服务民生方面发挥了越来越重要的作用，保险深度、保险密度分别超过3.2%和3200元/人，已经成为南京市国民经济的重要产业和特色行业。

当前，我市正处于社会转型发展和产业优化升级的关键时期，加快保险业发展，不仅有利于进一步优化金融资源配置，降低经济运行的风险成本，也有利于提高社会管理水平，构建多层次社会保障及风险防范体系，促进社会和谐稳定。各区、各部门要充分认识保险的功能作用，把发展现代保险服务业放在经济社会工作整体布局中统筹考虑，将保险机制嵌入完善金融体系、改善民生保障、创新社会管理、促进经济提质增效升级的制度设计，为全面建设小康社会提供保险服务和支持。

二、指导思想和发展目标

（一）指导思想

以党的十八大精神为指导，按照《国务院关于加快发展现代保险服务业的若干意见》的总体要求，把发展现代保险服务业作为促进经济转型、转变政府职能、带动扩大就业、完善社会治理、保障改善民生的重要抓手，开拓新思路、建立新机制、探索新体制，推动建设具备市场竞争力、富有创造力和充满活力的现代保险服务业，为全面深化我市金融改革创新发展、打造泛长三角区域金融中心提供有力支撑。

（二）发展目标

推动保险成为政府、企业、居民风险管理和财富管理的基本手段，成为提高保障

水平和保障质量的重要渠道，成为政府改进公共服务、加强社会管理的有效工具，有效发挥保险社会“稳定器”和经济“助推器”的作用。到2020年，基本建成保障全面、功能完善、安全稳健、诚信规范，具有较强服务能力、创新能力和国际竞争力，与我市经济社会发展需求相适应的现代保险服务业，全力打造机制灵活、运转协调、政策配套、充满活力的保险创新试验区。全市实现保费收入800亿元，保险深度（保费收入/国内生产总值）超过5%，保险密度（保费收入/总人口）达到7000元/人。

三、创新保险组织体系，深化保险市场建设

（一）深化全市保险行业改革创新

大力推动全市保险行业改革力度，完善公司治理，规范营销行为，切实加强保险机构自主创新能力。加快完善保险市场体系，支持设立区域再保中心、专业保险公司和信用保险专业机构。支持鼓励驻宁各保险机构积极运用网络、计算机、大数据、移动互联网等新技术促进销售渠道和服务模式创新。推动在宁保险公司提供质优价廉、通俗易懂、诚信规范的保险产品和服务。

（二）支持本地法人保险机构做大做强

支持本地法人保险机构通过强化管理和完善经营机制，加快发展，做优做强。加快组建紫金富邦人寿保险有限公司等本地法人保险机构。支持本地法人保险公司在符合保监会相关准入条件后，积极申请获得信用风险管理资质，通过单独或联合设立保险资产管理公司等方式，围绕我市经济社会建设重点项目开发产品、吸引资金。

（三）充分发挥保险中介市场作用

不断提升保险中介机构的专业技术能力，发挥中介机构在风险定价、防灾防损、风险顾问、损失评估、理赔服务等方面的积极作用，更好地为保险消费者提供增值服务。优化保险中介市场结构，规范市场秩序。稳步推进保险营销体制改革。

（四）强化保险业信用体系建设

加强保险信用信息基础设施建设，扩大信用记录覆盖面，尝试引入外部数据（银行业、通讯业等）进行信用信息大数据分析，从多方面、多维度关联，进行个人、单位、集体等的信用评级计算、分析和预测，推动和完善信用共享机制建设。引导保险机构采取差别化保险费率等手段，对守信者予以激励，对失信者进行约束。完善保险从业人员信用档案制度、保险机构信用评价体系和失信惩戒机制。

（五）合理布局全市保险机构集聚

进一步强化河西保险业集聚布局，引导新设立的保险机构入驻河西金融集聚区（金融城）。逐步提升新街口商务中心保险业的功能，重点发展互联网保险、民生保险等新型保险服务业态，形成与河西金融集聚区功能互补、合作共赢、协同发展的格局。有效引导、合理规划江北新区的保险业布局，助推江北新区建设国家转型升级示范区。

（六）推进保险创新试验区建设

加强与行业监管部门沟通，积极争取保险业重大改革创新项目优先在南京先行

先试。努力将保险创新试验区建设成为解决保险领域突出问题的试验基地、提升保险服务实体经济能力的示范平台和体现保险业改革方向的重要窗口。

四、创新小微企业保险融通渠道，助推实体经济转型升级

（一）推进小额贷款保证保险试点

坚持“政府引导，市场化运作”的原则，建立政府、保险、银行风险共担机制，通过保险公司与银行合作模式，为缺少抵质押、第三方担保的中小微企业提供小额贷款保证保险融资增信支持。

（二）进一步深化科技保险工作

确立科技保险专营化、专业化的创新发展方向，推动科技保险公司专注服务于科技企业和开展科技金融业务，重点扶持初创期、成长期科技创业企业发展。设立南京市科技保险保费补贴和风险补偿资金，构建省市联动的科技保险风险补偿机制。鼓励和引导科技保险公司契合科技企业实际需求，创新保险产品，扩大保险覆盖面，不断提升服务质量和专业化水平。将科技保险公司打造成为全市科技创业投融资体系的重要支柱，使科技保险成为全市科技领域自主创新的重要风险保障。

（三）鼓励发展出口信用保险和国内贸易信用险

发挥出口信用保险促进外贸稳定增长和转型升级的作用，加大出口信用保险对自主品牌、自主知识产权、战略性新兴产业的支持力度，支持企业“走出去”。大力发展国内贸易信用保险，提升企业信用，为实体经济发展和进出口贸易提供融资便利和风险保障。

（四）开展互联网保险业务创新

鼓励保险机构开展与互联网金融特点相适应的保险产品、营销、服务以及交易方式创新，积极培育互联网保险新业态和新型要素交易平台。

五、创新民生类保险产品与服务，提升社会管理和公共服务水平

（一）大力发展各类服务民生的责任保险

强化政府引导、市场运作、立法保障的责任保险发展模式。全面推进环境污染责任保险制度，完善“专业承办、集体投保、共同承保”的运作模式，建立公平、公正、权威的第三方环境风险评估机制，培育发展本地区第三方环境损害鉴定机构。充分发挥安全生产责任保险在安全生产中的经济补偿和社会管理功能，切实保障从业人员合法权益，促进企业主体责任落实。健全完善自然灾害民生综合保险制度，有效降低居民群众因自然灾害、意外事故造成的人身财产损失。积极推进食品安全责任保险，及时化解由食品安全引发的社会矛盾和纠纷。进一步完善学生人身伤害事故责任保险制度，防范和妥善化解各类校园安全事故责任风险。探索建立巨灾保险制度，逐步形成财政支持下的多层次巨灾风险分散机制。在条件合适的领域探索开展强制责任保险试点。

（二）加快发展商业健康保险

大力发展与基本医疗保险有机衔接的商业健康保险。支持商业保险机构根据我市市场实际和多元化医疗服务需求，积极开发健康保险产品，并提供与商业健康保险产品相结合的疾病预防、健康维护、慢性病管理等健康管理服务。鼓励符合条件的保险公司参与城乡居民大病保险承办工作，提高大病保险的运行效率和服务水平。发挥市场机制作用，促进基本医疗保险、大病保险与医疗救助的协同互补，切实减轻参保人员大病医疗费用负担。加快发展医疗责任保险、医疗意外保险，探索发展多种形式的医疗执业保险，分担医疗执业风险，促进化解医疗纠纷，推动建立平等和谐医患关系。

（三）创新养老保险产品服务

加快发展企业年金、职业年金、商业养老保险，建立多层次的养老保障体系。积极推广养老服务意外保险制度，增强养老服务行业风险防范和服务保障功能。鼓励保险机构探索开展住房反向抵押养老保险试点。探索开展个人税收递延型商业养老保险试点。积极支持发展长期护理保险。支持符合条件的保险机构投资养老服务产业，促进保险服务业与养老服务业融合发展。结合江北新区建设，积极探索企业年金、个人税延、住房反向抵押等养老保险创新产品的试点。

六、创新支农惠农方式，大力发展“三农”保险

（一）进一步完善农业保险运行机制

逐步建立与我市现代都市农业发展要求相适应的农业保险险种体系。进一步扩大主要种植业保险覆盖面，继续把发展高效设施农业保险摆在突出位置。支持保险机构开发产量保险、价格指数保险、天气指数保险等新型农业保险产品，丰富农业保险风险管理工具。支持保险机构提供保障适度、保费低廉、保单通俗的“三农”保险产品。

（二）建立“三农”保险银保互动机制

鼓励发展家庭财产险、人身意外险及相关责任险等农村小额保险。引导银行机构与保险公司加强合作，推进农村小额贷款保证保险试点，鼓励家庭农场、农业合作社、农业企业通过投保贷款保证保险获得小额融资。

七、创新推动保险资金运用，促进经济提质增效升级

（一）拓宽保险资金运用渠道和范围

进一步开辟保险直接融资和间接融资渠道，鼓励保险公司以债权、股权、股债结合等方式，参与南京市重大基础设施、棚户区改造、城镇化建设、产业投资基金以及医疗、养老机构等建设，支持我市重点项目和战略性新兴产业的发展。

（二）加强与保险集团的战略合作

加强与保险法人总部、资产管理公司联系，深化与中国人寿集团、平安集团等

保险集团的战略合作，及时反馈符合保险资金运用标准、具有较高安全性和稳定收益率的长期投资项目信息，畅通信息渠道，促成项目、资金有效衔接。

八、加强组织保障，促进保险市场健康稳定发展

(一) 建立服务协调机制

建立南京市保险业创新发展联席会议制度，市金融办为联席会议牵头单位，会同有关部门统筹推进保险创新发展相关工作，联席会议办公室设在市金融办。

(二) 鼓励政府通过多种方式购买保险服务

按照管办分开、政事分开要求，引入竞争机制，通过招标等方式，鼓励有资质的商业保险机构参与政府委托的保险经办服务，降低运行成本，提升政府管理效率和服务质量。对于商业保险机构运营效率更高的公共服务，政府可以委托保险机构经办，也可以直接购买保险产品和服务；对于具有较强公益性，但市场化运作无法实现盈亏平衡的保险服务，可以由政府给予一定支持。

(三) 加大财政支持力度

建立保险业创新发展奖励激励机制，加大对保险创新业务的保费补贴与风险补偿。对在保险资金运用、保险创新产品与服务等方面有突出贡献的保险机构，优先予以金融创新奖励。对新入驻河西金融集聚区的国内外保险法人总部、地区总部、中介服务机构、新型金融组织等给予一次性补助、购(租)房补助等奖励补助。对符合条件的保险业高层次金融人才、保险机构高管人员给予奖励补助。

(四) 加强保险投资兴办养老产业和健康服务业的用地保障

鼓励符合条件的保险机构投资兴办养老产业和健康服务业机构。在土地利用总体规划中统筹考虑养老产业、健康服务业发展需要，扩大养老服务设施、健康服务业用地供给。加强对养老、健康服务设施用地监管，严禁改变土地用途。

(五) 建立多层次保险业人才培养与引进体系

充分发挥南京科教资源丰富的优势，强化高校在保险业的人才教育培养工作中的基础性作用，构建多层次、多形式的保险专业教育培训体系。完善保险业人才引进配套制度，为保险业高层次金融人才、保险机构高管人员提供医疗、子女教育、购租房等提供便利。

(六) 提升全社会保险意识

新闻宣传部门要把握正确的舆论导向，加强与保险机构的合作，鼓励广播电视、平面媒体及互联网等开办专门的保险频道或节目栏目。深入学校、厂矿、社区、农村等开展保险意识宣传，在全社会形成学保险、懂保险、用保险的氛围。加强保险消费者合法权益保护宣传，普及保险知识，倡导科学理性的保险消费观念。

南京市人民政府办公厅

2015 年 2 月 6 日

市政府办公厅关于印发南京市鼓励开通南京龙潭港—上海洋山保税港启运港退税直航航班暂行办法的通知

宁政办发〔2015〕64 号

各区人民政府，市府各委办局，市各直属单位：

《南京市鼓励开通南京龙潭港—上海洋山保税港启运港退税直航航班暂行办法》已经市政府同意，现印发给你们，请认真遵照执行。

南京市人民政府办公厅

2015 年 5 月 19 日

南京市鼓励开通南京龙潭港—上海洋山保税港启运港退税直航航班暂行办法

为适应启运港退税试点工作要求，提高南京港外贸集装箱中转能力，提升南京门户城市地位，更好服务我市开放型经济和海港枢纽经济发展，现就鼓励开通南京龙潭港—上海洋山保税港启运港退税直航航班（以下简称“龙洋直航航班”）制定如下办法：

一、鼓励开通“龙洋直航航班”，市政府予以奖励补贴

（一）资金规模

1500 万元。其中：航次奖励 1400 万元，运量奖励 100 万元。

（二）资金来源

该项奖励补贴在市政府设立的“南京港口物流发展专项资金”中安排。

（三）奖励期

2015 年 4 月 20 日至 2016 年 4 月 30 日。

（三）奖励标准

1. 航次奖励标准：3 万元。

2. 运量奖励标准：对启运港退税直航航班箱量年度前三名承运企业奖励，分别奖励 50 万元、30 万元、20 万元。

（四）适用对象

列入国税总局符合适用启运港退税政策条件的运输企业名单、经申报通过市投促委(口岸办)认定、开通“龙洋直航航班”的航运企业。

二、申请及奖励补贴考核拨付

（一）直航航线申报

1. 申报认定

列入国家税务总局《符合适用启运港退(免)税政策条件的运输企业名单》的运输企业(以下简称“运输企业”),均可申报开通“龙洋直航航班”。经市投促委(口岸办)认定为“龙洋直航航班”运行企业和运输工具后,在南京电子口岸官网(www.nj-eport.com 或 www.nj-eport.gov.cn)上发布。

2. 总量控制

(1) 奖励期内对运行企业数、运行航班数实行总量控制。运行企业数不超过10家、运行航班数每周不超过10班。

(2) 每周运行航班数不足10班时,其他运行企业可依照2014年南京龙潭港—上海洋山保税港外贸内支线集装箱运量的排名顺序依次申报递补。

(3) 2015年4月20日至5月31日为试运行时间,企业开通的“龙洋直航航班”报市投促委(口岸办)备案后执行,考核标准可不受开航率等限制。

3. 开航备案

运行企业应于开航前1周,向市投促委(口岸办)和南京港龙潭集装箱有限公司调度室进行开航备案,市投促委(口岸办)在南京电子口岸官网上公示。

如需变更,运行企业应于开航前1日另行报备。

（二）奖励考核标准

1. 航次奖励适用对象:季度开航率不低于80%(含)、平均每航次启运港退税箱量达30标箱以上(含)、直航无挂靠。

2. 运量奖励适用对象:年度启运港退税箱量排名前三名的运行企业。

3. 实行一票否决制度:对经查实骗取“奖励补贴”的运行企业实行“一票否决”,除收回已发“奖励补贴”,取消其今后申报开通的资质。

（三）奖励拨付程序

1. 季度航次奖励:于下季度第一月集中受理拨付。运行企业于当月7日前向市投促委(口岸办)报送《南京市启运港退税“龙洋直通航班”航次奖励专项资金申请表》;当月19日前由市投促委(口岸办)汇总,并会同市交通运输局审核,报分管市领导批准,经公示5个工作日后,由市财政局拨付。

2. 年度运量奖励:于奖励期满后次月受理拨付。市投促委(口岸办)19日前汇总意见,根据年度排名提出奖励方案,报市政府研究批准,经公示5个工作日后,由市财政局审核拨付。

三、提供优质保障服务

市投促委(口岸办)、市财政局、市商务局、市交通运输局、金陵海关、市国税局、南京检验检疫局、南京海事局、南京港(集团)有限公司、南京中理外轮理货有限公司和运行企业依据各自职责提供优质服务,保障启运港退税政策试点工作有序推进。

本意见暂定一年。

附件:

1. 启运港退税政策相关部门(单位)职责分工

2. "龙洋直航航班"运行企业航次奖励资金申报表

附件 1

启运港退税政策相关部门(单位)职责分工

一、市投促委(口岸办)

1. 负责协调推进南京市启运港退税政策试点工作。

2. 负责协调市财政局、金陵海关、市国税局等部门做好相关航运企业申报"运输企业"、运输工具适用启运港退税政策条件的验核、申报、认定及相关工作。

3. 当月 19 日前会同市交通运输局审核企业报送的《南京市启运港退税"龙洋直航航班"航次奖励补贴申请表》。

4. 负责协调金陵海关、市国检局、南京海事局等部门采取便捷高效的通关措施,营造良好的口岸服务保障环境。

二、市财政局

1. 负责奖励补贴资金筹集,按市投促委、市交通运输局及相关部门审核的申请资料以及市政府分管领导批准意见及时拨付。

2. 负责与金陵海关、市国税局等部门共同审核运输企业、运输工具适用启运港退税政策条件的申请资料,并对相关运输工具进行验核。

三、市交通运输局(港口局)

1. 负责协调龙潭港区相关港口企业先行保障开通"龙洋直航航班"。

2. 负责协调龙潭港区相关港口企业优先安排"龙洋直航航班"靠泊和装卸作业。

3. 当月 19 日前同市投促委(口岸办)审核企业报送的《南京市启运港退税"龙洋直航航班"航次奖励专项资金申请表》。

四、市商务局

1. 负责做好南京地区外贸生产企业、国际货代企业启运港退税政策宣传培训。

2. 负责引导南京地区外贸生产企业优先执行启运港退税政策,扩大外贸出口集装箱从龙潭港区中转。

五、金陵海关

1. 负责与市投促委(口岸办)、财政局、国税局等部门共同审核运输企业、运输工具适用启运港退税政策条件的申请资料,并对相关运输工具进行验核。

2. 负责将洋山海关反馈的运行航班未直航的情况通知市投促委(口岸办)。

3. 根据市投促委(口岸办)要求提供相关数据。

4. 负责设置"'龙洋直航航班'优先通关"通道,实行启运港退税优先接单、优先查验、优先放行、优先制作出口关封、优先签发退税联的"五优先"通关服务。

5. 对报关单加强监控,保证通关时效,对不布控的报关单做到当日申报,当日放行。

6. 坚持节假日预约通关制度,为启运港退税创造良好的通关环境。

六、市国税局

1. 负责与市财政局、金陵海关等部门共同审核运输企业、运输工具适用启运港退税政策条件的申请资料,并对相关运输工具进行验核。

2. 负责按规定要求及时做好启运港退税及相关服务工作。

七、南京检验检疫局

1. 对"龙洋直航航班"集装箱及货物实行优先报检、优先查验、优先放行。

2. 对废物原料、旧机电产品、植物及植物产品、木质包装及检疫出有害生物等需要进行卫生除害处理后才能进出境的,优先进行处理。

3. 节假日实行预约服务,对外公布预约电话。

4. 实施快速查验、放行,提高通关速度。

八、南京海事局

1. 为"龙洋直航航班"提供优质海事保障,加快办理航班海事签证;

2. 提供船舶运行相关文件和电子信息。

九、南京港(集团)有限公司

1. 负责向市投促委(口岸办)提供2014年南京龙潭港—洋山保税港外贸内支线集装箱运输量排名顺序。

2. 实行"龙洋直航航班"专用通道、专用堆场、专业管理,优先靠泊、优先装卸。

3. 为"龙洋直航航班"提供完善的港口物流综合服务,协助报关、报检。

4. 通过公司官网公布、更新"龙洋直航航班"船期表和通过南京电子口岸向市投促委(口岸办)报送相关信息。

5. 在试运行期内，积极组织货源，每周开通直航航班。

十、符合条件航运企业

1. 诚信经营，努力将“龙洋直航航班”打造成为南京港外贸集装箱内支线高端品牌。

2. 按市政府关于启运港退税政策试点工作要求，确保开通“龙洋直航航班”和正常运行。

3. 积极组织南京港腹地相关箱源，并做好与洋山保税港区国际干线集装箱班轮的衔接。

十一、南京中理外轮理货有限公司

1. 负责协助确认“龙洋直航航班”直航，于下一考核季度的第一个月的 7 日前向市投促委（口岸办）提供上一季度的确认文件和电子信息。

2. 负责协助确认“龙洋直航航班”相关集装箱货物数量信息，于下一考核季度的第一个月的 7 日前向市投促委（口岸办）提供上一季度的确认文件和电子信息。

附件 2

“龙洋直航航班”运行企业航次奖励资金申报表（略，见市政府网站）

市政府办公厅关于转发市科委《南京市促进技术经纪发展的若干意见》的通知

宁政办发〔2015〕78号

各区人民政府，市府各委办局，市各直属单位：

市科委《南京市促进技术经纪发展的若干意见》已经市政府同意，现转发给你们，请遵照执行。

南京市人民政府办公厅

2015年6月17日

南京市促进技术经纪发展的若干意见
（市科委2015年6月）

为进一步繁荣技术市场，加快技术转移和成果转化，推动我市科技服务业发展，根据《中华人民共和国科学技术进步法》、《国务院关于加快科技服务业发展的若干意见》，对促进技术经纪活动的发展提出如下意见：

一、激发技术经纪机构活力

在宁高校、科研院所、企业的技术转移机构，各级生产力促进中心、科技成果转化服务中心、科技企业孵化器、公共技术服务平台、专利技术服务机构、有条件的行业协会等，应发挥自身优势，开展技术经纪活动。鼓励各类机构以协议形式吸纳技术经纪执业人员，合作开展技术经纪活动。鼓励和吸引国内外及港、澳、台地区技术经纪机构到我市设立技术经纪机构。支持创建合伙制、有限合伙制、混合所有制等形式的技术经纪机构。

二、鼓励技术经纪人员在宁登记、从业

凡在南京技术市场管理办公室登记的技术经纪人员，自愿参加由经纪人协会等机构组织的技术经纪培训，获取技术市场的相关信息和服务。定期开展技术经纪知识更新培训，提高执业人员的专业素质和能力。依托各级人才计划，面向国内外引进懂技术、懂市场、懂法律的复合型技术经纪高端人才，鼓励南京行政区域以外的技术

经纪人员来南京登记、从业。

三、鼓励科技人员从事技术经纪活动

鼓励高校、科研院所和企事业单位中的各类专业技术人员，发挥专业特长，专职或兼职从事技术经纪工作。南京市科技成果转化服务中心的创新驿站，可为初次从事技术经纪活动的科技人员提供兼职经纪、业务咨询和流程协助。完善技术经纪人才评价体系，高校、科研机构在职称评定、岗位晋升、绩效考核等方面，对从事技术经纪活动取得成效的科技人员给予倾斜。

四、拓展技术经纪增值服务

鼓励技术经纪人(机构)和技术经纪执业人员按照技术转移和成果转化的全流程，拓展服务内容、创新服务方式，提供专业的技术规划、法务咨询、商务谈判、知识产权运营、科技金融等新型技术经纪增值服务。鼓励技术经纪执业人员主动对接企业，帮助企业准确定位技术需求，寻找合作伙伴。鼓励技术经纪执业人员利用自身信息和专业技术优势，延伸技术经纪服务，以项目经理人等方式参与实施科技成果转化。

五、建立技术交易服务平台

加快开放技术交易、专利信息、科技资源、中介机构等数据，建设技术供需库、专家库、专利评估等信息服务系统，提供技术转移资源共享和交流推广服务，建立渠道，促进与国内外技术经纪人(机构)的交流合作。探索建立基于互联网的在线技术交易模式。

六、培育技术转移示范机构

鼓励技术转移机构创新服务模式，提升服务水平，为企业提供跨领域、跨区域、全过程的技术经纪服务。选择一批服务能力强、业绩显著、诚信经营的技术经纪人(机构)进行重点培育，加强业务指导，提高机构技术经纪运营和服务能力，争创国家级技术转移示范机构。

七、发挥财政资金引导作用

从科技经费中统筹安排资金，支持技术经纪人员业务和知识更新培训、搭建技术交易服务平台；支持技术经纪人(机构)提升专业服务能力，创新服务模式。对通过技术经纪人(机构)或技术经纪执业人员对接成功的技术转移项目予以优先支持。

八、保护技术经纪人(机构)和技术经纪执业人员的合法权益

依法保障在技术成果转移、转化中发挥技术经纪作用的科技人员、技术经纪人(机构)和技术经纪执业人员等相关方的收益。设立法律援助绿色通道，对合法权益

受到侵害的技术经纪人(机构)和技术经纪执业人员提供法律援助。

九、建设技术交易诚信体系

发挥政府在诚信体系建设中的主导作用，建立对技术经纪市场主体信用信息归集披露、信用状况评估监管，将技术经纪信用信息纳入全市社会信用体系。建立相关企业、技术经纪人(机构)和技术经纪执业人员三方的信用评价体系和技术经纪行业自律机制。利用多种传媒工具，加强技术经纪典型案例的宣传工作，营造诚实可信的社会氛围，增强技术经纪行业的诚信意识。

十、加强技术经纪活动市场监督

各级工商和市场监督管理、科技、知识产权等部门要充分发挥职能作用，对技术经纪活动中出现的欺诈、胁迫、贿赂、恶意串通、侵犯商业秘密等违法违规行为要依法严肃查处，维护技术经纪市场的正常秩序。

市政府办公厅关于印发南京市中医药服务贸易先行先试三年行动计划(2015—2017)的通知

宁政办发〔2015〕89 号

各区人民政府,市府各委办局,市各直属单位:

经市政府同意,现将《南京市中医药服务贸易先行先试三年行动计划(2015—2017)》印发给你们,请认真贯彻落实。

南京市人民政府办公厅

2015 年 8 月 4 日

南京市中医药服务贸易先行先试三年行动计划(2015—2017)

为贯彻落实《国务院关于加快发展服务贸易的若干意见》(国发〔2015〕8 号)和国家中医药管理局、商务部《关于公布首批中医药服务贸易先行先试重点区域建设名录的通知》(国中医药办国际发〔2014〕22 号)精神,推动我市中医药服务贸易发展,提升服务贸易质量,改善对外贸易结构,特制定本行动计划。

一、指导思想

以建设"国家中医药服务贸易先行先试重点区域"为契机,紧抓"一带一路"战略下开放型经济发展的历史机遇,依托和整合南京丰富的中医药服务贸易发展资源,采取重点领域先行、以文促贸、以医带药的发展路径,形成可复制、可推广的中医药服务贸易发展经验,构建集"诊疗服务、药品出口、教育科研、健康养生"等为一体的南京市中医药服务贸易发展体系,力争将南京打造成为中医诊疗水平领先、国际营销网络健全、教育科研品牌响亮、健康养生资源丰富的中国中医药服务贸易名城。

二、发展目标

到 2017 年,力争建成"一个中心、两个基地、四个项目"。其中,一个中心即南京市中医药服务贸易发展促进中心;两个基地指秦淮和江宁(汤山)两个中医药服务贸易先行示范基地;四个项目分别为:国际中医药健康养生旅游项目、国际中医药服务贸易教育项目、国际中医药服务贸易诊疗服务项目、国际中医药服务贸易跨境电子商务项目。到 2017 年,培育 1—2 家年出口额 500 万美元以上的中医药服务贸易企业,5—10 家年出口额 100 万美元以上的服务贸易机构,全市中医药服务贸易年出口额实现年均增长 20%以上。

三、重点任务

(一) 建设南京市中医药服务贸易发展促进中心

为了促进南京市中医药国际化发展,弘扬南京市中医药文化,加快南京市中医药服务贸易的发展,把南京市中医药服务贸易碎片化发展空间有机地整合为一体,通过政府引导、企业为主体、市场化运作模式,成立南京市中医药服务贸易发展促进中心,在政府与行业、企业间建立一个相互协调、上下联动的运作枢纽,从而实现跨体制、宽领域的资源整合。南京市中医药服务贸易发展促进中心,重点打造四大发展促进平台:一是医疗服务平台,将南京市中医名医资源有机整合,通过互联网为境内外人员提供中医医疗服务和有科学依据的个性化中医诊断方案;二是产业合作平台,加强中医药服务贸易与各相关产业的融合,打通中医药服务贸易与房地产、文化和旅游休闲等领域的合作空间,推进共同发展;三是信息发布平台,汇集国家、省市关于发展中医药服务贸易的政策,定期和不定期地发布国内外中医药发展的最新趋势和国内外各种展会和论坛等信息;四是统计平台,探索建立全市中医药服务贸易企业与机构数据库。

(二) 加快中医药服务贸易先行示范基地建设

依托南京市秦淮区和江宁区(汤山)较为丰富的中医药服务贸易发展资源,将其建设成为南京市中医药服务贸易先行示范基地。进一步梳理示范基地内中医药服务贸易资源情况,整合中医药医疗、保健、文化、旅游等方面的相关资源,围绕中医药服务贸易发展工作重点,进行统筹计划和布局,推动中医药服务贸易工作的全面开展。推动基地内中医药产业与餐饮、住宿、旅游、养生、影视等其他产业之间的融合发展,形成互相促进、共同发展的良性格局。通过基地内中医药博物馆的建设等,推动中医药文化的宣传与弘扬,促进国内外对金陵以及中华中医药文化的了解,提高文化认同感。

(三) 积极开拓中医药服务贸易海外市场

以南京市中医药服务贸易发展促进中心为依托,继续在新加坡、澳大利亚、东南亚等中医接受度较高的地区开展市场开拓;加快在美国、加拿大、英国、德国等国家设立南京市中医药服务贸易海外工作站,逐渐形成以点带面的工作布局;围绕国家“互联网+”行动计划,结合南京良好的跨境电子商务发展环境,推动中医药贸易企业、机构探索发展“互联网+中医药”市场拓展模式。

(四) 加大中医药服务贸易人才教育和培训

以南京中医药大学等高校、研究机构为核心,开展中医药服务贸易人才教育和培训。加大师资力量，培养中医名医，提高南京中医药服务贸易教育和培训的整体能力。探索开展对中医药服务贸易教材的梳理和整合，加强对中医药理论体系的系列英文教材的编制及中医药英文术语规范等方面的研究，推进中医药普及海外教材的编写和出版。在针灸、推拿、肛肠等南京具有较强特色和优势的中医药领域，尽快形成高等教育和培训标准。进一步加大对外国留学生的教育和培训力度，建立南京中医药教育培训示范基地。发挥南京中医药在学术研究上优势作用，积极与新加坡、澳大利亚、加拿大、英国、泰国、马来西亚等地联合召开中医药学术交流会议，打造南京市中医药文化品牌。

（五）开展中医药服务贸易国际科技合作

促进南京中医药服务机构与国外建立战略联盟合作，吸收借鉴国际先进科研成果、管理理念和营销模式；全面梳理南京中医药的特色领域，围绕南京中医重点专科（病），与国外医疗机构进行合作，将现代化技术手段引入到传统医药产业的发展之中，提高中医药服务产品的质量，研制开发一批适合国际市场需求的现代中医药产品，培育一批具较强国际竞争力的中医药跨国企业集团。与世界跨国制药企业建立新产品开发联盟，学习和借鉴跨国企业在医药研发等方面的经验，取长补短，提高中国中医药在国际医药保健市场上的份额。

（六）以中医国际养生旅游促进中医药服务贸易发展

利用汤山温泉、老山森林公园等一批自然资源，积极打造有利于南京市中医药服务贸易发展的健康养生旅游项目。通过龙头旅行社海外联络点进行组团，海外游客在游览中山陵、总统府、夫子庙等名胜古迹的同时，参观中医药博物馆和中草药种植基地，品尝食补药膳与养生茶，亲身感受针灸、按摩等中医药养生方法，提升境外游客对南京中医药的感知和认识，为带动南京市中医药服务贸易发展打下基础。

四、保障措施

（一）加强组织领导

积极争取国家商务部、国家中医药管理局等部门支持，加快落实涉及中医药服务贸易领域发展的政策措施。发挥政府引导带动作用，形成推动中医药服务贸易先行先试重点区域建设合力。成立市推进中医药服务贸易协调工作机构，统筹全市中医药服务贸易发展工作。市政府分管副市长任协调工作机构召集人，分管副秘书长和市商务局主要领导任副召集人，市发改委、市经信委、市科委、市教育局、市财政局、市统计局、市物价局、市工商局、市食药监局、市投促委、市农委、市旅游委、市文广新局、市商务局、市卫生局、市外办、市国税局、市地税局、市知识产权局、金陵海关、南京出入境检验检疫局等部门为成员单位。协调工作机构下设办公室，市商务局负责办公室的日常工作。各区建立相应的推进机制，按照全市部署，负责本区域中医药服务贸易推进工作。

（二）加强制度创新

进一步发挥市场优化资源配置的决定作用，吸引各类企业参与中医药服务贸易项目建设。进一步深化审批制度改革,简化审批流程,激发市场活力。完善多元投融资机制,拓宽融资渠道,积极吸引风险投资、私募基金进入中医药服务贸易领域。加大对企业参与中医药服务贸易重点项目建设的金融支持,鼓励金融机构为中医药服务贸易企业"走出去"提供综合性、全周期的专业化金融服务方案。

(三)完善财税激励政策

对符合条件的中医药新产品研发、生产的项目,可按照我市有关规定纳入战略性新兴产业资金的范围给予扶持。积极发挥服务贸易财政资金引导作用,鼓励中医药服务贸易企业做大做强。结合我市税费制度改革,发挥税收对中医药服务贸易的支持作用。鼓励信用担保机构加大对资质好、管理规范的中医药服务贸易企业尤其小微企业支持力度。探索建立政府专项资金为引导、社会资本为主体的中医药服务贸易融资体系。发挥财税政策杠杆作用,加大市场投入力度,引导金融机构信贷投放向中医药服务贸易建设相关领域倾斜。

(四)加快人才培养

利用"千人计划","南京 321 人才计划"等,积极引进中医药服务贸易发展的核心技术人才和中医药产业领军人才。对接中医药服务贸易发展人才需求,搭建人才公共服务平台,为人才引进、培育等提供专业服务。加强政府、企业、高等院校、职业学校、培训机构、行业协会的合作,采取定向委培等方式培养专业人才,逐步完善中医药服务贸易人才支撑体系。支持企业和高校联合共建实训基地,鼓励高校加强中医药服务贸易相关领域学科建设。

(五)大力营造良好的市场环境

加大市场监管力度,营造有利于中医药服务贸易发展的市场环境。从企业发展的外部市场环境入手,努力做好关于各类中医药服务贸易的企业引进、商标注册和知识产权保护等工作,完善对中医药服务及相关产品出口的优惠措施,形成良好的从中药材种植到出口、从中医药服务到产品的市场环境生态系统。

南京市中医药服务贸易先行先试三年行动计划任务分解表(略)

市政府办公厅关于印发进一步加快电子商务发展的若干意见的通知

宁政办发〔2015〕99号

各区人民政府，市府各委办局，市各直属单位：

经市政府研究同意，现将《进一步加快电子商务发展的若干意见》印发给你们，请认真贯彻落实。

南京市人民政府办公厅

2015年9月18日

进一步加快电子商务发展的若干意见

为进一步加快推进我市国家电子商务示范城市建设，发挥电子商务拓市场、促消费、带就业、稳增长的重要作用，突出创新驱动，促进转型升级。现就进一步加快我市电子商务发展提出以下意见：

一、发展思路和目标任务

(1) 发展思路。着眼建设长三角地区电子商务中心城市和都市圈电子商务中心的目标，进一步提升电子商务的行业定位，坚持高端发展导向，以示范创建工程为引领，推动电子商务与传统产业深度交融，创新发展模式和服务业态，积极打造电子商务行业规模领先的发展基地、创新创业引领的人才培育集聚基地、发展环境更加优良的先行先试示范基地。

(2) 目标任务。力争到2017年电子商务对全市经济增长的贡献度明显提高，全市电子商务发展水平继续位列全国先进行列。具体目标是：网络零售额占社会消费品零售总额的比重每年提高1个百分点。全电市子商务交易额达到1.3万亿元，网络零售额超过2000亿元，年均增长25%以上。规模以上企业应用电子商务比例达80%以上。形成一批在全国具有较高知名度和影响力的电子商务平台和龙头企业。

二、加强电子商务基础设施建设

(1) 推进信息基础设施建设。加快4G网络建设，加大主要公共区域WiFi免费向公众开放工作推进力度,完成主要公共区域AP点布置工作并深度覆盖。全面推进“三网融合”,加速推进电信基础设施共建共享,为电子商务提供高性能、低成本的基础设施服务。

(2) 推进物流基础设施建设。继续抓好省重点物流基地、重点企业和物流企业技术中心培育,强化商贸物流标准化建设,逐步提高全社会标准托盘使用率,结合深化城市共同配送试点工作,构建电子商务物流服务平台和完善电商配送网络,鼓励物流企业参与商贸物流技术标准和管理标准的研究制定。

(3) 深入推进国家下一代互联网示范城市、“宽带中国”示范城市、信息消费试点城市建设。对移动网络、固定网络中的关键网元、相关业务平台等进行全面IPv6升级改造,在移动通信网、宽带互联网、WLAN接入网等各类业务全面引入IPv6。推进工业云服务平台建设,推进研发设计、数据管理、工程服务等制造资源的开放共享,鼓励发展基于互联网的新型制造模式。

三、加快重点领域电子商务发展

(1) 推动传统商贸流通企业电子商务应用向纵深发展。鼓励大型流通企业整合资源,建设一体化的电子商务平台,提高规模经济效益和综合竞争实力。培育若干个有较强竞争力、在全国领先的本地优势电子商务品牌企业。

(2) 推进移动电子商务发展。紧跟移动通信技术发展和智能终端普及的趋势,推动电子商务由PC端向移动端延伸发展,建立移动电子商务消费服务网络体系,拓展移动支付、移动广告、移动社区、移动医疗等方面的应用,促进移动电子商务的应用和惠民服务。

(3) 推进跨境电子商务发展。积极开展跨境电子商务多模式试点,探索政策突破和业务模式创新。促进和引导更多有实力的企业开展跨境电子商务业务,加强国际国内电子商务交流融合,支持电子商务企业“走出去”或与境外电子商务服务企业开展战略合作,建立海外营销渠道,完善仓储物流,加强快递服务支撑,创立自有品牌。加快南京国际邮件互换局搬迁建设,发挥南京邮运口岸优势,围绕“两园一中心”合理配置口岸查验配套资源。支持建设集融资、通关、结汇、退税、物流、保险等一站式服务的跨境电子商务综合服务平台,促进跨境电子商务服务企业发展。

(4) 推进农村电子商务发展。开展电子商务进农村综合示范,积极推动高淳、江宁两区农村电子商务综合示范试点工作。推广省级电子商务示范村的经验做法,促进农产品销售网络化。进一步培育“电商村”,对电商基础较好的行政村,有重点地引导和推动,扩大销售规模。大力扶持发展“一村一品一店”,以电子商务引领特色产业发展和农产品销售,带动农民返乡创业、自主创业。支持电商、物流、商贸、金融等企业参与涉农电子商务平台建设。依托大学生村官、回乡创业青年建立服务点,开展网上代购代销服务,支持快递企业扩大农产品代购代销业务,促进农村地区电子商务发展。

（5）推进社区电子商务发展。积极探索社区电子商务发展新模式，推动以社区电商超市建设为重点的社区电子商务发展。支持发展以本地生活为主的家政服务、网上订餐、房产交易、健康养老、生鲜农产品销售等区域服务平台，提高居民生活便利化程度。

四、大力发展电子商务平台

（1）重点建设综合类平台。结合我市产业结构和特点，培育一批集交易支付、商品体验、在线物流、售后服务等于一体的商品销售服务类综合平台，推动各类综合性平台提升服务功能和水平，不断丰富实体产品、内容产品和服务产品，扩大经营规模，提升平台实力，增强对线下企业的吸引力和辐射力。

（2）鼓励发展专业性平台。推动建材、纺织、家具、农产品、会展等垂直类电子商务平台建设，带动相关产业发展。支持二手车、二手设备、再生资源等专业交易平台建设，满足不同类型的消费需求。发展以撮合货源和运力配对为主的第四方物流平台，提高物流效率，降低物流成本。培育钢铁、化工、医药、有色金属、工程机械等大宗产品电子商务交易平台。通过发展专业化平台，增强实体产业发展活力和市场竞争力。

（3）着力培育特色化平台。支持有条件的地区自建平台或入驻第三方平台，推介特色资源，销售本地名优产品。积极推动各类服务性平台特色发展、差异发展。推动传统旅游企业智慧化建设，推进郊区智慧旅游服务平台建设。推进汽配电子商务发展，支持南京汽配电商平台建设，通过线上营销和线下服务的融合，助推汽配行业营销模式创新。

五、加快培育电子商务市场主体

（1）加快培育电子商务龙头企业。支持大型电子商务平台线上线下融合的 O2O 发展模式。支持有实力的电商企业通过兼并重组、战略合作等方式扩大市场份额和企业规模，培育一批辐射范围广、带动作用大、在全国有影响力的电子商务龙头企业。充分发挥我市总部经济政策效应，加快引进一批国内外知名电子商务平台企业落户南京。

（2）推动中小微企业电子商务应用。积极支持成长性好、发展潜力大的中小电子商务平台加快发展，培育一批南京电子商务品牌企业。鼓励和引导中小微企业利用信息技术提高管理、营销和服务水平，通过第三方交易平台开展网络营销。引导中小企业积极融入龙头企业的电子商务购销体系，实现共同发展。鼓励大众创业，支持个体工商户、有一定专业技能的群体借助电子商务自主创业，不断发展壮大网商队伍。

（3）深入开展示范创建工作。以国家电子商务示范城市建设为引领，积极创建国家、省级电子商务示范基地和示范企业，以及省级电子商务示范村；进一步培育南京市电子商务示范基地和示范企业。鼓励示范基地发挥产业集聚优势,在中小企业孵化、服务模式创新、公共平台建设、产业链搭建等方面先行先试,发挥带动作用。支持示范企业建设一批骨干性电商平台,在创新经营模式、整合市场资源、带动关联企业发展等方面发挥引领作用。

六、加快完善电子商务服务和支撑体系

(1) 支持电子商务公共服务平台的发展。发挥公共服务平台在人才建设、创新发展、企业融资、项目孵化、企业服务、法律咨询等方面的作用。支持电子商务研究与培训基地建设。支持信用调查、认证、评估等机构和中介组织对电子商务经营主体开展信用评价,强化电子商务信用信息与其他社会领域信息的对接和共享,实现线上线下信用互通的电子商务信用服务平台。完善电子商务纠纷处理、争议调解、法律咨询等综合服务体系建设,营造公平交易环境。

(2) 积极发展电商服务业。大力发展电子商务相关服务业及衍生产业,完善电子商务产业链。支持数据分析、平台建设、运营策划、设计创意、代运营、电子支付、电子发票、安全认证、信用认证、管理咨询、人才培训、物流等电商服务业发展。支持全国性、专业性的电子商务展会、论坛的发展,不断提升南京的影响力与辐射力,优化创业创新的发展氛围。

(3) 加快电子商务企业信用体系建设。按照国务院《企业信息公示暂行条例》和《南京市电子商务企业信用管理办法(试行)》要求,强化全市电子商务企业征信管理,依据统一规定和标准,规范数据录入,做好流程衔接,确保信息准确,实现信息共享。完善信用约束机制,建立相应的激励、警示、惩戒制度,将有违规行为的网络市场主体列入经营异常的"黑名录",向社会公布,使其"一处违规、处处受限",提高网络经营主体的"失信成本",增强企业的信用意识。

七、进一步优化电子商务发展环境

(1) 加强对电子商务发展的组织领导。充分发挥市电子商务工作协调小组的组织协调作用,统筹全市电子商务发展,制定电子商务发展规划,研究部署重点工作,审议决定重大事项,协调解决重要问题。各相关部门要结合自身职能,各司其职,分工合作,形成工作合力。各区人民政府要明确牵头部门,健全管理机构,加强人员配备,强化部门协调,共同推进我市电子商务发展。

(2) 加强行业组织建设。强化电子商务协会等相关行业组织建设,充分发挥行业组织在行业研究、行业帮扶、行业自律、技术推广、信用评价、数据统计监测、交流合作、人才提升、公共服务、评估评测等方面的作用。依托行业组织建立市电子商务人才数据库和专家组,发挥电子商务专家的指导与咨询作用。

(3) 加大财政支持力度。进一步加大市级电子商务专项资金扶持力度,市有关部门统筹安排专项资金,协同支持电子商务发展。梳理整合中央、省及我市支持电子

商务发展的财政政策，重点支持发展大型电子商务企业和重点平台，建设电子商务特色产业园，推进跨境电子商务试点和电子商务进农村综合试点，打造中小企业公共服务平台，推动企业转型升级，开展人才培训、鼓励电子商务创新、创建电子商务示范工程和试点项目实施等。同时，加大电子商务宣传推广力度，对相关展会、活动等给予支持。电子商务发展专项资金具体使用办法由市财政局会同市发改委、市商务局等部门制定。鼓励各区安排专项资金，出台奖励措施，扶持电子商务发展。

(4) 加大金融支持力度。为中小电商企业融资提供“绿色通道”，简化程序、加快速度，满足企业发展速度需求。支持电子商务创业，鼓励商业银行对创业启动资金贷款提供优惠利率，对符合条件的创业项目给予贷款贴息。引导和鼓励市级创投引导基金和社会民间资本投资电子商务领域，形成政府、企业、社会资本多元化的资金扶持格局。

(5) 加大人才政策的支持力度。积极利用我市人才政策，引进电子商务急需人才，为电子商务高层次人才提供落户、子女教育、医疗保障、就业创业等方面配套服务政策。支持市电子商务协会联合电子商务研究机构、专业培训机构、大型电子商务企业和其他社会力量，开展形式多样的高级人才、运营人才、技能人才培训活动，积极创建省级电子商务人才培训基地。

市政府关于印发南京市金融创新奖励暂行办法的通知

宁政规字〔2015〕2号

各区人民政府，市府各委办局，市各直属单位：

现将《南京市金融创新奖励暂行办法》印发你们，请遵照执行。

南京市人民政府

2015年1月19日

南京市金融创新奖励暂行办法

第一章　总　则

第一条　为充分调动在宁金融机构开展金融创新的积极性和主动性，进一步提升金融服务地方经济社会发展的能力，推动泛长三角区域金融中心建设，根据《市政府关于全面深化金融改革创新发展的若干意见》(宁政发〔2014〕172号)，制定本办法。

第二条　金融创新奖励主要奖励以提高金融配置效率、扩大金融市场规模、完善金融服务功能、保障金融运行安全、服务创新驱动、推动转型发展等为主要特征的金融组织创新、产品创新、技术创新、工具创新和服务创新等优秀金融创新项目。

第三条　市金融办、市财政局负责金融创新奖励的组织实施工作。建立金融创新奖励评审专家库，由市相关部门、在宁金融监管部门、金融行业协会、高等院校和科研机构等推荐专家和学者组成。

第四条　金融创新奖励的申报、评审和授予，遵循公开、公平、公正的原则，任何组织或个人不得干涉。

第二章　奖励范围

第五条　以下机构可按规定申报金融创新奖励：经金融监管部门批准，在我市设立的银行业金融机构(含信托公司、财务公司和金融租赁公司)、证券期货业金融机构、保险业金融机构；经地方金融主管部门批准设立的要素交易平台、小额贷款公司、融资性担保公司；股权投资基金、互联网金融企业等新型金融组织；报经市政府同意的其他单位。

第六条 符合下列条件之一的项目可申报金融创新奖励：

（一）为满足市场金融需求，提升金融服务功能，由金融机构研发实施的新型金融产品、金融技术和金融工具；

（二）能够显著提升金融市场功能，有力推动泛长三角区域金融中心建设而实施的金融制度创新或金融组织创新；

（三）具有突出经济效益或社会效益的创新型融资方式在南京的运用，特别是为加快转变经济发展方式、保障和改善民生、推动科技创业创新、支持文化创意产业发展、解决中小企业融资等方面作出积极贡献；

（四）具备行业代表性和领先优势，对金融业发展有较大引领示范作用，推动区域金融中心建设效应显著；

（五）对增加全社会融资规模、支持实体经济发展具有突出的经济和社会效应；

（六）其他金融创新。

第七条 申报项目应当同时符合下列要求：

（一）不违反国家金融监管法规或政策的有关规定；

（二）有较好的应用价值并已推广使用；

（三）原则上在南京地区属于首次实施并应用；

（四）项目已投入实施和运用一年以上，对于创新性较强、在短期内已经取得显著经济社会效益的项目，年限要求可适当放宽；

（五）权属、合法性等方面不存在争议。

第八条 一个单位原则上每年申报金融创新项目不得超过三个。申报单位应为金融创新项目的研发和实施单位。对于两个或两个以上单位合作完成的项目，由主要完成单位负责申报。

第三章 奖励申报

第九条 市金融办会同市财政局于每年一季度发布申报通知。

第十条 申报单位应根据通知要求填写统一制式的申请表，并附项目创新和实施情况报告以及要求出具的其他材料。除上述材料外，申报单位还可提交项目批文、鉴定报告、相关论文或专著、经济效益或社会效益证明等补充材料。

第十一条 申报材料需加盖申报单位公章，并对申报金融创新奖励的申报材料的真实性、完整性负责。

第十二条 各申报单位将完整的申报材料报送至各所属行业协会，由所属行业协会进行形式审查后报市金融办；无所属行业协会的机构可直接将申报材料报送至市金融办。其中，对增加全社会融资规模、支持实体经济发展具有突出经济或社会效应的项目根据监管部门统计数据进行量化评定，无需申报。

第十三条 经形式审查后符合要求的，提交进入评审程序；不符合要求的，通知申报单位在规定时间内进行补正,逾期不补正或经补正仍不符合要求的,视为放弃申报。

第四章　奖励评定

第十四条　在申报期满后 15 个工作日内,市金融办与市财政局负责组织专家评审。按照申报的项目情况,从评审专家库中遴选专家组成评审工作组,对申报金融创新奖励的项目进行评审。根据金融创新评审工作需要,可组织评审委员会委员对申报项目进行现场考察或组织答辩。

第十五条　金融创新评审实行回避和保密制度。与金融创新候选项目有直接利害关系的人员不得参与所涉项目评审。参与评审活动的评委应当对所涉及的技术内容及评审情况严格保密,不得以任何方式泄露或利用其技术成果。

第十六条　经评审提出的奖励项目将在媒体进行公示,公示期 10 日,公示期满后无异议的报市政府批准。金融创新奖励评定后,由市政府发文进行表彰。

第十七条　根据金融创新的影响力和贡献度,每个申报项目最高奖励 100 万元。

第五章　附　则

第十八条　金融创新的评选工作接受社会监督。任何单位或个人对金融创新奖励项目有异议的,可自公示之日起当年内向市金融办提出,逾期不予受理。提出异议的单位和个人应提供署名的书面异议材料、有效的证明材料以及联系方式。市金融办与市财政局应及时进行调查,对存在异议且调查属实的项目,取消其获奖资格。

第十九条　本办法自 2015 年 3 月 1 日起施行,由市金融办、市财政局负责解释。

市政府关于印发南京市港口口岸码头开放管理暂行规定的通知

宁政规字〔2015〕7号

各区人民政府，市府各委办局，市各直属单位：

现将《南京市港口口岸码头开放管理暂行规定》印发给你们，请认真遵照执行。

南京市人民政府

2015年4月21日

南京市港口口岸码头开放管理暂行规定

第一章　总　则

第一条　为规范南京市港口口岸码头开放管理工作，保障口岸安全畅通，依据国家有关法律、法规及省、市关于码头开放管理的有关要求，结合南京市港口口岸实际，制定本规定。

第二条　本规定适用于本市港口口岸开放范围内码头开放管理工作。

第三条　南京市口岸办公室（以下简称市口岸办）负责牵头协调南京市港口口岸码头的开放和日常管理工作。

第四条　南京海事局、金陵海关、南京出入境检验检疫局、南京港边防检查站等口岸检查检验机构（以下统称市级口岸查验机构），依法履行南京市港口口岸码头开放监管职责。

第二章　码头开放的规划建设

第五条　开放码头建设必须符合省、市口岸发展规划和岸线利用规划，遵循深水深用、浅水浅用、统筹规划、合理布局、规范管理、效益优先的原则。

第六条　开放码头工程、设施及其布置，应符合国家有关码头工程技术规范和生产、安全、消防、防污等标准以及我国缔结或参加的有关国际条约要求，并经验收合格。

第七条　开放码头口岸监管配套设施，应符合有关标准、规范要求，具备查验监管、现场办公以及装卸现场监管等条件。

新建拟开放码头在申请审批、核准、备案阶段，须就开放所需口岸监管配套设施等条件征求市口岸办和市级口岸查验机构的意见，并经省口岸办会同省级口岸查验机构书面确认，确保与码头主体工程统一设计、统一投资、同步建设。

已建码头新增对外开放需求的，应在该码头对外开放预验收前办理规划建设及开放所需的相关确认手续。

第三章　码头开放程序

第八条　位于本市港口口岸开放范围内的拟开放码头，应于每年 9 月底前向市口岸办提出开放申请，市口岸办会同市级口岸查验机构对申请开放码头的规模性、集约性、公用性、专业性、环保性等进行综合对比、量化排序，结合市级口岸查验机构的保障力量编组情况，共同编制南京市港口口岸码头下一年度开放计划，于当年 11 月底前报省口岸办，经批准后组织实施。

面向全社会提供服务的公用码头，优先纳入开放计划，同为公用码头的，优先开放 3 万吨级以上深水码头；重点扶持位于江海转运综合港区内的码头开放。

第九条　列入年度开放计划的码头，根据码头主体工程和现场查验及其配套设施建设进展情况，码头初步具备开放条件后向市口岸办提出预验收申请，并提供以下材料原件及复印件：

（一）码头审批、核准、备案的批文；

（二）占用岸线的批文；

（三）港口工程竣工验收证书(含通航安全、航道、环保、消防、劳动安全卫生等专项验收资料)；

（四）企业法人营业执照；

（五）中华人民共和国港口经营许可证；

（六）中华人民共和国港口设施保安符合证书；

（七）码头平面布置图。

凡未取得生产、安全、消防等专项验收许可的码头，不得向市口岸办提出预验收申请，市口岸办也不得启动开放相关流程。

第十条　市口岸办受理申请后，七个工作日内组织会审，征询市级口岸查验机构对现场查验配套设施建设及相关保障情况的意见，组织会办审核。各会办单位需在七个工作日内提交书面工作意见备案。未通过会办审核的，按要求整改，市口岸办对整改情况组织复审。

拟开放码头现场查验配套设施建设所需保障经费，由市口岸办牵头，市级各口岸查验机构按规定与码头经营管理单位协商解决。符合第八条第二款规定优先开放或者重点扶持的拟开放码头，由市政府予以一次性补贴，具体补贴办法由市投促委(市口岸办)会同市财政局另行制定。国家法律法规和政策有规定的，从其规定。

第十一条　列入年度开放计划的码头通过会办审核后，市口岸办会同市级口岸查验机构，就码头生产、安全、查验、监管以及涉外管理制度等开放条件进行预验收；经预验收合格的，报市人民政府审核后，按程序报省人民政府；经省人民政府批准码头开放并报国家口岸管理部门备案后，正式列为开放码头。

第四章　开放码头日常监管

第十二条　开放码头业主名称变更或因破产、兼并、重组以及码头转让、租赁等导致码头所有人或经营人变更，变更后码头如需继续开放运行的，码头所有人或经营人应保持其码头开放条件，并在发生变更后 10 个工作日内报请市口岸办确认，同时报省口岸办及省级口岸查验机构备案。

第十三条　开放码头应加强对码头工程设施、设备以及口岸监管配套设施的维护更新，确保其符合国家法律法规、规范以及我国缔结或参加的有关国际条约要求并处于良好状态。

第十四条　开放码头因功能扩展、新增作业货种、作业方式变化以及码头年度吞吐量明显超过设计吞吐量等因素，导致其口岸监管配套设施不能满足查验监管工作需要的，码头业主应适当增加、改善相应配套设施。必要时，有关口岸查验机构可提请市口岸办组织码头开放条件评估，并根据评估结果向码头业主提出相应整改意见。

第十五条　市口岸办、市级口岸查验机构依据有关法律法规对开放码头实施日常监督检查，并根据上级要求或发现的问题组织对码头开放条件的不定期核查，建立开放码头预警退出制度。

码头开放条件不定期核查内容包括码头业主遵守法律法规情况、规章制度建立运行情况、安全生产责任制落实情况、有关开放业务的工作人员适任情况、码头设施设备情况、口岸监管配套设施保障情况等。每年 1 月底前，各码头业主对码头上年度开放条件开展自查，将情况报市口岸办并抄送市级口岸查验机构。

第十六条　开放码头存在下列情形之一的，对码头业主发出预警通知，责令限期整改：

（一）码头违反开放规定的；

（二）因码头管理责任，发生涉外事件的；

（三）发生安全生产责任事故的；

（四）码头工程设施或监管配套设施不符合有关法律法规、规范或有关国际条约要求，不能满足开放条件的。

第十七条　开放码头存在下列情形之一的，市口岸办征询市级口岸查验机构同意后，报请省口岸办按程序暂停该码头开放业务：

（一）码头严重违反开放规定，或多次违反开放规定未能实施有效整改的；

（二）因码头管理责任，发生重大涉外事件的；

（三）发生重大安全生产责任事故的；

(四)码头工程设施或监管配套设施不符合有关法律法规、规范或有关国际条约要求,限期内未整改或整改未达到标准的。

第十八条　码头业主在码头暂停开放业务3个月内仍未能实施有效整改的,市口岸办征询市级口岸查验机构同意后,报请省口岸办按程序停止该码头开放业务。

第五章　附　则

第十九条　本规定未尽事宜,按照《江苏省港口口岸码头开放管理规定》(苏政办发〔2013〕14号)执行。

第二十条　本规定自2015年6月1日起施行。

市政府关于印发南京市会展业管理办法的通知

宁政规字〔2015〕9号

各区人民政府，市府各委办局，市各直属单位：

现将《南京市会展业管理办法》印发给你们，请认真遵照执行。

南京市人民政府

2015年4月27日

南京市会展业管理办法

第一章　总　则

第一条　为规范会展活动，促进会展经济发展，根据国家有关法律法规，结合我市实际，制定本办法。

第二条　本市行政区域内的会展活动及其管理适用本办法。

第三条　本办法所称会展，是指举办单位（包括主办单位和承办单位）以招展方式在固定场所和一定期限内，举办的物品、技术和服务的展示、展览、展销等商务活动，包括商品展销会和具有一定规模的商务性会议。

第二章　会展管理

第四条　管理办法遵循市场规则、倡导有序竞争、鼓励行业自律、进行适度监管、依法维护会展活动各方面合法权益的原则。

第五条　市政府成立由市委宣传部、市发改委、市经信委、市科委、市公安局、市财政局、市统计局、市工商局、市食药监局、市投促委（口岸办）、市城管局、市商务局、市旅游委、市卫生局、市贸促会（会展办）、江北新区管委会、河西新城管委会、南部新城管委会、金陵海关、南京出入境检验检疫局、玄武区政府、建邺区政府、江宁区政府、南京国际展览中心、南京国际博览中心等部门组成的南京市会展经济领导小组，负责全市会展业发展的总体指导和协调推进。

第六条　市会展办承担市会展经济领导小组的日常工作，负责本市会展业的日常指导、管理和服务工作，其主要职责包括：

（一）组织拟订并实施全市会展业发展的中长期发展规划和促进会展业发展的法规、政策和措施；

（二）开展会展业调研，牵头研究会展业发展过程中出现的各类情况，分析、研究全市会展业发展业态；

（三）会同相关部门制订全市会展行业规范和标准，规范会展市场秩序，整合会展资源；指导市会展行业协会、会展经济研究会工作；

（四）强化协调服务功能，做好展会综合服务保障；

（五）积极引进国际、国内知名品牌展会，扶持、打造地方品牌展会；

（六）开展会展业和会展项目国内外宣传推广；

（七）加强国际交流合作，推进全市会展业国际化发展；

（八）负责组织开展会展专业人才的交流和培训；

（九）负责对会展业进行统计、评估，发布会展经济信息；

（十）负责会展发展专项资金的使用和管理；

（十一）承办市委、市政府交办的其他工作。

第七条　市会展经济领导小组成员单位按各自职责，做好会展活动相应的管理和服务工作。

第八条　建立会展协调机制，领导小组相关成员单位适时召开联席会议，协调和决定会展活动的管理工作。

第九条　各区政府应加强对本辖区会展业组织领导，有条件的可成立区会展经济领导小组、区会展办，制定适宜本区会展业发展的政策措施、改善会展业发展环境、促进会展业发展。

第十条　鼓励举办科技含量高、服务本市支柱产业、新兴产业、促进本市经济发展的展会。

鼓励扶持会展龙头企业、打造品牌会展，推动会展业市场化、专业化、品牌化、国际化发展。

第十一条　举办单位应当具备下列条件：

（一）具有法人资格、能够独立承担民事责任；

（二）配备与会展规模相适应的设施；

（三）具有相应的管理机构、人员和规章制度。

第十二条　举办会展活动，依法需要办理许可手续的，按照有关法律法规执行。

第十三条　举办单位不得擅自变更会展活动名称、内容、时间、地点。举办单位变更会展活动名称、内容、时间、地点的，应当及时告知参展单位。

第十四条　举办单位发布招展信息须真实有效，不得夸大会展的规模和性质，不得擅自使用他人名义发布信息。

第十五条　举办单位应在活动举办日 20 日前依法向公安机关治安管理部门提

出书面申请，并取得相关安全许可。活动的主要负责人为安全责任人，对活动的安全负责。公安机关消防部门自接到公安机关治安管理部门书面通知之日起，3个工作日内实施消防安全检查，填写消防监督检查记录。

第十六条　举办单位应当根据会展活动的性质、规模，制定应急预案，配备必要的监控等防范设施，做好安全工作。

第十七条　举办单位应与参展单位签订知识产权保护条款，妥善保护展会知识产权信息与资料。

第十八条　参展单位应当具有合法经营资质，经营活动须符合有关法律法规。

参展单位、参展商品（服务）应按照国家有关法律规定，正确使用知识产权标记、标识，不得侵犯他人知识产权。

第十九条　场所单位应于每年12月31日前，将下年度会展计划报市会展办。

第二十条　场馆单位与举办单位应当在场馆租赁合同中订立责任保证条款，对侵害消费者合法权益的赔偿责任进行约定。未作约定的，按照《消费者权益保护法》等相关法律、法规执行。

场馆单位与举办单位应当维持、管理展会现场秩序，及时发现、制止冒名参展、强买强卖等损害举办单位、消费者合法权益的违法行为。

第二十一条　场馆单位在出让（租）场所前应当将拟办展会类型和展期通报市会展办。市会展办负责组织有关单位协调，引导举办单位有序办展。

第二十二条　实施《南京市会展业统计报表制度》。做好专项会展、年度会展的数据统计、分析、发布工作。

第三章　会展扶持和服务

第二十三条　市政府设立全市会展发展专项资金，对专业展会、大型会议等给予扶持。具体扶持办法按照《南京市会展发展专项资金使用管理办法》执行。

第二十四条　申请会展发展专项资金的举办单位，应当向市会展办提出书面申请。

会展项目举办期间，市会展办、市财政局等部门共同对申报情况进行核实。

会展活动结束后，市会展办会同市财政局对举办单位的专项资金申请进行审核，并报市政府批准。

第二十五条　对符合规定的重点展会活动，依照《重点展会绿色通道启用管理办法》，相关部门自动启用绿色通道。

第四章　附　则

第二十六条　本办法自2015年6月1日起施行。

市政府关于印发南京市商业保理（试点）管理办法的通知

宁政规字〔2015〕17 号

各区人民政府，市府各委办局，市各直属单位：

现将《南京市商业保理（试点）管理办法》印发给你们，请认真遵照执行。

南京市人民政府

2015 年 6 月 19 日

南京市商业保理（试点）管理办法

第一章　总　则

第一条　为推进商业保理行业发展，健全商贸信用服务和融资体系，促进商贸流通，根据《商务部关于商业保理试点有关工作的通知》（商资函〔2012〕419 号）等规定的要求，结合本市实际情况，制定本办法。

第二条　本办法所称商业保理，是指销售商（债权人）将其与买方（债务人）订立的货物销售（服务）合同所产生的应收账款转让给商业保理公司，由商业保理公司为其提供贸易融资、应收账款管理与催收等综合性商贸服务。

第三条　本市行政区域内的内资商业保理公司的设立、经营等及其监督管理活动，适用本办法。

第四条　市商务主管部门是本市商业保理行业的主管部门。具体负责建立日常监管机制，指导商业保理企业开展行业自律和定期上报试点情况等工作。

工商、公安、金融、税务等部门和人民银行南京营业部按照各自职责共同做好商业保理相关监督管理工作。

第五条　商业保理业试点工作坚持先行先试、科学审慎、风险可控、依法监管、规范发展的原则。

第二章　公司设立和业务范围

第六条　商业保理公司应当设立为独立的公司法人，商业保理公司名称中的行业表述应当标明“商业保理”字样。

第七条 设立商业保理公司应当符合商务部复函(商资函〔2013〕680 号)开展商业保理试点的有关要求。

设立商业保理公司应依据江苏省商务厅制定的《设立内资商业保理公司试点指引》(苏商秩〔2013〕1158 号)文件精神向南京市商务部门提交相关资料。

第八条 商业保理公司可以受让供应商与买方订立的货物销售或服务合同已经或将要产生的应收账款,为供应商提供下列全部或部分业务:

(一) 贸易融资。

(二) 应收账款的收付结算、管理与催收。

(三) 销售分户账管理。

(四) 与本公司业务相关的信用风险担保。

(五) 客户资信调查与评估。

(六) 与货物贸易相关的融资咨询服务。

(七) 法律、法规准予从事的其他业务。

第九条 商业保理公司不得从事以下活动:

(一) 专门或受托从事催收业务;

(二) 从事讨债业务;

(三) 吸收存款;

(四) 发放贷款或受托发放贷款;

(五) 以借贷资金或他人委托资金投资;

(六) 国家法律、行政法规等禁止从事的其他活动。

第十条 商业保理公司缴纳注册资本金和从事业务活动应符合相关法律法规。

第三章 公司经营与管理

第十一条 商业保理公司的营运资金包括公司注册资本金、银行贷款等间接融资、发行债券等直接融资、借用短期外债和中长期外债等。为防范风险、保障经营安全,商业保理公司的风险资产不得超过公司净资产的 10 倍。风险资产(含担保余额)按企业的总资产减去现金、银行存款、国债后的剩余资产总额确定。

第十二条 商业保理公司必须依照法律法规和行业规范等开展业务,遵循风险可控、诚信守约的原则,自主经营,自负盈亏,自我约束,自担风险。

第十三条 商业保理公司应当建立与保理业务相应的管理制度,健全相关业务流程和操作规范,防范经营风险。

第十四条 商业保理公司的法定代表人为重大事项报告的第一责任人,对重大事项信息的真实性、完整性、准确性、及时性负责。商业保理公司还应指定联络人,具体负责重大事项报告工作。

第十五条 商业保理公司应按照商务部“商业保理业务信息系统”的要求进行信

息填报。商业保理公司须于下述事项发生后5个工作日内,向监管机关报告,并登录“商业保理业务信息系统”填报相关信息:

(一)持股比例超过5%的主要股东变动;

(二)单笔金额超过净资产5%的重大关联交易;

(三)单笔金额超过净资产10%的重大债务;

(四)单笔金额超过净资产20%的或有负债;

(五)超过净资产10%的重大损失或赔偿责任;

(六)董事长、总经理等高管人员变动;

(七)减资、合并、分立、解散及申请破产;

(八)重大待决诉讼、仲裁。

第十六条　商业保理公司应当在中国人民银行征信中心的中征动产融资统一登记平台办理应收账款转让登记,将应收账款权属状态予以公示。

第十七条　商业保理公司的应收账款再转让按照“双方协定、市场运作、风险自担”原则进行,在从事应收账款再转让前应向行业主管部门报告。

第十八条　商业保理公司委托符合条件的商业银行作为资金托管人,由托管银行按相关规定对账户及资金的使用实施管理。

第十九条　承担商业保理资金托管的商业银行应当具备相应的条件,具有人力、技术和管理方面的经验筹备,具有适应商业保理发展趋势的价格和配套服务竞争优势,明确承诺接受相关部门的监督。托管银行的选择办法和相关托管制度另行制定。

第二十条　商业保理公司应当向商务部门报送月度业务情况统计表、季度财务报表和经中介机构审计的年度财务报告及经营情况说明书,并对报告和资料的真实性、准确性及完整性负责。

第四章　行政管理和服务

第二十一条　建立南京商业保理试点工作的协同监管机制。商务部门会同工商、公安、金融办、国税、地税等部门和人民银行南京分行营管部建立协同监管机制,推进行业发展和加强行业监管,促进商业保理行业持续健康发展。

第二十二条　行业主管部门会同相关监管部门共同制定商业保理公司年度审核制度。行业主管部门应加强对商业保理公司的监测和现场检查,及时掌握商业保理公司运行情况,发现异常,应主动核实并及时报告。

第二十三条　行业主管部门可根据监管需要要求商业保理公司说明情况、提供相关资料或约谈相关责任人,对于违反监管制度或达不到监管要求的,责令限期整改;对逾期不整改的或者违规情节严重的,及时通报相关部门,由相关部门依法予以处罚。

第五章　行业发展与自律

第二十四条　商业保理公司可开发先进适用的商业保理业务产品,不断完善商业保理市场。

第二十五条　商业保理公司可依法加入国际性保理组织，积极审慎开展国际保理业务。

第二十六条　行业主管部门指导商业保理企业成立行业协会。通过协会加强行业自律管理，规范行业竞争，开展政策宣传、咨询服务和教育培训等工作，促进共同发展。

第二十七条　银行可以向商业保理公司定期定量融资，购入商业保理公司的保理业务，提供应收账款管理、业务流程管理和电子信息系统服务等产品，建立适用的保理业务模式。

第二十八条　商业保理公司应接入相关的商业保理业务动态监督管理系统。鼓励商业保理公司通过本市专业资产转让平台对应收账款进行挂牌再转让。

第二十九条　鼓励保险公司开发商业保理公司适用的责任保险、信用保险等保险产品，增强商业保理公司风险控制能力。

第三十条　鼓励高等院校和学术研究机构设立保理专业课程，培养保理业务专业人才。商业保理公司的从业人员应当积极参加保理专业知识培训，提高专业水平。

第六章　附　则

第三十一条　本办法自 2015 年 8 月 1 日起实施。

数据篇

2015年江苏分市分行业地区生产总值

本表按当年价格计算，单位：亿元

行　业	地区生产总值	第一产业	第二产业	第三产业
南　京	**9720.77**	**232.39**	**3916.77**	**5571.61**
无　锡	8518.26	137.72	4197.43	4183.11
徐　州	5319.88	504.76	2355.06	2460.07
常　州	5273.15	146.55	2516.04	2610.56
苏　州	14504.07	215.71	7045.12	7243.24
南　通	6148.4	354.9	2977.53	2815.97
连云港	2160.64	282.69	959	918.95
淮　安	2745.09	307.67	1176.66	1260.76
盐　城	4212.5	516.53	1923.47	1772.5
扬　州	4016.84	241.86	2012.1	1762.88
镇　江	3502.48	132.89	1726.96	1642.63
泰　州	3687.9	218.93	1811.04	1657.93
宿　迁	2126.19	258.11	1031.33	836.75

资料来源：2016江苏统计年鉴。

2015 年末江苏省各市(县)地区从业人员

地　区	从业人数	第一产业	第二产业	第三产业
全　省	**4758.5**	**875.6**	**2046.2**	**1836.8**
按省辖市分				
南　京	455.0	46.7	148.6	259.7
无　锡	390.0	17.6	219.4	153.0
徐　州	482.1	152.8	155.6	173.7
常　州	281.0	30.7	143.5	106.8
苏　州	691.4	23.8	414.5	253.1
南　通	460.0	97.2	214.5	148.3
连云港	250.3	78.9	80.5	90.9
淮　安	282.5	79.2	88.6	114.7
盐　城	445.7	114.7	156.9	174.1
扬　州	264.5	48.2	117.9	98.4
镇　江	193.1	22.9	88.9	81.3
泰　州	281.3	63.2	118.0	100.1
宿　迁	281.6	99.6	99.3	82.7
按区域分				
苏　南	2010.5	141.7	1014.9	853.9
苏　中	1005.8	208.6	450.4	346.8
苏　北	1742.2	525.2	580.9	636.1

资料来源:2016 江苏统计年鉴。

2015 年南京市分行业分区地区生产总值

单位:亿元

指　　标	绝对量(累计)	累计增长(%)
全市地区生产总值	9720.77	9.3
第一产业	232.39	3.4
第二产业	3916.11	7.2
#工业	3395.26	8.0
第三产业	5572.27	11.3
#交通运输、仓储及邮政业	307.96	1.3
批发和零售业	1062	9.6
住宿和餐饮业	168.85	6.4
金融保险业	1122.23	16.1
房地产业	610.99	5.4
其他服务业	2300.24	13.5
玄武区	539.84	9.9
秦淮区	627.71	9.9
建邺区	290.54	10.1
鼓楼区	1011.81	10.0
浦口区	713.69	10.5
栖霞区	855.59	10.2
雨花台区	406.58	10.0
江宁区	1523.76	10.3
六合区	752.06	9.6
溧水区	572.58	10.0
高淳区	530.52	9.8

资料来源:南京市商务局。

江苏省13地市现代服务业发展综合指数及排名(2012—2015)

排名	2011年		2012年		2013年		2014年	
	地　区	综合指数	地　区	综合指数	地　区	综合指数	地　区	综合指数
—	江苏省	61.87	江苏省	65.35	江苏省	69.40	江苏省	71.92
1	苏　州	85.45	苏　州	88.78	苏　州	90.07	苏　州	91.43
2	南　京	80.04	南　京	83.44	南　京	86.79	南　京	90.01
3	无　锡	78.05	南　通	74.13	无　锡	80.28	无　锡	82.69
4	南　通	67.70	无　锡	73.44	南　通	75.75	南　通	79.59
5	常　州	65.15	徐　州	69.72	徐　州	72.87	徐　州	75.58
6	徐　州	63.29	常　州	68.11	常　州	69.14	常　州	73.75
7	泰　州	60.65	盐　城	63.77	盐　城	68.43	盐　城	64.85
8	扬　州	59.24	泰　州	61.07	扬　州	64.53	扬　州	60.20
9	镇　江	57.80	扬　州	57.37	泰　州	58.55	泰　州	59.52
10	盐　城	56.87	镇　江	56.41	镇　江	58.12	淮　安	58.47
11	连云港	55.87	淮　安	56.07	淮　安	56.14	镇　江	56.88
12	淮　安	54.73	连云港	52.93	连云港	55.70	连云港	55.13
13	宿　迁	50.74	宿　迁	50.68	宿　迁	55.49	宿　迁	54.19

资料来源:江苏现代服务业发展指数报告(2015)。

江苏省13地市现代服务业发展基础指数及排名(2012—2015)

排名	2011年		2012年		2013年		2014年	
	地 区	基础指数	地 区	基础指数	地 区	基础指数	地 区	基础指数
—	江苏省	60.04	江苏省	64.88	江苏省	66.62	江苏省	70.64
1	苏 州	89.58	苏 州	91.64	苏 州	92.87	苏 州	94.88
2	无 锡	84.14	南 京	89.40	南 京	90.96	南 京	92.93
3	南 京	79.86	无 锡	84.30	无 锡	86.45	无 锡	88.19
4	南 通	66.67	南 通	67.41	南 通	70.22	南 通	77.65
5	常 州	62.41	常 州	64.83	常 州	68.75	常 州	76.15
6	扬 州	60.07	徐 州	64.32	徐 州	67.27	徐 州	72.60
7	镇 江	59.11	盐 城	61.37	盐 城	63.66	扬 州	64.82
8	连云港	58.33	扬 州	58.81	扬 州	60.29	盐 城	61.38
9	泰 州	56.35	镇 江	57.65	镇 江	57.71	镇 江	58.74
10	徐 州	55.68	泰 州	57.39	泰 州	57.47	泰 州	58.50
11	盐 城	54.07	淮 安	55.75	淮 安	56.53	淮 安	57.54
12	淮 安	54.07	连云港	52.43	连云港	53.69	连云港	54.64
13	宿 迁	50.07	宿 迁	50.18	宿 迁	52.48	宿 迁	53.40

资料来源：江苏现代服务业发展指数报告(2015)。

江苏省13地市现代服务业发展潜力指数及排名(2012—2015)

排名	2011年		2012年		2013年		2014年	
	地 区	潜力指数	地 区	潜力指数	地 区	潜力指数	地 区	潜力指数
—	江苏省	66.35	江苏省	68.13	江苏省	70.62	江苏省	70.93
1	苏 州	83.96	苏 州	83.90	南 京	90.24	南 京	89.09
2	南 京	78.35	南 京	79.22	南 通	83.39	苏 州	87.26
3	无 锡	77.44	南 通	77.38	苏 州	76.90	南 通	82.81
4	常 州	72.61	常 州	72.31	徐 州	73.64	徐 州	72.91
5	南 通	71.78	扬 州	69.99	盐 城	71.17	无 锡	71.50
6	徐 州	69.64	无 锡	67.78	无 锡	69.18	常 州	68.17
7	扬 州	65.09	徐 州	66.25	常 州	67.96	盐 城	60.86
8	镇 江	62.09	盐 城	65.84	连云港	67.12	淮 安	57.63
9	泰 州	61.22	泰 州	64.72	淮 安	75.05	连云港	55.15
10	盐 城	58.09	连云港	62.47	宿 迁	62.83	泰 州	54.93
11	连云港	56.87	镇 江	60.86	泰 州	60.96	宿 迁	54.03
12	淮 安	54.26	淮 安	56.82	镇 江	57.13	扬 州	51.31
13	宿 迁	52.09	宿 迁	56.39	扬 州	56.22	镇 江	50.14

资料来源:江苏现代服务业发展指数报告(2015)。

江苏省 13 地市现代服务业发展环境指数及排名(2012—2015)

排名	2011 年		2012 年		2013 年		2014 年	
	地 区	环境指数	地 区	环境指数	地 区	环境指数	地 区	环境指数
—	江苏省	62.05	江苏省	63.77	江苏省	75.26	江苏省	76.19
1	南 京	82.19	南 通	87.97	南 京	87.63	南 京	89.93
2	苏 州	76.41	徐 州	86.95	徐 州	86.34	徐 州	85.82
3	徐 州	76.32	苏 州	86.36	南 通	82.17	南 通	81.33
4	泰 州	71.02	南 京	72.49	苏 州	81.21	苏 州	80.35
5	南 通	66.23	常 州	72.24	盐 城	77.82	无 锡	79.87
6	常 州	64.66	盐 城	67.82	无 锡	75.67	盐 城	77.66
7	无 锡	63.14	泰 州	66.80	淮 安	74.37	淮 安	76.33
8	淮 安	62.05	连云港	58.94	常 州	71.29	宿 迁	73.24
9	连云港	53.17	淮 安	57.70	宿 迁	67.78	常 州	69.56
10	盐 城	53.04	无 锡	51.47	泰 州	58.89	连云港	60.62
11	扬 州	51.26	宿 迁	46.25	连云港	49.41	泰 州	54.71
12	宿 迁	51.09	扬 州	41.07	镇 江	48.18	扬 州	49.45
13	镇 江	50.18	镇 江	32.98	扬 州	45.48	镇 江	46.68

资料来源:江苏现代服务业发展指数报告(2015)。